财政部规划教材

会计学

Accounting

（第4版）

张红霞　薛东波　王亚男　主　编

中国财经出版传媒集团
经济科学出版社
Economic Science Press

图书在版编目（CIP）数据

会计学/张红霞，薛东波，王亚男主编．--4版
．--北京：经济科学出版社，2023.2
财政部规划教材
ISBN 978-7-5218-4490-0

Ⅰ.①会… Ⅱ.①张…②薛…③王… Ⅲ.①会计学
-高等学校-教材 Ⅳ.①F230

中国国家版本馆CIP数据核字（2023）第012335号

责任编辑：杜 鹏 胡真子
责任校对：隗立娜
责任印制：邱 天

会 计 学
（第4版）
张红霞 薛东波 王亚男 主编
经济科学出版社出版、发行 新华书店经销
社址：北京市海淀区阜成路甲28号 邮编：100142
编辑部电话：010-88191441 发行部电话：010-88191522
网址：www.esp.com.cn
电子邮箱：esp_bj@163.com
天猫网店：经济科学出版社旗舰店
网址：http://jjkxcbs.tmall.com
固安华明印业有限公司印装
787×1092 16开 16印张 390000字
2023年2月第1版 2023年2月第1次印刷
印数：0001—4000册
ISBN 978-7-5218-4490-0 定价：39.00元

前言

INTRODUCTION

随着我国经济的快速发展，会计的作用日益显现，会计信息已经成为经济决策的重要依据，不仅专门从事会计工作的人员需要学习会计，从事金融、经济管理、法律、税收等相关领域工作的人员也需要学习会计。经济技术的发展对会计工作提出了很多新要求，会计教材必须与时俱进，反映最新的财经政策，展示最适用的会计准则，使学习者知晓前沿会计成果。

会计学课程是高等财经类大学非会计专业学生所学习的一门学科基础课。该课程的教学目的是，使学习者全面了解会计的基本内涵，学会会计的思维方式，掌握会计的处理方法，明了经济活动与会计活动的关系，为学习者奠定较为雄厚的会计理论基础。

会计学内容繁杂，业务处理方法多样，涉及多种经济、管理、法律方面的知识。会计学教材的编写必须考虑会计学科的特点和学习者的学习目的，从社会实践的需要出发，注重培养学生的基本会计素质。本教材在编写时力争做到会计理论阐述完整全面，会计内容介绍言简意赅；会计方法讲述科学合理，使读者易于接受；教材体系布局得当，前后联系紧密；教材内容充实先进，便于实际应用。本教材的特点是按业务内容对会计要素加以阐述，使整个经济活动各环节间的联系更加紧密。为了能使读者加深对所学内容的理解，每章末都附有理论问题和实践问题，还附加了每章内容综述供学习者研究思考。

本教材共分十章。第一章主要介绍会计的基本理论知识，为学习者奠定会计理论基础；第二章主要介绍会计的核算方法，使学习者掌握会计处理的手段；第三章至第九章主要介绍会计要素的确认、计量和记录方法，使学习者掌握财务会计主要业务处理程序；第十章主要介绍财务报告的含义及编制方法，使学习者掌握会计信息生成的技巧及其利用方法。

本教材主要是作为高等学校非会计专业学生学习会计知识所使用，也可作为经济类和管理类专业研究生学习用书，还可以作为会计人员在职培训选用教材。

本教材由张红霞、薛东波、王亚男主编。第一章由高静颖执笔，第二章、第三章由汪伟和王亚男执笔，第四章由时军执笔，第五章由荆波执笔，第六章由王亚男执笔，第七章由张红霞执笔，第八章由薛东波执笔，第九章由崔英波执笔，第十章由汪伟、王艳龙执笔，最后由张红霞总纂。曹晓雪、周园两位老师为本教材的资料整理做了大量的工作，教务处苏兴强老师为本教材的出版付出很大努力。在本教材编写过程中，还得到吉林财经大学会计学院许多老师的鼓励和支持，在此一并向他们表示感谢。

受编写时间和编写水平的限制，教材中肯定会存在许多缺点，恳请读者批评指正。

编　者

2023年1月于吉林财经大学会计学院

目 录

CONTENTS

第一章 总　论

第一节 会计的含义

一、会计的产生与发展

会计是以货币为主要计量单位，反映和监督一个单位经济活动的一种经济管理工作。会计是经济管理的重要组成部分，其基本环节称为“会计核算”。在各种经济组织中，会计工作者通过收集、计量、处理经济业务，传输财务状况、经营成果和现金流量等信息，分析得失，检查利弊，达到提高经济效益的目的。会计的本质是一个信息系统。

会计是社会生产发展的产物，客观环境及其变化对会计有着直接的影响。最初的会计只是作为生产的附带部分，随着生产的发展和剩余产品的出现，会计才逐渐从生产中独立出来。

会计的起源可以追溯至远古时代。“上古结绳而治，后世圣人，易于书契”，就是说远古时代人们用“结绳记事”的方法对生产活动进行记录或计算，后人则用“契书”的办法取而代之。这种计量与记录可称为会计行为的雏形。

古代的会计主要是官厅会计。据史书记载，我国早在夏商时代，随着文字的出现，中式簿记的单式记账法就开始萌芽。据《周礼》一书所述，周王朝设有“司会”官职，主要负责对王朝的收支定期进行核算。秦汉时代，“入－出＝余”的基本公式得到了广泛的运用，并实行了单式的收付记账法，有了定期的会计账册和会计报表。唐宋时期发明了“四柱结算法”，即通过“旧管＋新收－开除＝实在”的平衡公式来分类检查日常收支。到了明清时代，形成了比较完善的记账、算账、报账的单式簿记系统，特别是明末清初，随着手工业和商业的发展，民间出现了能计算盈亏的“龙门账”，使民间会计的水平超过了官厅会计。在古埃及王国，已经有了文字和用于书写的草纸，会计在草纸上登记账目，并把账目报告给国王。

从12世纪到15世纪，在地中海的威尼斯等城市出现了资本主义萌芽。资本主义经济关系在商业和金融业的发展促进了意大利复式簿记的发展。1494年意大利数学家卢卡·帕乔利的著作《算术、几何、比与比例概要》问世，标志着近代会计的开端。该书从账簿设置、财产清查到记账规则、记账方法等方面，系统地论述了复式记账法，为复式记账法在欧洲的传播奠定了基础。

20世纪初，由于美国工业革命和英国工业技术的改进，资本主义经济得到了迅速发展，从而促进了会计理论和实务的发展。以微观企业为主体的对外部信息服务使用者服务的财务会计日趋成熟，在会计记录、会计确认、会计计量、收益确定以及会计报告等会计理论和实务方面，逐渐形成了自己的特点，使其区别于对内服务的管理会计。

20世纪70年代以后，电子计算机会计的广泛应用，使会计由单一学科发展成为由多个分支学科组成的会计学科体系，如财务会计、成本会计、管理会计、物价变动会计、所得税会计等。近年来，随着大数据和人工智能的发展，会计理论和会计方法也在不断变革。财务共享、大数据会计、智能会计在实际经济工作中发挥了重要作用。

会计的产生和发展表明，会计是适应生产活动发展的需要而产生的，并随着生产经营的发展而发展。经济越发展，会计越重要。

二、会计的含义

会计既可以理解为一项工作，也可以理解为一门学科。会计作为一项工作，要求从事者应具备一定的技能，并在相关规则的约束下为经济组织的经济活动服务。会计作为一门学科，它主要研究会计的基本理论、会计的内容、会计的方法、会计的创新。会计学科是对会计工作的抽象和概括，它来源于会计工作，又指导会计工作。

无论是会计工作，还是会计学科，对会计含义的理解可从以下两种提法中把握。

（一）会计是一个信息系统

会计作为一个信息系统，是指通过会计工作产生并输出有用的会计信息。这个系统由三部分组成，即信息输入、信息加工、信息输出。具体可分为四个环节，即会计确认、会计计量、会计记录和会计报告。

会计确认，就是辨别和认定发生的经济业务是否应在本会计主体上记录，如果能够记录，应作为什么要素记录，记录在什么时期的账簿上。

会计计量，就是对能够记录的会计要素在数量和价值上所作的认定。数量计量要借助实物单位进行，价值计量要借助货币单位进行，计量的目的是记录。

会计记录，就是将确认和计量的结果在账簿和其他相关会计资料上进行登记。会计上的记录采用复式记账方法，目前广泛采用的是借贷记账法。

会计报告，就是将记录下来的会计信息经过一定的加工整理，以适当的形式对外传递。会计报告通常由两部分组成，即会计报表和其他相关信息。

会计信息系统论认为，会计的工作重心在于提供会计信息，会计工作的出发点和落脚点都应围绕会计信息展开。

（二）会计是一种管理活动

会计作为一种管理活动，是指会计人员参与企业的管理工作，通过收集、处理和利用经济信息，为企业管理服务，其目的是提高企业的经济效益。会计参与企业的管理工作，可体现在企业管理四个环节中，即规划、组织、执行和评价这四个方面都需要会计工作。

在规划阶段，会计人员根据企业既定的战略发展目标，为可供选择的多个备选方案提供各种数据信息，帮助企业在多方案中择优选取，确保新建项目的先进性和可行性。

在组织阶段，为了帮助企业完成经营目标，协调资源配置，会计人员必须进行周密安排，合理地筹资和投资，要确保生产要素的合理搭配，在空间和时间上做好衔接。会计人员还要将各种信息及时传递给有关部门，以保证整个企业管理的同步性。

在执行阶段，为了考察企业经营目标的实施情况，会计人员必须对生产经营的各种情况进行认真的记录，对照预算或计划进行比较分析，将执行结果及时反馈给管理者，以便及时发现问题，及时进行纠正处理。

在评价阶段，会计人员要对企业经营目标的实施结果进行分析评估，通过编制财务报告的方法，分析实际情况与预算结果的差异，提出解决措施，并为企业下一步的生产经营计划提供一些有用的信息数据。

会计管理活动论认为，会计的作用在于加强经济管理、提高经济效益、维护国家财经方针政策，会计是企业管理的重要组成部分。

从实质上说，信息系统论和管理活动论两者并不矛盾，管理需借助信息，提供信息也是为了管理。

三、会计的目标

会计目标是指会计工作应达到的最终目的或结果。从会计的含义可以看出，会计既是一个信息系统，也是一种管理活动。会计管理与其他管理不同，其最大的特点是其管理作用的发挥需借助于会计信息，而且是以货币为主要计量手段的信息。离开了会计信息，会计管理也就无据可依、无的放矢。从这一点看，会计的基本目标就是提供有价值的会计信息。

会计信息的基本内容包括以下方面。

1. 财务状况信息。财务状况是指一个企业资金的形成渠道及分布状态。企业资金的形成渠道有两条：一是从债权人处借款；二是寻找投资人为企业投资。债权人将资金借给企业，从而产生了将来收回本金和索取利息的权利；投资人将资金投入企业，从而产生了要求企业将其所投资本保值增值和索取红利的权利。

在会计上，通常将债权人的权利称为负债，又称为债权人权益；将投资人的权利称为所有者权益。债权人权益和所有者权益可合称为权益。企业从权益人处取得的资金分布在不同的形态上，便称为资产。资产是资金的存在形式，资金是资产的货币表现。

2. 经营成果信息。经营成果是指企业对资金使用所形成的最终效果，也就是利润或亏损。利润或亏损的形成受两个因素的影响：一个因素是收入；另一个因素是费用。当收入大于费用时，便形成利润；反之便是亏损。追求企业利润最大化，追求股东收益最大化，是企业的发展目标。投资人的投资回报需用利润去满足，企业的发展壮大也要靠利润去支持。因此，经营成果信息是会计信息中最引人注目的信息。

3. 现金流量信息。现金流量是指一定时期的现金流入量与流出量，它通常与收入和费用相对应。从理论上说，一定时期的收入应体现为现金流入，一定时期的费用应体现为现金流出。但会计上确认收入和费用的标准往往与现金流入与流出的计算时间不一致，经常会形成企业经营成果良好，可现金却入不敷出，企业正常经营活动因缺少现金而无法开展的情况。因此，对外披露现金流量信息，也是信息使用者考查经营成果质量的重要依据。

4. 所有者权益变动信息。所有者权益是指企业资产扣除负债后由所有者享有的剩余权益。所有者权益变动信息，既反映各项交易和事项所导致的所有者权益的增减变化信息，也反映了所有者权益各组成部分增减变动的结构性信息，是投资者非常关心的一项重要信息。

5. 其他信息。在会计信息中，除上述内容外，还包括若干与企业经营活动和未来发展有密切关系的信息，如企业的合并与重组、经营方式的改变、重大会计政策的选择和变更、管理当局受托责任的完成情况等。对于信息使用者来说，任何对其预测和决策有用的信息都希望会计人员能够提供。当然，受成本效益原则限制，会计信息也不可能面面俱到。

四、会计的职能

职能是指客观事物本身所具有的功能，是该事物的内在品质。会计的职能是指会计在经济管理中所具有的功能。马克思认为，簿记是对“过程的控制和观念总结”。根据马克思的论述，我们将会计的职能分为反映职能和监督职能。

（一）会计的反映职能

反映职能是指会计按照会计准则的要求，通过一定的程序和方法，全面、系统、准确、及时地将一个会计主体所发生的会计事项如实地表现出来。反映职能是会计的基本职能，它贯穿于会计活动的始终。从会计数据的收集、确认、审核到会计数据的加工处理，再到会计信息的存储、输出，都是会计的反映过程。正是从这个意义上，可以把会计看作是一个信息系统。会计的反映职能具有以下特征。

1. 以货币为主要计量单位。会计要实现其反映职能，就必须对企事业单位的经济活动进行核算，在进行会计核算时要用到计量单位，这些计量单位包括：实物量度、劳动量度和货币量度。实物量度主要用于反映各种实物的数量变动；劳动量度主要用于反映劳动时间的长短；货币量度能够反映各种经济活动的综合成果，它在核算资金、成本、利润等指标时具有特殊的作用，是实物量度、劳动量度难以具备的。因此，会计在对企事业单位经济活动进行核算时是以货币作为主要计量单位，而以实物量度、劳动量度作为辅助计量单位。

2. 反映过去已经发生的经济活动。会计反映经济活动就是要反映其事实，并说明其真相。因此，只有在每项经济业务发生或完成以后，才能取得该项经济业务完成的书面凭证，这种凭证能够确保会计所提供的信息真实可靠，它具有可验证性。

3. 反映具有连续性、系统性和全面性。会计在对经济活动进行反映时是按照经济业务发生的时间先后顺序不间断地进行记录，在记录经济业务时不能有遗漏，不能根据主观需要任意取舍，必须做到全面完整。除此之外，还应做到系统化，即在记录经济业务时要对其进行科学的分类，使之条理化。只有符合上述要求，才能综合反映经济活动的全过程。

（二）会计的监督职能

会计监督是利用会计所提供的信息对经济活动进行的控制，使之达到预期的目标。会计监督职能是会计最重要的职能，是会计工作的灵魂和核心，是会计本质的重要体现。会计若没有监督职能，会计活动也就毫无意义，正是从这个意义上，可以把会计看作是一项管理活动。会计监督职能具有以下特征。

1. 会计监督具有强制性和严肃性。会计监督是依照国家财经法规和财经纪律来进行的，《中华人民共和国会计法》不仅赋予会计机构和会计人员监督的权利，而且规定了监督者的法律责任。《中华人民共和国会计法》第四章会计监督中规定：各单位应当建立、健全内部会计监督制度，会计人员的主要职责是进行会计核算和实行会计监督。因此，会计监督是以国家财经法规和财经纪律为准绳，具有强制性和严肃性。

2. 会计监督具有连续性和完整性。由于会计的反映职能具有连续性，并且贯穿经济活动的始终，因而会计的监督职能也应具有连续性。各单位每发生一笔经济业务都要通过会计进行反映，在反映的同时，还要审查其是否符合法律、法规的规定。会计监督的完整性体现为对经济活动的全过程监控。会计监督包括事前监督、事中监督和事后监督。事前监督是指在经济活动之前，对计划、预算等的可行性、合理性、合法性及有效性加以审核，使一切不利因素消灭在过程之前；事中监督是指在日常会计工作中，随时审查所发生的经济业务，发现问题及时改正；事后监督是利用会计反映取得的资料对已完成的经济活动进行考核、分析和评价。

会计监督职能在经济行为实施之前就发挥作用，在经济行为发生的过程中和发生后依然要发挥作用。它通过会计信息系统与会计控制系统的有机结合，突出地表现了会计在经营管理中的能动作用。

反映和监督是会计的两大基本职能，两者相互联系、相互制约，互为前提。反映职能是监督职能的基础，如果没有会计反映职能提供可靠、完整的会计资料，会计监督就没有客观依据，也就无法进行监督。监督职能是反映职能的保证，没有监督职能会计就不可能提供真实可靠的信息，也就不能发挥会计管理的能动作用，会计的反映职能也就失去了存在的意义。

第二节　会计要素及其确认

一、会计要素的构成内容

会计要素是会计对象的具体化，是会计信息的主要构成内容。我国《企业会计准则——基本准则》将会计要素分为资产、负债、所有者权益、收入、费用和利润六项。前三个要素反映企业财务状况，后三个要素反映企业经营成果。

（一）资产

资产是指企业过去的交易或者事项形成的、由企业拥有或者控制的、预期会给企业带来经济利益的资源。根据资产的定义，资产具有如下几个特征：

首先，资产是由过去的交易或者事项所形成的。这里的资产是现实存在的资产，而不是预期形成的资产，强调的是过去已经发生的交易或者事项产生的结果。

其次，资产能被企业拥有或者控制。拥有是指企业对此项资源具有所有权，控制是企业可以按照自有的意愿使用或处置该项资产。企业不具有所有权但拥有控制权的资产也可被确认为自有的资产。

最后，资产预期会给企业带来经济利益。即资产能够在未来直接或间接地为企业带来现金流量，预期不能带来经济利益的资源就不能确认为企业的资产。

企业的资产通常按其变现和耗用速度分为流动资产和非流动资产两大类。凡是在1年或者超过1年的一个营业周期内变现或耗用的资产称为流动资产，如库存现金、银行存款、应收账款、预付账款、存货等。不能在1年或者超过1年的一个营业周期内变现或耗用的资产称为非流动资产，如长期股权投资、固定资产、无形资产等。

（二）负债

负债是指企业过去的交易或者事项形成的、预期会导致经济利益流出企业的现时义务。根据负债的定义，负债具有如下几个特征：

首先，负债是过去的交易或者事项产生的。也就是说，只有过去的交易或者事项所引起的义务才形成负债，企业将在未来发生的交易或者事项不能确认为负债。

其次，负债是由企业承担的现时义务。现时义务是指企业在现行条件下已承担的义务。如银行借款是由于企业接受了银行贷款而形成的，如果没有接受贷款就不会发生银行借款这项负债。

最后，负债的清偿会导致经济利益流出企业。无论负债以何种形式出现，当清偿债务时都会导致经济利益流出企业。

负债按其偿还期限的长短分为流动负债和非流动负债。流动负债是指将在1年（含1年）或者超过1年的一个营业周期内偿还的债务。如短期借款、应付票据、应付账款、应付职工薪酬、应交税费、应付股利等。偿还期超过1年或者超过1年的一个营业周期以上的债务是非流动负债。如长期借款、应付债券、长期应付款等。

（三）所有者权益

所有者权益是指企业资产扣除负债后由所有者享有的剩余权益。所有者权益是企业投资人对企业净资产的所有权，在数量上它等于企业全部资产扣除全部负债后的余额，也称为净资产。所有者权益具有如下特征：

首先，除非发生减资、清算，企业不需要偿还所有者权益。

其次，企业根据所有者持有股权的份额对其进行利润分配。

所有者权益由三部分构成：一是所有者投入的资本。会计上记在实收资本（股份公司称为“股本”）和资本公积（资本溢价）项目上，这表示企业欠所有者的本钱，称为初始权益。二是企业通过经营活动创造收益中的留存部分，即留存收益，这是指企业实现的净利润扣除分配给投资者股利后留下来的部分，会计上记在盈余公积和未分配利润项目上。三是企业发生的非经营活动形成的利得或损失，即直接计入所有者权益的利得和损失。这种利得和损失是偶然发生的，不构成当期损益，直接计入了所有者权益，会计上将其记在其他综合收益和资本公积（其他资本公积）项目上。留存收益和直接计入所有者权益的利得和损失表示企业净资产在初始权益基础上的增减变动归属于所有者的部分，又称新增权益。

（四）收入

收入是指企业在日常活动中形成的、会导致所有者权益增加的、与所有者投入资本无关的经济利益的总流入。根据收入的定义，收入具有如下特征：

首先，收入从企业的日常活动中产生，不是从偶发的交易或者事项中产生的。

其次，收入表现为企业资产的增加或负债的减少或两者兼而有之。

再次，收入最终会导致所有者权益增加，但与所有者投入的资本无关。

最后，收入只包括本企业经济利益的流入，而不包括为第三方或客户代收的款项。

收入主要包括营业收入和投资收益等。营业收入是指企业销售商品、提供劳务、让渡资产使用权等业务所取得的收入，包括主营业务收入和其他业务收入。投资收益是指企业对外投资所取得的收益扣除发生的损失后的净额。

（五）费用

费用是指企业在日常活动中发生的、会导致所有者权益减少的、与向所有者分配利润无关的经济利益的总流出。根据费用的定义，费用具有如下特征：

首先，费用是企业在日常活动中发生的经济利益流出。

其次，费用表现为资产的减少或负债的增加或两者兼而有之。

再次，费用最终会引起所有者权益的减少。

最后，费用会导致企业经济利益的流出，该流出不包括向所有者分配利润。

费用主要包括营业成本、税金及附加、期间费用等。营业成本是指企业销售商品、提供劳务等业务时形成的费用，包括主营业务成本和其他业务成本。税金及附加是指企业经营活动发生的消费税、城市维护建设税等包含在售价内的相关税费。期间费用是指不能直接归属于某种特定产品的成本，而应计入当期损益的费用，包括管理费用、财务费用和销售费用。

（六）利润

利润是指企业在一定会计期间的经营成果，包括收入减去费用后的净额、直接计入当期利润的利得和损失等。直接计入当期利润的利得和损失是指企业偶然发生的并将其直接计入当期利润中的利得或损失。注意，这里的利得和损失要与前述计入所有者权益中的那部分项目区分开。

利润按其构成的不同层次可分为营业利润、利润总额和净利润。营业利润是指企业一定期间的日常活动所取得的利润。利润总额是指企业一定期间的营业利润加上营业外收入减去营业外支出后的数额。净利润是指企业一定期间的利润总额减去所得税费用后的净额。

二、会计要素的确认条件

（一）资产的确认条件

将一项资源确认为资产，除需要符合资产的定义外，还应同时满足以下两个条件：

1. 与该资源相关的经济利益很可能流入企业。从资产的定义来看，能否带来经济利益是资产的一个本质特征，但在现实生活中，由于经济环境瞬息万变，与资源有关的经济利益能否流入企业或者能流入多少实际上都带有不确定性。因此，资产的确认还应与经济利益流入的不确定程度的判断结合起来。如果与资源有关的经济利益很可能流入企业，那么就应当将其作为资产予以确认；反之，不能确认为资产。

2. 该资源的成本或价值能够可靠计量。可计量性是会计要素确认的一个重要前提，资产确认也不例外。只有当有关资源的成本或价值能够可靠计量时，资产才能确认。如企业购置材料、设备、生产产品等，对于这些资产，只要其购买成本、生产成本能够可靠计量，就视为符合了资产确认的可计量条件。

（二）负债的确认条件

将一项现时义务确认为负债，除需要符合负债的定义外，还需要同时满足以下两个条件：

1. 与该负债有关的经济利益很可能流出企业。从负债的定义可以看出，预期会导致经济利益流出企业是负债的一个本质特征，但在现实生活中，履行义务所需流出的经济利益往往带有不确定性。因此，负债的确认还应与经济利益流出的不确定性程度的判断结合起来。如果有确凿证据表明，与现时义务有关的经济利益很可能流出企业，那么就应当将其作为负债予以确认；反之，不能确认为负债。

2. 未来流出的经济利益的金额能够可靠地计量。只有未来流出经济利益的金额能够可靠地计量时，负债才能确认。在实务中，与法定义务有关的经济利益流出金额，通常可以根据合同或法律规定的金额予以确定。如果未来时间较长，在对有关金额进行计量时还需要考虑货币的时间价值等因素的影响。

（三）所有者权益的确认条件

由于所有者权益是企业的资产扣除负债后由所有者享有的剩余权益，所以，所有者权益的确认主要依赖于其他会计要素，特别是资产和负债的确认。例如，企业接受投资者投入的资产，在该资产符合企业资产确认条件时，就相应地符合了所有者权益的确认条件。

（四）收入的确认条件

企业收入的来源渠道多种多样，收入取得渠道不同，其特征也有所不同，因此，收入的确认条件也往往存在差别，一般来说，收入应当在企业履行了合同中的履约义务即客户取得商品或服务控制权时确认。企业确认收入的条件包括：

1. 合同各方已批准该合同并承诺履行各自义务；
2. 该合同明确了合同各方与所转让商品或提供服务相关的权利和义务；
3. 该合同有明确的与所转让商品或提供服务相关的支付条款；
4. 该合同具有商业实质，即履行该合同将改变企业未来现金流量的风险、时间分布或金额；

5. 企业向客户转让商品或提供劳务的对价很可能收回。

（五）费用的确认条件

费用的确认除了应符合费用定义外，也应当满足一定的条件，费用只有在经济利益很可能流出企业，从而导致资产减少或负债增加，并且经济利益的流出金额能够可靠计量时才予以确认。也就是说，费用的确认至少应符合以下条件：

1. 与费用相关的经济利益很可能流出企业；
2. 经济利益的流出额能够可靠计量。

（六）利润的确认条件

由于利润反映的是收入减去费用、直接计入当期利润的利得减去损失后的净额，因此，利润的确认主要依赖收入和费用以及利得和损失的确认。这里不再赘述。

三、会计基础

我国《企业会计准则——基本准则》中规定，企业会计的确认、计量和报告应当以权责发生制为基础。权责发生制的主要用途是确认收入与费用要素的归属期。

权责发生制要求，凡是当期已经实现的收入和已经发生或应当负担的费用，无论款项是否收付，都应当作为当期的收入和费用；凡是不属于当期的收入和费用，即使款项已在当期收付，也不应当作为当期的收入和费用。

在实际工作中，有时企业发生的货币收支业务的期间与交易或事项本身的应归属期间并不完全一致。例如，企业预收货款时，虽然款项已经收到，但销售并未实现，不能将收款的时间确认为收入的归属期间，而应把客户取得商品控制权的时间认定为收入的归属期间。有些款项虽然已经支付，但并不是为本期生产经营活动而发生的，不能将付款的时间确认为费用的归属期间，而应该将付款责任的承担时间作为费用的归属期间。因此，为了更真实地反映企业特定会计期间的财务状况和经营成果，就要求企业在进行收入和费用的归属期间认定时应当以权责发生制为基础。

收付实现制是与权责发生制相对应的一种确认基础。它是以款项是否实际收到和付出作为确定本期收入和费用的标准。凡是本期实际收到和付出的款项，不论是否应归属于本期，都作为本期的收入和费用处理；反之，凡是本期没有实际收到和付出的款项，即使应当归属于本期，也不作为本期收入和费用处理。收付实现制主要应用于政府会计和一些非营利组织会计。

四、会计等式

会计要素之间存在着相互关系，用函数来描述会计要素之间的关系所得出的等式，叫作会计等式，又称为会计平衡公式。反映企业财务状况的要素可形成如下会计等式：

资产 = 负债 + 所有者权益

“资产 = 负债 + 所有者权益”是基本会计等式，是设置账户、复式记账和编制资产负债表的理论依据，是贯穿于财务会计始末的一根主线。等式左边的资产是为企业将来的经济活动提供动力的经济资源，反映企业的资金分布情况；等式右边的负债和所有者权益则是对这些资产所拥有的权利，可统称为权益。负债是债权人的权益，所有者权益是投资人的权益。这两部分权益都是对企业资产的求偿权，表示企业的资金来源。因此，上述会计基本等式也可概括为：

资产 = 权益

权益 = 负债 + 所有者权益

为什么资产与权益是相等的呢？这是因为资产和权益本来就是同一事物的两个方面：一方面从资产本身的存在来考察，另一方面从资产的来源即对资产所拥有的权利来考察。资产必有其来源，有一定的资产，就必然有对该资产的求偿权，即权益；相反，权益代表资产的来源，有一定的权益，也必然有一定的资产。资产与权益既相互对立又相互依存，在任何特定时点上的两者都表现为相等的关系。

【例 1 –1】甲公司 2022 年 8 月 31 日资产与权益状况如表 1 –1 所示。

表 1 –1　　**资产负债表**

编制单位：甲公司　　2022 年 8 月 31 日　　单位：元

资产	金额	权益（负债和所有者权益）	金额
库存现金	500	短期借款	80 000
银行存款	66 000	应付账款	40 000
应收账款	5 000	实收资本	330 000
原材料	98 500	资本公积	50 000
库存商品	80 000		
固定资产	250 000		
合计	500 000	合计	500 000

表 1 –1 说明，该公司在 2022 年 8 月 31 日这一时点拥有各项资产 500 000 元；同时对这部分资产拥有求偿权，即权益也为 500 000 元（其中，债权人权益为 120 000 元，所有者权益为 380 000 元）。它从静态上反映了资产与权益这种内

在的必然相等关系。

任何一项经济业务的发生，无论引起资产和权益发生怎样的变化，都不会破坏基本会计等式的平衡关系。企业发生的经济业务虽然十分复杂，但它引起资产和权益的增减变化归纳起来不外乎以下四种类型：

（1）资产与权益同时等额增加；

（2）资产与权益同时等额减少；

（3）资产内部项目间有增有减，增减金额相等，权益不变；

（4）权益内部项目间有增有减，增减金额相等，资产不变。

在上述四种类型经济业务中，（1）和（2）两种类型属于资产与权益间的会计事项；（3）属于资产间的会计事项；（4）属于权益间的会计事项。现仍以前例为基础，举例分析四种类型经济业务对会计等式的影响。

【例1-2】 承〖例1-1〗，假设甲公司9月份发生以下几笔经济业务。

①收到投资者投入的一台新设备，价值130 000元。

这项经济业务属于资产与权益间的会计事项。投资者投入设备，使该公司固定资产增加了130 000元，同时，这些固定资产源于投资者的投资，它表明投资者在该公司的权益增加了130 000元，因此，投资使该公司的资产项目“固定资产”和权益项目（所有者权益）“实收资本”同时等额增加，资产与权益双方总额仍然保持相等。

②用银行存款偿还40 000元短期银行借款。

这项经济业务也是资产与权益间的会计事项。它使资产项目“银行存款”减少了40 000元，同时使权益项目（负债）“短期借款”也减少了40 000元，由于资产项目与权益项目同时等额减少，因此，资产总额与权益总额仍然保持相等。

③从银行存款中提取现金6 000元。

这项经济业务属于资产间的会计事项。它使资产项目“银行存款”减少了6 000元，同时使另一资产项目“库存现金”增加了6 000元。由于是资产项目之间的此增彼减，没有涉及权益项目，也没有引起资产总额发生变化，因此，资产与权益总额仍然相等。

④向银行借入短期借款20 000元，直接偿还应付购货款。

这项经济业务属于权益间的会计事项。它使权益项目（负债）“短期借款”增加了20 000元，同时使另一权益项目（负债）“应付账款”减少了20 000元。由于是权益项目之间此增彼减，没有涉及资产项目，也没有引起权益总额发生变化，因此，资产与权益总额仍然相等。

以上四项经济业务所引起的资产和权益的增减变化及其增减后的状况如表1-2所示。

表 1-2 **甲公司业务变动后的资产负债情况表**

编制单位：甲公司 2022 年 9 月 30 日 单位：元

项目	原有金额	变动情况		增减后金额
		增加	减少	
库存现金	500	③6 000		6 500
银行存款	66 000		②40 000③6 000	20 000
应收账款	5 000			5 000
原材料	98 500			98 500
库存商品	80 000			80 000
固定资产	250 000	①130 000		380 000
资产合计	500 000	136 000	46 000	590 000
短期借款	80 000	④20 000	②40 000	60 000
应付账款	40 000		④20 000	20 000
实收资本	330 000	①130 000		460 000
资本公积	50 000			50 000
权益合计	500 000	150 000	60 000	590 000

通过以上分析可以得出如下结论：

第一，任何一项经济业务的发生必然会引起资产和权益，或资产内部，或权益内部至少两个项目的变化，但变化的结果是，资产总额与权益总额始终保持平衡。

第二，经济业务的发生，同时涉及资产和权益的，即资产与权益间的会计事项，会使双方总额发生同增或同减的变动，但变动的结果是，双方总额仍然相等。

第三，经济业务的发生，只涉及资产或权益一方的，即资产间的会计事项或权益间的会计事项，都不会影响双方总额的相等关系。

总之，“资产 = 权益”这一会计等式的平衡关系是客观存在的，发生任何经济业务都不会破坏这一平衡关系。正确理解和运用这一平衡关系，对于掌握复式记账原理有着重要意义。

反映企业经营成果三个要素间的关系可用下列等式表达：

利润 = 收入 - 费用

这一会计等式被称为第二会计等式。它是编制利润表的基础。等式左边的利润反映企业经营活动的净收益，等式右边的收入反映企业经营过程中收益的形成过程。将上述两个等式结合起来，形成的结果是：

资产 = 负债 + 所有者权益 +（收入 - 费用）

这一会计等式称为扩展的会计等式。这是因为企业的经营成果必然影响所有者权益。企业获得的利润将使所有者权益增加，资产也随之增加；企业发生亏损将使所有者权益减少，资产也会随之减少。这样，期末的会计等式又回归到：

资产 = 负债 + 所有者权益

五、财务报告

财务报告是企业对外提供的反映企业某一特定日期的财务状况和某一期间的经营成果、现金流量等会计信息的文件。

财务报告由会计报表和其他应当在财务报告中披露的相关信息和资料组成。会计报表是财务报告的主干部分，它由报表本身及其附注构成。会计报表主要包括资产负债表、利润表、现金流量表和所有者权益变动表等报表。

资产负债表是指反映企业在某一特定日期财务状况的会计报表。资产负债表主要提供了有关企业财务状况方面的信息。通过资产负债表，可以了解企业在一定日期的资产、负债、所有者权益总额及其结构情况，评价企业的资产质量、偿还债务的能力、资金周转能力等，为会计信息使用者提供帮助。

利润表是反映企业在一定会计期间经营成果的报表。利润表提供了有关企业经营成果方面的信息。通过利润表可以了解企业生产经营的收入、费用以及利得、损失等发生情况，从而有助于会计信息使用者分析评价企业的盈利能力及其构成情况。

现金流量表是反映企业在一定会计期间内现金和现金等价物流入及流出信息的会计报表。现金流量表主要是为会计信息使用者提供一定会计期间内现金及现金等价物流入和流出的信息，评价企业的现金获取能力和现金支付能力、偿还债务能力，预测企业未来现金流量。

所有者权益变动表是反映企业本期所有者权益各组成部分增减变动情况的报表。通过所有者权益变动表可以了解企业某一会计期间所有者权益的各项目（实收资本、资本公积、盈余公积和未分配利润）增加、减少及其余额情况，分析其变动原因及预测未来的变动趋势。

附注是指对在会计报表中列示项目所作的进一步说明，以及对未能在这些报表中列示项目的说明等。企业编制附注的目的是通过对会计报表的补充说明，使会计信息使用者全面、系统地了解企业的财务状况、经营成果和现金流量等方面信息，从而助于会计信息使用者做出合理决策。

第三节　会计要素的计量属性与计量环节

一、会计要素的计量属性

会计计量是指为了将符合确认条件的会计要素登记入账并列报于财务报表而确定其金额的过程。会计要素的计量属性是指对会计要素进行价值计量时应用的标准和方法。企业应当按照规定的会计计量属性对会计要素进行计量，并确定其相关金额。会计计量属性主要包括：历史成本、重置成本、可变现净值、现值和公允价值等。

（一）历史成本

历史成本又称为实际成本，就是取得或制造某项财产物资时所实际支付的现金或者其他等价物总和。在历史成本计量下，资产按照购置时支付的现金或者现金等价物的金额，或者按照购置资产时所付出的对价的公允价值计量；负债按照因承担现时义务而实际收到的款项或者资产的金额，或者承担现时义务的合同金额，或者按照日常活动中为偿还负债预期需要支付的现金或者现金等价物的金额计量。

对资产、负债、所有者权益等会计要素计量时，应当基于交易或者事项的实际交易价格或成本进行。这是因为，历史成本是资产实际发生的成本，有客观依据，便于查证，最为真实，具有可验证性。

（二）重置成本

重置成本又称为现行成本，是指按照当前市场条件重新取得同样一项资产所需支付的现金或现金等价物的金额。在重置成本计量下，资产按照现在购买相同或者相似资产所需支付的现金或者现金等价物的金额计量；负债按照现在偿付该项债务所需支付的现金或者现金等价物的金额计量。

（三）可变现净值

可变现净值是指在正常生产经营过程中资产预计售价减去进一步加工成本和销售所必需的预计税金、费用后的净值。在可变现净值计量下，资产按照其正常对外销售所能收到现金或者现金等价物的金额扣减该资产至完工时估计将要发生的成本、估计的销售费用以及相关税费后的金额计量。

（四）现值

现值是指对未来现金流量以恰当的折现率进行折现后的价值，是考虑货币时间价值因素等的一种计量属性。在现值计量下，资产按照预计从其持续使用和最终处置中所产生的未来净现金流量的折现金额计量；负债按照预计期限内需要偿还的未来现金流出量的折现金额计量。

（五）公允价值

公允价值是指市场参与者在计量日发生的有序交易中，出售一项资产所能收到或者转移一项负债所需支付的价格，即脱手价格。

应当注意交易价格与公允价值的不同。交易价格是取得资产所支付的价格，公允价值是出售资产所能收到的价格。两者多数情况下是相等的，但在特殊情况或特殊交易中可能不等。

运用公允价值计量时，首先选用计量日相同资产或负债在活跃市场上未经调整的报价；其次选用相关资产或负债直接或间接的可观察报价；最后选用相关资产或负债不可观察输入值（采用估值技术计算）。

企业在对会计要素进行计量时，一般应当采用历史成本。采用重置成本、可变现净值、现值、公允价值计量的，应当保证所确定的会计要素金额能够取得并可靠计量。上述计量属性间的关系可以表述为：

历史成本＝公允价值（现值）＋相关税费

重置成本是一种替代计量属性，通常用于资产盘盈、接受捐赠等历史成本无从确定情况下的计量。可变现净值通常用于判断存货是否减值。现值通常用于延期收付款的情况下资产或收入的价值计量。

当然，这些表述只是一种近似描述，遇到特定情况或许会有出入，在正常情况下按照上述方法理解就可以了。

二、会计要素计量环节

会计要素计量环节是指对会计要素进行计量的步骤。会计人员运用货币尺度对经济活动的价值形态进行计量时，根据计量程序的先后和时间的不同，分为初始计量和后续计量。

（一）会计要素的初始计量

初始计量是指对经济活动的某一要素首次入账金额的确定，它是对交易和事项的价值做出的第一次计算和确定。对于大多数经济活动来说，由于历史成本具有的优势非常明显，采用历史成本进行初始计量也就成为必然。但有些交易活动具有特定的目的，为了体现其特点，也有采用公允价值进行初次计量的情况发生。

（二）会计要素的后续计量

后续计量是要衡量和确定该交易或事项的货币数量在初始计量后的变动情况，是再次对经济活动的某一要素进行账面调整。对于资产要素而言，在企业的存续期间，其价值通常会发生变动，这种变动会对自身的价值产生影响，同时也会对当期损益产生影响。负债的价值也会因为在企业的存续而发生变化。在会计实务中，后续计量已成为会计计量的重点。对会计要素进行后续计量的现实意义可以表现在两个方面：一是能够很好地履行会计的反映职能，反映职能要求会计如实反映会计主体的经济与财务真相；二是有助于会计计量目标的实现。

第四节 会 计 假 设

会计假设是指为了保证会计工作正常进行，对会计确认、计量、报告的时间和空间范围所作的合理设定，即进行会计核算的基本前提。它是人们在长期的社会实践中逐步认识和总结形成的，是人们对客观事物的一种合理推断。

企业在进行会计核算时应以会计主体、持续经营、会计分期和货币计量作为会计假设。

一、会计主体

会计主体是指会计工作为其服务的特定单位或组织，它规范了会计工作的空间范围。

会计作为一个信息系统，必须对特定单位的经济活动进行计算和记录。企业的会计人员必须知道其服务的对象、服务的范围，这样才能采取正确的会计处理方法，产生正确的会计结论。确立会计主体这一前提，要求会计工作者注意以下三个问题。

1. 要正确划分本会计主体与其他会计主体经济业务的范围。在会计工作中，只有本会计主体发生的经济业务才能进行确认与计量，其他会计主体的业务活动不能在本会计主体上记录。会计工作中的确认与计量内容都是针对本会计主体而言的。

2. 要正确划分本会计主体经济活动与本会计主体所有者经济活动的范围。对公司制企业而言，会计人员是比较容易区分哪些是会计主体的业务，哪些是所有者个体的业务。对独资企业或合伙企业而言，由于所有者与企业基本上融为一体，有时很难分清哪些业务是企业的，哪些业务是业主个人的。会计工作必须将其区分清楚。会计工作的服务对象是企业这个会计主体，会计活动是衡量企业的财务状况、计算企业的财务成果，不是为企业主个人所服务的。

3. 要正确认定本会计主体所发生经济业务的性质。会计是站在本会计主体的立场上来反映经济活动的，对企业发生的各项业务是以本会计主体为参照对象来确定会计性质的，如果这个问题不解决，就可能产生严重错误。如采购员出差借差旅费形成的是债权而不是债务。

需要说明的是，会计主体不同于法律主体。法律主体是指具有权利能力和行为能力，依法独立享有民事权利和承担民事义务的组织。包括企业事业单位、机关、社会团体等。一般来说，法律主体往往是一个会计主体，但会计主体却不一定是法律主体。例如，若干家企业通过控股关系组成企业集团，企业集团在母公司的统一指导下开展生产经营活动。母子公司虽然各自都是不同的法律主体，但是，为了全面反映集团公司的财务状况、经营成果和现金流量，可将这个集团公司作为一个会计主体，编制合并会计报表。

二、持续经营

持续经营是指会计主体的生产经营活动将无限期地延续下去，在可以预见的未来不会因破产、清算、解散等而不复存在。也就是说，在这一前提下，会计信息系统的运行是以会计主体继续存在并以既定的经营目标和正常的生产经营活动为前提的。因此，它所持有的资产将在正常经营中被耗用、出售或转换；它所承担的债务也将在正常的经营中清偿。正是在这一假设基础上，会计核算才得以建立在所谓的非清算基础上，从而解决了财务会计中很多常见的资产计价和收益的确认等问题。例如，在持续经营前提下，固定资产的价值按原始价值计价，其损耗价值可以分期转作费用。也正是在这一前提下，企业在会计信息收集与处理上所使用的会计程序和方法才得以保持稳定，并恰当地记录企业的经济活动，从而为决策者提供可信赖的会计信息。

企业是否持续经营，会计方法的选择上会有很大的差别。因此，持续经营只适用于正常状态下的会计主体，一旦企业被宣告破产而进行清算，则此假设就不再适用，以此假设为前提的会计处理方法亦应相应地改变。例如，破产企业或即将解散的企业编制会计报表时就应以清算价值对资产进行计价。

三、会计分期

会计分期是指将会计主体持续不断的生产经营过程划分为若干个等间距的、较短的期间，并分期反映经营活动及经营成果。会计分期假设的目的在于，通过会计期间的划分，分期结算账目和编制财务会计报告，从而及时提供有关财务状况、经营成果等方面的会计信息，满足社会各界的需要。

企业的生产经营过程实际上是一个连续不断的过程，在持续经营情况下，如果要对这个连续不断的经营活动进行计量、记录、报告，从理论上讲应该等到企业所有的生产经营活动最终结束时才能通过收入和费用的比较进行准确的计算，但那时提供的会计信息早已过时，因此，就需要会计人员将企业持续不断的生产经营活动人为地划分为若干个相等的会计期间，以便分期反映企业的经营成果和财务状况。会计期间分为年度、半年度、季度和月度。会计期间一般是按年度划分的，并以公历年度作为会计年度，即以每年的1月1日至12月31日作为一个会计年度。每一个会计年度还具体划分为半年度、季度、月度。半年度、季度和月度称为会计中期。

会计分期假设对会计理论和会计实务的发展均有重大意义。首先，由于人为地划分了会计期间，就有必要对各种成本、费用在各个会计期间进行分配，例如折旧、摊销等。其次，由于会计期间是人为地按相等长度划分的，在一个会计期间内，企业的各项收入和费用的变动常常与款项收支的实际情况不相吻合，所以产生了两种处理经济业务的会计基础，即“权责发生制”和“收付实现制”。

四、货币计量

货币计量是指会计主体在进行会计核算时应以货币作为主要计量单位，记录、反映会计主体的经营情况。会计能够使用的计量单位较多，为了全面、综合地反映企业的生产经营活动，会计核算客观上需要一种统一的计量尺度。

会计是一个经济信息系统，所提供的财务信息基本上属于定量信息。在商品经济条件下，货币是衡量一般商品价值的主要标准，它具有价值尺度、流通手段、贮藏手段和支付手段等特点。因此，会计必须以货币作为主要计量单位。

我国要求企业对所有经济业务采用同一种货币作为统一的尺度来进行会计核算，如果企业的经济业务涉及两种以上的货币计量，应选用一种作为基准，称为记账本位币。我国企业的会计核算以人民币作为记账本位币。业务收支以人民币以外的货币为主的企业，可选定其中一种货币为记账本位币，但是编制财务会计报告时应当折算成人民币。

需要指出的是，货币计量假设也有一定的局限性。因为货币本身也有价值，而且货币的价值并不是固定不变的，在市场经济条件下，货币价值每时每刻都在发生着变化。特别是在通货膨胀情况下会对货币计量假设产生巨大的冲击。因此，在确定货币计量假设时，必须同时确立货币价值稳定假设，也就是说，币值稳定是货币计量假设的前提条件。

综上所述，会计假设虽然是人为确定的，但完全出于客观的需要，它是进行会计核算的先决条件和理论基础。会计主体限定了会计的空间范围；持续经营和会计分期限定了会计的时间范围；货币计量限定了会计的核算内容。这四项假设缺一不可，共同为会计核算工作奠定了基础。

第五节 会计信息质量要求

会计信息质量要求是指为实现会计目标、规范会计核算行为，对会计工作所作的规范。它是在会计假设的基础上形成的，反映会计活动的内在规律和长期会计实践经验的总结，是发挥会计职能、完成会计任务、提高会计信息质量的重要保证。根据我国《企业会计准则——基本准则》的规定，会计信息质量要求共有八项，具体包括可靠性、相关性、可理解性、可比性、实质重于形式、重要性、谨慎性和及时性。

一、可靠性

可靠性又称为客观性、真实性，是指会计核算应当以实际发生的交易或者事项为依据进行会计确认、计量和报告，如实地反映符合确认和计量要求的各项会计要素及其他相关信息，保证会计信息真实可靠、内容完整。

可靠性是对会计工作的基本要求，它要求会计所提供信息应该做到：内容真实、数字准确、资料可靠，并能客观地反映企业的财务状况、经营成果和现金流量。这是因为，会计所提供的会计信息是国家宏观经济管理部门、企业内外经济管理部门的决策依据。如果企业的会计核算不能如实地反映企业的实际经济状况，势必会误导会计信息使用者，甚至导致决策失误。因此，可靠性要求企业在进行会计核算时必须对经济业务的确认、计量、记录、报告不偏不倚，以客观事实为依据，不带有主观倾向性，并能经得起验证，确保会计资料的真实性。

二、相关性

相关性又称为有用性，是指企业提供的会计信息应当与财务会计报告使用者的经济决策需要相关，有助于财务会计报告使用者对企业过去、现在或者未来的情况做出评价或预测。也就是说，会计核算所提供的会计信息应当有助于会计信息使用者做出决策，即信息与决策相关联。

会计信息的价值在于它与决策相关。首先，会计信息具有反馈价值，它有助于会计信息使用者评价过去的决策，证实或修正某些预测。其次，会计信息具有预测价值，它有助于会计信息使用者做出预测和决策。要充分发挥会计信息的作用，就必须使所提供的会计信息与会计信息使用者的要求相协调，这就要求企业在收集、处理、传递信息的过程中充分考虑会计信息使用者的信息需求，以满足各方面信息使用者的需要。

三、可理解性

可理解性又称明晰性，是指企业提供的会计信息应当清晰明了，便于财务会计报告使用者理解和使用。即企业的会计核算和编制的财务会计报告应当清晰明了，便于理解和使用。

提供会计信息的目的在于使用，要使用就必须了解会计信息的内涵，弄懂会计信息的内容，这就要求会计核算和财务会计报告必须清晰明了。需要指出的是，会计信息能否被信息使用者理解，不仅仅取决于会计信息本身，也取决于信息使用者对信息的理解能力，所以企业提供的会计信息必须做到容易理解，不误导信息使用者。而信息使用者也应当尽量提高业务水平，以便正确理解会计信息。

具体来说，在进行会计核算时应当做到：会计记录清晰、准确、合法，文字摘要完整、规范。会计报表应记录清晰、项目完整、数字准确、勾稽关系清楚。

四、可比性

可比性是指企业提供的会计信息应当相互可比。这里的可比性有两层含义：一是同一企业不同时期发生的相同或相似的交易或者事项，应当采用一致的会计政策。二是不同企业发生的相同或相似的交易或者事项，应当采用规定的会计政策，确保会计信息口径一致、相互可比。

在实际工作中，企业发生的交易或者事项是复杂的，其会计处理方法也是多样的。例如，发出存货按实际成本核算时，可以采用先进先出法、全月一次加权平均法、移动平均法、个别计价法等确定其实际成本；固定资产折旧方法可以采用年限平均法、工作量法、年数总和法和双倍余额递减法等。

企业在不同的会计期间所采用的会计程序和方法要尽量前后保持一致，否则，不同会计期间的会计信息就无法进行比较，而且容易产生误解，使会计信息使用者错误地将会计程序和会计方法的变动误解为企业财务状况和经营成果的实际变动。

需要指出的是，企业的会计核算方法前后各期应当保持一致，不得随意变更，并不是说绝对不允许变更，如果客观情况发生了变化，原来的业务处理方法不再适合时，可以变更会计方法，但应当将变更原因以及对企业财务状况、经营成果的影响在会计报表附注中予以说明。

五、实质重于形式

实质重于形式是指企业应当按照交易或者事项的经济实质进行会计确认、计量和报告，不应仅以交易或者事项的法律形式为依据。

实质重于形式要求企业在进行会计处理时应当按照交易或者事项的经济性质来进行核算，而不是仅仅以它们的法律形式作为会计核算的依据。这是因为有时交易或者事项的法律形式并不能真实地反映其实质。例如，企业租入的固定资产（短期租赁和低价值资产租赁除外），从法律形式上看，其所有权不属于承租企业，企业不应核算；但从经济实质上看，承租企业对该项固定资产拥有使用权，并能为其带来经济利益，因此，承租企业应当对其加以核算。为了正确反映企业的资产和负债情况，对于租入的固定资产，承租企业应当对其进行核算，具体做法是：一方面企业视同自有资产加以核算入账；另一方面作为一项长期负债加以反映。如果上述交易仅仅依据法律形式进行，不仅没有反映出交易或者事项的经济实质，而且还会误导会计信息使用者做出决策。

六、重要性

重要性是指企业提供的会计信息应当反映与企业财务状况、经营成果和现金流量等有关的所有重要交易或者事项。

企业在进行会计核算时，对交易或者事项应当区别其重要程度，对于重要的会计事项应当单独反映，而对于次要的会计事项可以简化或合并反映。也就是说，对资产、负债、所有者权益、收入、费用和利润等有较大影响并进而影响财务会计报告使用者据以做出合理判断的重要会计事项，必须按照规定的会计方法和程序进行处理，并在财务会计报告中予以充分、准确地披露；对于次要的会计事项，在不影响会计信息真实性和不至于误导会计信息使用者做出正确判断的前提下，可以适当简化。

评价某一会计事项是否具有重要性时，在很大程度上取决于会计人员的职业判断。那么，如何来衡量会计事项的重要性呢？一般来说，一项会计事项是否重要主要从两个方面来判断：一是从其性质上判断，当某一会计事项有可能对决策产生重大影响时，则该事项就属于重要事项；二是从其金额上判断，当某一会计事项的金额达到一定规模或比例时就可能对决策产生重大影响，则该事项就属于重要事项。

七、谨慎性

谨慎性又称为稳健性，是指企业对交易或者事项进行会计确认、计量和报告应当保持应有的谨慎，不应高估资产或者收益、低估负债或者费用。

企业在进行会计核算时应持谨慎态度，在对某一项经济业务进行处理时，如果有多种方法可供选择时，应选择一种不高估资产和收入的方法，同时，应合理预计可能发生的损失和费用。具体做法是：不预计收入，但预计可能发生的损失。对企业资产宁可低估，也不高估。如企业对其各项资产损失计提坏账准备、存货跌价准备、固定资产减值准备、无形资产减值准备等，就充分体现了谨慎性。

八、及时性

及时性是指企业对于已经发生的交易或者事项应当及时进行会计确认、计量和报告，不得提前或者延后。也就是说，企业对发生的会计事项必须在当期内及时进行处理，不得延至后期或提前到前期，以确保会计信息的时效性。

会计信息的价值在于其具有时效性。即使是真实、可比、相关的会计信息，如果提供不及时，则势必丧失其使用价值，降低其有用性，这样的会计信息对信息使用者来说也毫无意义。

在进行会计核算时，及时性信息质量要求具体表现为：经济业务发生后，及时收集整理各种单据；及时按照会计准则的时间要求编制财务会计报告；及时将所编制的财务会计报告传递给会计信息使用者。

第六节 会计信息的使用者

一、会计信息使用者的构成

会计信息是为需求者提供的，而需求者的需求目的各不相同。因此，一个企业发布的会计信息必须是多种多样的，以满足会计信息使用者的需求。总体说来，会计信息的使用者主要有以下六个方面构成。

1. 股东。企业的股东最关心企业的经营，股东将资金投入企业后，希望这一投资行为能为其带来最大收益，希望所投资本能保值增值。因此，股东非常关注有关企业盈利情况和经营情况的会计信息。财务报告是满足这一需要的重要手段，股东要利用财务报告中的信息评价经营者是否忠实履行了职责、是否充分利用了企业的资源，同时股东还要对企业未来的经营情况进行分析，以决定其未来的投资方略。

2. 债权人。企业的债权人主要是银行，银行将资金借给企业的目的是按期收回本金，并获取较高的利息收益。债权人通过分析企业的会计信息从中了解企业偿还债务的能力，确认企业的资信度，决定是否继续贷款等。

3. 政府机关。政府作为一个宏观调控部门，一是通过会计信息了解企业对国家有关财经方针政策的执行情况、企业经营遵纪守法情况；二是运用会计信息作为制定宏观经济政策的依据。

4. 管理者。企业管理者使用会计信息的主要目的有两个：一个是对自己的工作业绩做出评价，以便向委托人展示其受托责任的完成情况；另一个就是通过对会计信息的分析，发现企业在经营中存在的问题，在理财中存在的缺欠，以便及时调整经营方针与理财策略，改变管理方法。

5. 职工。企业的职工使用会计信息，主要是了解企业目前的财务状况和经营情况。企业的发展情况与职工的切身利益密切相关。劳动报酬的多少又是企业对员工肯定程度的一种体现，其劳动报酬是否与企业的收益相匹配是员工非常关注的问题。

6. 客户、潜在投资者及社会公众。他们也都从各自角度关注会计信息，可以说，会计信息已成为社会经济生活不可或缺的资源。

二、会计信息的局限性

会计信息是一种重要的经济信息，在经济生活中的作用日益显现。但我们还必须知道其固有的局限性，否则就可能错误使用会计信息，造成决策失误。

1. 会计信息是事后信息。会计是把已发生的经济活动记录下来，经过归纳总结所产生的结论。这种结论对我们的决策只能起参考作用，因为它是建立在过去市场状态下的。当经济环境发生变化、技术条件发生改变时，过去的结论对我们预测的影响力已经下降。

2. 会计信息只能是用货币计量的信息。会计的特点在于将其对象进行货币化反映，也就是说，只有能够用货币计量的经济事项才能纳入会计的信息范围内，不能用货币计量的经济事项是无法纳入会计信息范围之内的。在现实中，很多经济事项无法用货币进行计量，如企业的商誉、特有的技术、良好的职工队伍等。这些经济事项在经济活动中发挥着重要的作用，而会计则因其无法用货币计量只好弃之。

3. 会计信息是含有估算成分的信息。虽然绝大多数会计信息有真实的凭据可依，但在进行业务处理时，有些业务还不得不运用一些会计估计，如判断固定资产和无形资产的预计使用寿命、预计净残值以及坏账准备金的计提比例等。这些会计估计运用是否得当，对会计信息的真实性也会产生一定影响。

4. 会计信息是以币值稳定为前提的信息。会计信息以货币手段表达，其前提是币值长期稳定。只有这样才具有可比性。但这种前提并不能成立，因为物价的波动是无法避免的，货币的币值也是在不断波动的。

本章内容综述

本章是会计学的基础性入门知识，主要阐述会计产生和发展的过程、会计的含义、会计的基本职能、会计要素构成内容及确认条件、会计假设、会计信息质量要求、会计信息内容及其使用者。

会计是人类社会发展到一定历史阶段的产物，经济越发展，会计越重要。会计是以货币为主要计量单位，采用一系列专门方法对企事业单位或其他经济组织的经济活动进行连续、系统、全面的反映和监督，并为信息使用者提供经济信息的一项经济管理活动。

会计的职能是指会计在经济管理中所具有的功能。会计的基本职能是反映和监督。

会计要素包括资产、负债、所有者权益、收入、费用和利润。

会计假设，包括会计主体、持续经营、会计分期和货币计量。

会计信息质量要求是对企业财务会计报告中所提供会计信息质量的基本要求，主要包括可靠性、相关性、可理解性、可比性、实质重于形式、重要性、谨慎性和及时性。

会计信息的主要构成内容是：财务状况信息、经营成果信息、现金流量信息、所有者权益变动信息和其他信息。会计信息的使用者包括股东、债权人、政府机关、管理者、职工、客户等。信息使用者从不同的角度出发对会计信息的要求不完全相同。

复习思考题

一、思考题

1. 什么是会计？会计是如何产生和发展的？
2. 会计的基本职能有哪些？有何特点？
3. 会计要素包括哪些内容？各有什么特征？
4. 会计要素进行确认的条件有哪些？
5. 会计要素的计量属性包括哪些？
6. 什么是会计假设？它包括哪些内容？
7. 会计信息质量要求有哪些？具体内容如何？
8. 会计信息使用者有哪些？各自使用会计信息的目的有哪些？

二、练习题

1. 根据下面资料，判断哪些属于资产项目、哪些属于负债项目、哪些属于所有者权益项目。

（1）生产车间用的厂房 800 000 元。

（2）库存生产用钢材 101 000 元。

（3）向银行借入的短期借款 530 000 元。

（4）出纳员保管的现金 800 元。

（5）车间未完工的产品 59 000 元。

（6）生产用机器设备 600 000 元。

（7）应付某单位的购货款 26 000 元。

（8）投资者投入的资本金 500 000 元。

（9）库存完工产品 37 000 元。

（10）应付职工工资 210 000 元。

（11）应收某单位的货款 30 000 元。

（12）应付的电费 30 000 元。

2. 判断下列经济业务涉及哪些会计要素，并指出各会计要素变化的规律。

（1）投资者投入 100 000 元存入银行。

（2）用银行存款 20 000 元购买材料。

（3）用现金 3 000 元偿还过去的欠款。

（4）用现金 30 000 元发放上月月末已计提但未付的工资。

（5）从银行取得短期借款 50 000 元存入银行。

（6）从银行取得短期借款 40 000 元，直接偿还应付账款。

（7）用银行存款返还投资者投资 50 000 元。

（8）将现金 3 000 元存入银行。

3. 根据所给资料填列资产、负债及所有者权益表。

甲公司 2022 年 1 月 1 日有关项目的期初余额如下：库存现金 20 800 元；短期借款 25 000 元；银行存款 79 200 元；应付账款 60 000 元；应交税费 30 000 元；应收账款 45 000 元；原材料 55 000 元；应付债券 100 000 元；实收资本 248 000 元；长期股权投资 80 000 元；库存商品 60 000 元；固定资产 200 000 元；资本公积 22 000 元；未分配利润 115 000 元；无形资产 60 000 元。

2022年1月发生下列经济业务：

（1）投资者投入100 000元存入银行。

（2）用银行存款支付材料价款20 000元，材料已收到并入库。

（3）以库存现金3 000元偿还过去的欠款。

（4）用库存商品10 000元换取一台机器，设备已收到并入库。

（5）企业决定减资经营，用现金返还投资10 000元。

（6）企业从银行取得短期借款50 000元直接偿还应付账款。

（7）企业将资本公积20 000元转增实收资本。

（8）企业宣告发放现金股利50 000元。

（9）企业购买材料43 000元，货款未付。

（10）企业接受投资者投入机器一台，价值700 000元。

要求：（1）将上述月初项目按资产、负债、所有者权益这样的顺序排列好填到下表中的"项目"和"原有金额"栏目中，还要将每个要素金额加总。

（2）按照经济业务的顺序将每笔业务涉及的内容填到相应的项目中，在金额前面加上业务的序号。

（3）计算出"增减后金额"并检查其平衡关系。

资产、负债及所有者权益表

编制单位：甲公司　　　　2022年1月31日　　　　单位：元

项目	期初余额	本月变动情况		期末余额
		增加	减少	

4. 根据所给数据填列乙公司资产、负债及所有者权益表中的A、B、C项目。

资产、负债及所有者权益表

编制单位：乙公司　　2022 年 12 月 31 日　　单位：元

资产	金额	负债及所有者权益	金额
库存现金	8 000	短期借款	20 000
银行存款	20 000	应付账款	22 000
应收账款	30 000	应交税费	19 000
原材料	57 000	长期借款	B
长期股权投资	A	实收资本	230 000
固定资产	210 000	资本公积	24 000
合计	375 000	合计	C

第二章　会计核算方法

第一节　会计核算方法概述

会计方法是用来反映和监督会计对象、完成会计任务的手段。由于会计工作的复杂性和系统性，使得会计工作必须借助特定的方法来完成。根据会计工作职能要求的不同，会计方法可分为会计核算方法、会计分析方法和会计检查方法，会计核算方法是其中的重要方法和基础方法。会计核算方法实质上是一种记录方法，它是对会计对象（会计要素）进行完整、全面、连续、系统的记录的方法。会计核算方法主要包括以下七种。

一、设置会计科目

会计科目，是对会计要素内容进行分类核算的项目，是会计要素内容的具体化名称。会计人员根据本单位生产经营的具体情况将会计要素分解成为各个组成项目，这些项目应能反映本单位的生产经营特点。在我国企业会计准则应用指南中，对会计科目已预先规定，企业可以合理选用。设置会计科目的目的是开设会计账户，会计科目是开设会计账户的依据。会计科目设置是否合理，直接涉及账簿设立的合理性问题。因此，会计人员在设置会计科目时应充分考虑企业管理和其他信息使用者的需要，力争做到会计科目设置科学实用、层次清晰有序。

二、复式记账

复式记账，是指对发生的每一项经济业务，都以相等的金额在相互关联的两个或两个以上账户中同时进行记录的记账方法。复式记账是近代会计的产物，是在单式记账的基础上发展而来的。由于对每一项经济业务都要同时记入两个或两个以上的相关账户，使得账户之间产生对应关系。通过账户的对应关系，不仅可以全面、清晰地反映出经济业务的来龙去脉，而且还可以通过试算平衡的方法检查账户记录的正确性。

三、填制和审核凭证

会计凭证是记录经济业务、明确经济责任的书面证明，是记账的依据。会计核算必须要有可靠的依据，会计凭证就是会计处理的依据。这些依据，有的来自企业外部，有的来自企业内部。不论会计凭证来自何处，只有经过审核无误的会计凭证才能作为记账的依据。填制和审核凭证，不仅是会计记录经济活动、提供会计信息的方法，也是会计监督经济活动合理性与合法性的重要方法。

四、登记账簿

账簿是按照会计科目开设的，用来序时、分类记录和反映各项经济业务的簿籍。登记账簿就是将会计凭证记录的经济业务序时、分类地记入在有关账簿中设置的各个账户。登记账簿必须以审核后的会计凭证为依据，按照登记账簿的要求定期或序时地进行。登记账簿后，要定期进行对账和结账，以便为编制财务会计报告提供真实、完整的数据资料。

五、成本计算

成本计算就是指将企业在生产经营过程中所发生的各种耗费，按照一定的对象进行归集和分配，以确定该对象的总成本和单位成本的一种专门方法。成本计算对象在不同的企业中并不相同，工业企业的成本计算对象主要是材料的采购成本和产品的生产成本。通过成本计算，可以反映和监督企业在生产经营过程中所发生的各项耗费情况以及成本费用的超支或节约情况，以便与收入进行配比，考核企业的经营绩效。

六、财产清查

财产清查就是指对各项资产进行盘点、询证和核对，将其实存数与账面数进行比较，查明实存、账存是否相符的一种专门方法。财产清查是会计工作的一个重要环节，是防止虚假会计信息生成、落实谨慎原则的重要手段。通过财产清查，如果发现实存数与账面结存数不一致，应及时查明原因，通过一定的审批手续，调整账簿记录，达到账实相符，以保证会计核算资料的真实可靠。

七、编制会计报表

会计报表是以账簿记录为主要依据编制的，用来集中、总括地反映各单位的财务状况、经营成果和现金流量的书面文件。会计报表是会计信息的集中体现，也是会计信息输出的重要方式。会计报表提供的资料，不仅是分析考核企业各项生产经营计划执行情况的重要依据，也是企业和其他信息使用者进行决策所需要的必要参考资料。

上述会计核算方法并不是独立的，而是相互联系、密切配合，构成了一个完整的方法体系。在会计业务处理中，主要有三个环节：填制和审核凭证、登记账簿和编制会计报表。在每个会计期间，会计人员都要将所发生的经济业务通过这三个环节进行会计处理。会计处理的基本程序是：经济业务发生后，经办人员要填制、取得原始凭证，经会计人员审核整理后，按照设置好的会计科目，运用复式记账法，编制记账凭证，并据以登记账簿；期末依据会计凭证和会计账簿的记录对生产经营过程中发生的各项耗费进行成本计算和归集期间费用，并对会计账簿中记录的各项资产进行财产清查，在账实相符的基础上编制会计报表。

第二节　会计科目与账户

一、会计科目

（一）会计科目的内容

为了对会计要素的增减变动情况进行全面系统的反映，满足信息使用者的各种需要，会计人员需正确设置会计科目。通过会计科目的设置，将繁杂的经济业务进行科学的归类，使之条理化和清晰化。会计科目的设置以会计要素作为基本依据，将会计要素细化分解为各个具体项目。例如，为了反映资产要素的变化情况，可设置“库存现金”“银行存款”“原材料”“固定资产”“无形资产”等会计科目；为了反映负债要素的变化情况，可设置“短期借款”“应付账款”“应交税费”“应付职工薪酬”“长期借款”等会计科目；为了反映所有者权益要素的变化情况，可设置“实收资本”“资本公积”等会计科目；为了反映收入、费用要素的变化情况，可设置“主营业务收入”“其他业务收入”“主营业务成本”“其他业务成本”“管理费用”“财务费用”“销售费用”等会计科目。

会计科目的设置主要是通过会计准则规定的，各单位在满足会计准则规定的前提下，可根据实际情况对本单位使用的会计科目进行适当的增减。财政部制定的《企业会计准则》应用指南中对会计科目做出了明确规定，并将会计科目划分为六类，即资产类科目、负债类科目、共同类科目、所有者权益类科目、成本类科目和损益类科目，其具体内容如表2－1所示。

表 2－1　　企业常用会计科目表

顺序号	编号	名称	顺序号	编号	名称
		一、资产类	32	1605	工程物资
1	1001	库存现金	33	1606	固定资产清理
2	1002	银行存款	34	1701	无形资产
3	1012	其他货币资金	35	1702	累计摊销
4	1101	交易性金融资产	36	1703	无形资产减值准备
5	1121	应收票据	37	1711	商誉
6	1122	应收账款	38	1801	长期待摊费用
7	1123	预付账款	39	1811	递延所得税资产
8	1131	应收股利	40	1901	待处理财产损溢
9	1132	应收利息			二、负债类
10	1221	其他应收款	41	2001	短期借款
11	1231	坏账准备	42	2201	应付票据
12	1402	在途物资	43	2202	应付账款
13	1403	原材料	44	2203	预收账款
14	1404	材料成本差异	45	2211	应付职工薪酬
15	1405	库存商品	46	2221	应交税费
16	1406	发出商品	47	2231	应付利息
17	1408	委托加工物资	48	2232	应付股利
18	1411	周转材料	49	2241	其他应付款
19	1464	合同履约成本	50	2243	合同负债
20	1471	存货跌价准备	51	2501	长期借款
21	1501	债权投资	52	2502	应付债券
22	1502	债权投资减值准备	53	2701	长期应付款
23	1511	长期股权投资	54	2801	预计负债
24	1512	长期股权投资减值准备	55	2901	递延所得税负债
25	1521	投资性房地产			三、共同类（略）
26	1531	长期应收款			四、所有者权益类
27	1532	未实现融资收益	56	4001	实收资本
28	1601	固定资产	57	4002	资本公积
29	1602	累计折旧	58	4101	盈余公积
30	1603	固定资产减值准备	59	4103	本年利润
31	1604	在建工程	60	4104	利润分配

续表

顺序号	编号	名称	顺序号	编号	名称
61	4105	其他综合收益	71	6301	营业外收入
		五、成本类	72	6401	主营业务成本
62	5001	生产成本	73	6402	其他业务成本
63	5101	制造费用	74	6403	营业税金及附加
64	5301	研发支出	75	6601	销售费用
		六、损益类	76	6602	管理费用
65	6001	主营业务收入	77	6603	财务费用
66	6051	其他业务收入	78	6701	资产减值损失
67	6115	资产处置收益	79	6702	信用减值损失
68	6081	其他收益	80	6711	营业外支出
69	6101	公允价值变动损益	81	6801	所得税费用
70	6111	投资收益	82	6901	以前年度损益调整

注：以上会计科目表是根据《企业会计准则——应用指南》颁布的会计科目，按本教材需要经调整后列出的。

（二）会计科目的级次

会计科目的级次是指每一个会计科目内部的纵向联系，它体现会计信息详细程度的不同。一般情况下，会计科目按级次可分为总分类科目（总账科目或一级科目）和明细分类科目（细目）。

1. 总分类科目，是对会计对象的具体内容（会计要素）进行总括分类、提供综合概括核算指标的科目。表2-1中所列示的科目名称都是总分类科目。国家之所以在会计准则中规定总分类会计科目，就是为了保证会计核算指标口径一致，便于按部门、行业、地区或综合进行会计信息汇总比较，提高会计信息的可比性。

2. 明细分类科目，是对总分类科目所含内容作进一步分类，反映某一核算指标详细情况的科目。如在“应收账款”总分类科目下，可按债务人具体单位分设明细科目，具体反映应收哪个购货单位的货款。明细分类科目的设置，除会计准则另有规定外，各单位可根据本单位经营管理的需要自行设置。在会计实务中，除个别总分类科目如“累计折旧”“库存现金”“银行存款”科目等不必设置明细科目外，大部分总分类科目都要设置明细科目。

有些单位经济活动烦琐，业务量大，在会计核算时可能会造成总分类科目下设的明细科目太多的情况，此时可在总分类科目与明细分类科目之间增设二级科目。二级科目（又称子目）是介于总分类科目和明细分类科目之间的科目，它提供比总分类科目详细、比明细分类科目概括的核算指标。这样，按级次可将会计科目分为一级科目、二级科目和三级科目。一级科目称为总分类科目，二级科目和三级科目统称为明细科目。下面以企业的“原材料”科目为例说明总分类科目、二级科目、明细分类科目之间的关系。如表 2－2 所示。

表 2－2　　“原材料”科目按级次的分类

总分类科目（一级科目）	明细分类科目	
	二级科目（子目）	三级科目（细目）
原材料	木材	圆木 板材
	钢材	扁钢 方钢
	水泥	400# 500#

二、账户

（一）设置账户的必要性

账户是根据会计科目开设的，具有一定格式，用来分类、系统、连续地记录经济业务的数据载体。账户存在于账簿中。在会计工作中，虽然已经将各会计要素进行了具体化，设置了各类会计科目，但仅设置会计科目是不够的，会计科目只能将会计要素进行详细的分类，但它并不能记录每个会计要素的变化情况。事实上，每项经济业务的发生都会引起资产等会计要素发生变动。为了系统地记录和监督各项经济业务发生所引起的会计要素的增减变动和结余情况，为日常经营管理和其他需要提供必要的核算资料，就必须设置账户。账户以会计科目作为其名称，配有一定的格式，根据需要用来概括或详细记录会计要素的增减变动情况。

账户的设置级次取决于会计科目的级次，根据总分类科目开设的账户称为总分类账户，它提供概括的经济指标；根据明细分类科目开设的账户称为明细分类账户，它提供详细的经济指标。账户中的记录单位主要为货币量度。在一些明细账中，根据需要还可采用其他记录单位作为辅助量度，如实物量度或劳动量度等。

（二）账户与会计科目的关系

账户由账户名称和账户结构两部分构成，它与会计科目既有联系又有区别。两者的联系是：会计科目和账户都是依照会计要素的内容来设置，分门别类地反映会计要素的变化情况。账户是根据会计科目开设的，会计科目的名称也就是账户的名称，会计科目规定的核算经济内容就是账户应记录的经济内容。由于账户按照会计科目命名，两者完全一致，因此，实际工作中常把会计科目作为账户的同义语。但是，会计科目与账户又有区别：会计科目只是对会计对象的具体内容进行分类核算的项目，没有具体结构，不能对经济业务进行核算和监督。账户则可以在对会计要素分类的基础上对经济业务的变化情况进行记录，因为它还具有一定的格式，不同性质的账户其格式也不相同，账户的格式要与记录的内容相匹配，这样才能更好地满足会计记录的需要。

（三）账户的基本结构

账户是用来记录经济业务的，账户必须具备一个名称和一定的结构。账户的名称规定了账户核算和监督的内容，它取决于会计科目的名称，与会计科目的名称相一致。账户的结构就是账户的格式，账户只有具备一定的格式才能将由于经济业务的发生所引起的会计要素的增减变动情况记录下来，并通过计算反映出变动的过程和结果。

经济业务发生后，会计要素就会发生变动。这种变动的过程虽然是复杂多样的，但从数量上看就是增加和减少两种情况。因此，在确定账户格式时，应将账户划分为两个部分，分别用来登记每个会计要素增加或减少的数额。通常情况下，把账户划分为左右两方，一方记增加，另一方记减少。在借贷记账法下，把账户的左方称为“借方”，右方称为“贷方”。所有账户都要分为借方和贷方，这就是账户的基本结构。另外，为了准确提供有关的会计信息，还要在账户中设置记账日期、凭证编号、内容摘要、金额等栏目。账户的一般格式如表2－3所示。

表2－3　账户名称（会计科目）

××年		凭证编号	内容摘要	借方	贷方	借或贷	余额
月	日						

在学习过程中，为简化起见，通常只保留账户的主干部分，而将其他次要内容省略。这种账户格式按其形状可称为“丁”字形账户或“T”形账户，具体格式如图2－1所示。

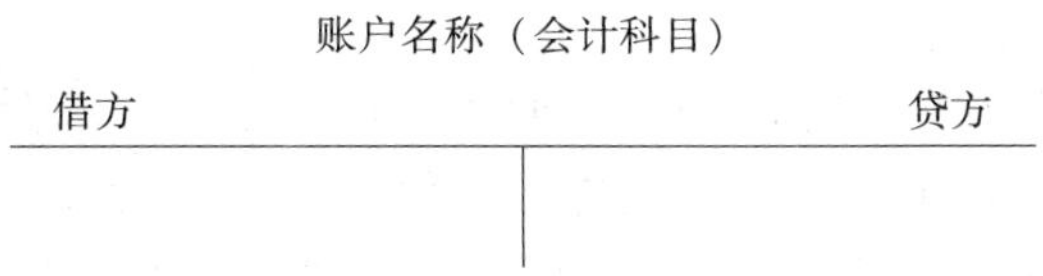

图 2－1

在账户借贷双方的金额栏中，分别记录该账户业务内容的增加额和减少额，增减相抵后的差额称为账户的余额。当本期期末余额转入下期时，就成为下期的期初余额。这样，账户中记录的经济指标可分为期初余额、本期增加额、本期减少额和期末余额四项。本期增加额是指一定时期（如月份、季度或年度）内账户所登记的增加金额合计数，也叫本期增加发生额；本期减少额是指一定时期内账户所登记的减少金额合计数，也叫本期减少发生额；期初余额加本期增加发生额与本期减少发生额相抵后的差额，即为本期期末余额。上述四项经济指标的关系可用等式表达如下：

期初余额＋本期增加发生额－本期减少发生额＝期末余额

第三节　复式记账

一、记账方法概述

记账方法是指在账簿中记录经济业务的发生及其增减变动的方法。这里的经济业务是指企业在经营中发生的经济事项，由会计机构和会计人员处理的经济业务又称会计事项。会计事项由“交易”和“事项”两部分组成。交易是指本会计主体与其他会计主体之间发生的，以商品或劳务购销为主要内容，体现等价交换原则的每一项经济活动。事项是指在会计主体内部发生的每一项经济活动，这些经济活动所形成的数据同样含有财务信息，从而可用货币加以反映。会计上通常将记账的内容概称为“经济业务”。

记账方法按照每次记录经济业务所涉及账户的多少及账户间的对应关系可分为单式记账法和复式记账法。

单式记账法是一种比较简单的记账方法。这种记账方法的特点是，对发生的每一项经济业务一般只在一个账户中进行单方面登记。例如，用银行存款购买材料，只在账户中记录银行存款付出的业务，而对材料的收入业务却不在账户中记录。单式记账法在选择记账内容时主要考虑现金及债权、债务的变化情况，并将其记录在“库存现金”“银行存款”“应收账款”“应付账款”等反映结算业务的账户上，没有一套完整的账户体系，各账户的记录相互间没有必然的联系，因而不能全面、系统地反映经济业务的来龙去脉，也不便于检查账户记录是否正确。

复式记账法是对发生的每一项经济业务，都要以相等的金额，在相互关联的两个或两个以上的账户中进行记录的方法。例如，用银行存款购买原材料，这笔经济业务在采用复式记账法记账时，要以相等的金额在“银行存款”账户和“原材料”账户上相互关联地登记，这样就可以通过这两个账户完整地反映这笔经济业务的内容和来龙去脉。在复式记账法下，对每一笔经济业务都以相等的金额进行分类登记，对记录结果可以进行试算平衡，以检查账户记录的正确性。所以，复式记账法是一种比较科学的记账方法，被世界各国广泛采用。复式记账方法在我国具体应用时，曾采用过“借贷记账法”“增减记账法”“收付记账法”。经实践证明，借贷记账法最为科学。因此，我国现在的会计实务中广泛采用借贷记账法。

二、借贷记账法

借贷记账法是以“借”“贷”两字作为记账符号，对每项经济业务都要在两个或两个以上账户中以借贷相等的金额记录会计要素变动结果的一种记账方法。这里的“借”“贷”没有字面含义，只作为记账符号使用，用于标明记账的方向。

（一）借贷记账法的账户结构

在借贷记账法下，所有账户都分为借方和贷方两个基本部分，用于记录因经济业务引起的会计要素的增减变动情况。在记录经济业务时，哪方记增加，哪方记减少，要根据账户的性质和经济业务的具体内容而定。根据会计等式的安排和传统习惯的影响，会计账户的具体结构规定如下。

1. 资产类账户结构。在资产类账户中，借方记录该项资产的增加额；贷方记录该项资产的减少额。期末余额一般在借方，表示该项资产的期末实有数额。

资产类账户的结构可用图2－2表示。

资产类账户

借方　　　　账户名称	贷方
期初余额 本期增加额	 本期减少额
本期发生额（增加合计） 期末余额	本期发生额（减少合计）

图2－2　资产类账户

2. 负债类账户结构。根据会计等式的安排，负债及所有者权益要素列在资产要素的反方，表示资产的形成原因。因此，负债类账户的结构与资产类账户的结构相反。贷方记录该项负债的增加额；借方记录该项负债的减少额。期末余额一般在贷方，表示该项负债的期末实有数。

负债类账户的结构可用图 2 –3 表示。

负债类账户

借方　账户名称　贷方

	期初余额
本期减少额	本期增加额
本期发生额（减少合计）	本期发生额（增加合计）
	期末余额

图 2 –3　负债类账户

3. 所有者权益类账户结构。所有者权益类账户结构与负债类账户结构相同。贷方记录该项所有者权益的增加额；借方记录该项所有者权益的减少额。期末余额一般在贷方，表示该项所有者权益的期末实有数。

所有者权益类账户的结构可用图 2 –4 表示。

所有者权益类账户

借方　账户名称　贷方

	期初余额
本期减少额	本期增加额
本期发生额（减少合计）	本期发生额（增加合计）
	期末余额

图 2 –4　所有者权益类账户

4. 成本类账户结构。成本是资产耗费的对象化，成本的实质是资产价值的转移，因此，成本类账户与资产类账户的性质相似、结构相同。即：借方记录该项成本的增加额；贷方记录该项成本的减少或转销额。期末可能有余额，也可能无余额。若有期末余额，一般应在借方，表示期末在产品的成本。

成本类账户的结构可用图 2 –5 表示。

成本类账户

借方　账户名称　贷方

期初余额	
本期成本增加额	本期成本的减少或转销额
本期发生额（增加合计）	本期发生额（减少或转销合计）
期末余额	

图 2 –5　成本类账户

5. 损益类账户结构。损益是由收入和费用两个会计要素决定的，因此，损益类账户由收入类账户和费用类账户构成。

（1）收入类账户。收入的变动最终会引起所有者权益变动，而且两者的变动方向相同，因而收入类账户的结构与所有者权益类账户的结构基本相同。贷方记录该项收入的本期增加数；借方记录该项收入的本期减少数或转销数。收入类账户本期发生额在期末结转后一般无余额。

（2）费用类账户。费用的变动最终会引起所有者权益变动，而且两者的变动方向相反，因而费用类账户的结构与权益类账户的结构相反。借方记录该项费用的本期增加数；贷方记录该项费用的本期减少数。费用类账户本期发生额在期末结转后一般无余额。

损益类账户的结构如图 2 –6 表示。

损益类账户

借方　　　　账户名称	贷方
费用的增加额 收入的减少或转销额	收入的增加额 费用的减少或转销额
期末余额（一般为零）	期末余额（一般为零）

图 2 –6　损益类账户

借贷记账法下，账户的结构总结可用图 2 –7 表示。

账户名称

借方	贷方
1. 资产的增加 2. 负债的减少 3. 所有者权益的减少 4. 成本的增加 5. 费用的增加或收入的减少	1. 资产的减少 2. 负债的增加 3. 所有者权益的增加 4. 成本减少或转销 5. 收入的增加或费用的减少

图 2 –7　账户的结构

账户记录所表达的数量关系是：

$$\text{资产、成本、费用类账户的期末余额} = \text{借方期初余额} + \text{借方本期发生额} - \text{贷方本期发生额}$$

$$\text{负债、所有者权益、收入类账户的期末余额} = \text{贷方期初余额} + \text{贷方本期发生额} - \text{借方本期发生额}$$

账户的性质通常是由账户余额的方向决定的。对于资产、成本和费用类账户来说，账户的余额应存在于账户的借方；对负债、所有者权益和收入类账户来说，账户的余额应存在于账户的贷方。如果某账户期初余额和期末余额的方向发生了改变，则说明账户的性质发生了变化。

（二）借贷记账法的记账规则

记账规则是会计人员在处理经济业务时应遵循的基本要求。借贷记账法的记账规则是“有借必有贷，借贷必相等”。

根据复式记账的基本原理、借贷记账法的账户结构、会计要素的变化规律、会计等式的平衡关系，我们可以知道，每项经济业务的发生，或者只涉及会计等式的一端，引起这一端会计要素的此增彼减；或者涉及会计等式的两端，引起两端会计要素的同增或同减。而无论如何，在记账时都必须以相等的金额、借贷相反的方向在两个或两个以上相互关联的账户中进行登记。有借方必有贷方，借方与贷方的金额必须相等。

下面举例说明借贷记账法的记账规则。

【例 2 －1】

①企业以银行存款购入材料 5 000 元。

这项经济业务的发生，涉及“原材料”和“银行存款”两个资产类账户。其业务内容是，企业的原材料增加 5 000 元，银行存款减少 5 000 元。根据账户的结构要求，资产项目增加时记入借方，减少时记入贷方，因此，这笔经济业务应当借记“原材料”账户 5 000 元，贷记“银行存款”账户 5 000 元。账户的记录情况如图 2 －8 所示。

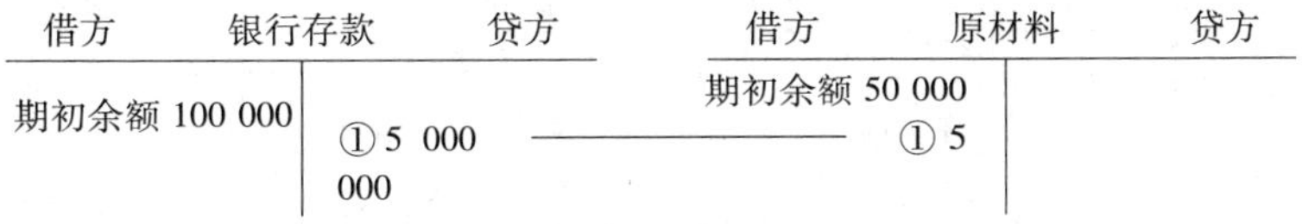

图 2 －8

②企业从银行取得半年期借款 6 000 元偿还应付账款。

这项经济业务的发生，涉及“短期借款”和“应付账款”两个负债类账户。其业务内容是，企业的短期借款增加 6 000 元，应付账款减少 6 000 元。根据账户的结构要求，负债项目增加时记入贷方，减少时记入借方，因此，这笔经济业务应当借记“应付账款”账户 6 000 元，贷记“短期借款”账户 6 000 元。账户的记录情况如图 2 －9 所示。

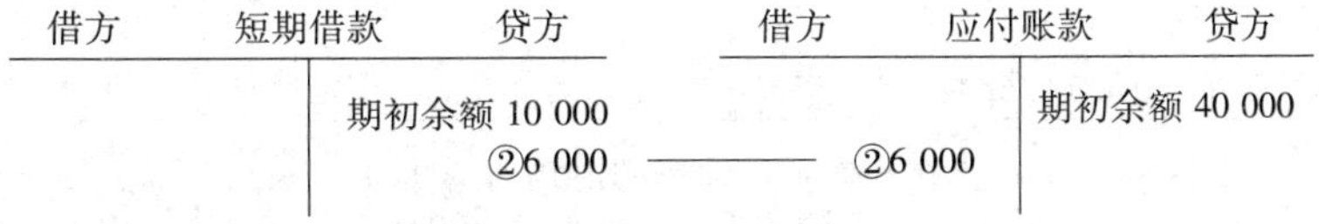

图 2 －9

③企业将资本公积 50 000 元转为实收资本。

这项经济业务的发生，涉及“资本公积”和“实收资本”两个所有者权益类账户。其业务内容是，企业的实收资本增加 50 000 元，资本公积减少 50 000 元。根据账户的结构要求，所有者权益项目增加时记入贷方，减少时记入借方，因此，这笔业务应当借记“资本公积”账户50 000元，贷记“实收资本”账户50 000元。账户的记录情况如图2－10所示。

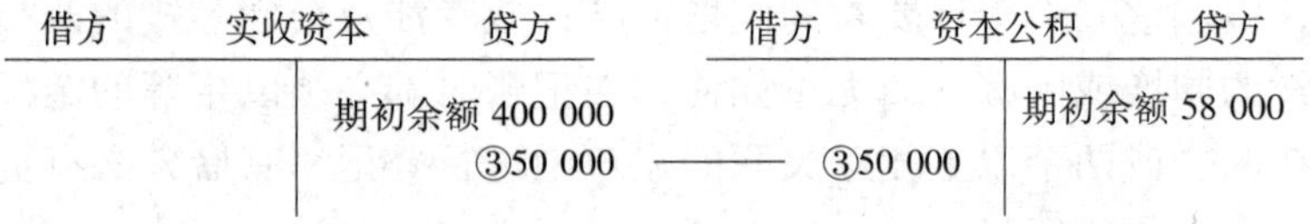

图2－10

④企业以银行存款2 000元缴纳应交未交的税金。

这项经济业务的发生，一方面涉及“银行存款”这个资产类账户，另一方面涉及“应交税费”这个负债类账户。其业务内容是，企业的应交税费减少2 000元，银行存款减少2 000元。根据账户的结构要求，资产项目减少时记入贷方，负债项目减少时记入借方，因此，这笔经济业务应当借记“应交税费”账户2 000元，贷记“银行存款”账户2 000元。账户的记录情况如图2－11所示。

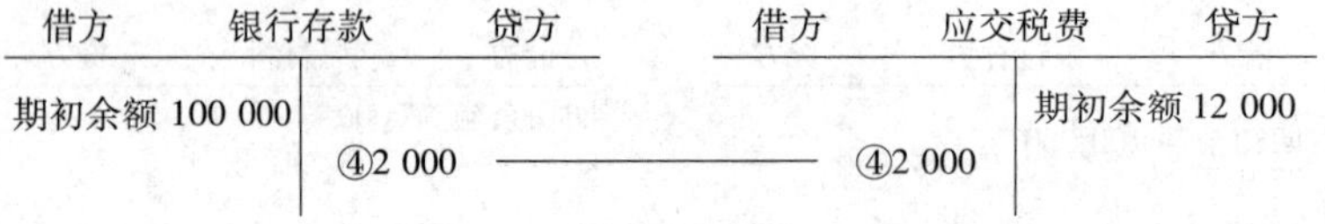

图2－11

⑤企业接受投资者投入的设备，价值200 000元。

这项经济业务的发生，一方面涉及“固定资产”这个资产类账户，另一方面涉及“实收资本”这个所有者权益类账户。其业务内容是，企业的固定资产增加200 000元，实收资本增加200 000元。根据账户的结构要求，资产项目增加时记入借方，所有者权益项目增加时记入贷方，因此，这笔经济业务应当借记“固定资产”账户200 000元，贷记“实收资本”账户200 000元。账户的记录情况如图2－12所示。

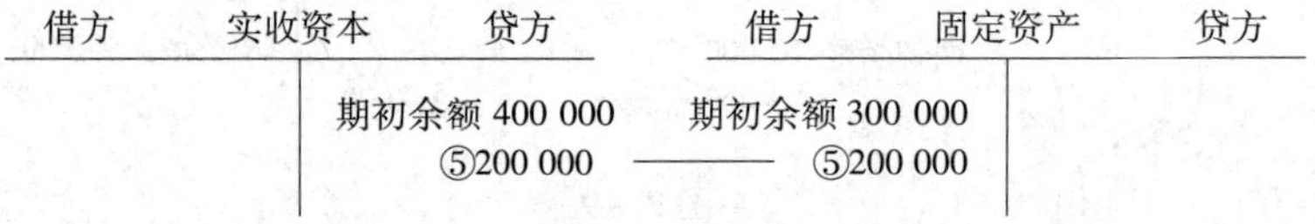

图2－12

从以上举例可以看出，对一项经济业务进行会计记录，至少会涉及两个账户。记入一个账户的借方，就一定要记入另一个账户的贷方，记入借方的金额和记入贷方的金额相等。

（三）账户的对应关系和会计分录

运用借贷记账法在账户中登记经济业务时，因经济业务的内在联系使有关账户之间产生了应借、应贷的关系，这种账户间相互依存的关系称为账户的对应关系。存在对应关系的账户叫作对应账户。通过账户的对应关系，可以了解经济业务的内容和资金运动的来龙去脉。

为了保证账户对应关系的正确性，记账前，会计人员应先根据原始会计凭证编制会计分录。会计分录就是标明某项经济业务应借、应贷账户的名称及其金额的记录。会计分录的编制是在记账凭证中完成的。

编制会计分录，按以下程序进行：

1. 经济业务发生后，先分析这项业务涉及的会计要素类型，并判断该要素的增减变动情况。

2. 确定记账所用的账户名称、记录方向和记录金额。

3. 检查会计分录所用会计科目是否正确、借贷方金额是否相等。

【例 2－2】以〖例 2－1〗中经济业务为例，将其编制会计分录如下：

①借：原材料　　5 000

　　贷：银行存款　　5 000

②借：应付账款　　6 000

　　贷：短期借款　　6 000

③借：资本公积　　50 000

　　贷：实收资本　　50 000

④借：应交税费　　2 000

　　贷：银行存款　　2 000

⑤借：固定资产　　200 000

　　贷：实收资本　　200 000

会计分录可分为简单会计分录和复合会计分录两种。简单会计分录是指一个账户借方只同另一个账户贷方发生对应关系的会计分录，即一借一贷的会计分录。复合会计分录是指一个账户借方同几个账户贷方发生对应关系或一个账户贷方同几个账户借方发生对应关系的会计分录，即一借多贷或多借一贷的会计分录。上面所举的 5 笔会计分录都是简单会计分录，如果是复合会计分录，则一笔业务记账时至少会涉及三个账户。

【例 2－3】企业购买一批材料 50 000 元，用银行存款支付 30 000 元，其余款项未付。根据这项经济业务编制的会计分录是：

借：原材料　　50 000

　　贷：银行存款　　30 000

　　　　应付账款　　20 000

复合会计分录实际上是由简单会计分录组成的，如上述的复合会计分录，就是由以下两个简单会计分录组成的：

借：原材料　　30 000
　　贷：银行存款　　30 000
借：原材料　　20 000
　　贷：应付账款　　20 000

为了保持账户对应关系的清晰性，在编制会计分录时可编制简单会计分录或复合会计分录。正常情况下，尽量不要编制多借多贷的会计分录。

（四）借贷记账法的试算平衡

试算平衡，是根据会计等式和记账规则来检查账户记录是否完整、正确的一种方法。在借贷记账法下，根据“有借必有贷，借贷必相等”的记账规则，对每笔经济业务所编制的会计分录，所涉及账户借、贷两方的发生额必然相等。到了一定时期末，将全部经济业务登记入账以后，所有账户的借方本期发生额合计数与贷方本期发生额合计数必然相等，这是记账规则告诉我们的道理；从账户余额反映的内容看，账户的借方余额代表一定日期企业所拥有的资产，贷方余额反映企业在该日期承担的负债和形成的所有者权益。所有账户借方余额合计数与贷方余额合计数也必然相等，这是会计等式告诉我们的道理。如果记账中发生错误，就会造成账户借贷双方出现不平衡，这个不平衡包括发生额不平衡，也包括余额不平衡。因此，在借贷记账法下，可以借助上述平衡关系的存在来检查账户记录的正确性。账户的平衡关系可用公式表达如下：

全部账户本期借方发生额合计 = 全部账户本期贷方发生额合计

全部账户期末借方余额合计 = 全部账户期末贷方余额合计

账户的试算平衡工作可通过编制总分类账户试算平衡表进行。在试算平衡表内包括三段平衡关系：期初余额平衡、本期发生额平衡、期末余额平衡。现以本章所举的六笔经济业务为例说明试算平衡表的格式和基本内容，如表2－4所示。

表2－4　　本期发生额及余额试算平衡表

××年12月31日　　金额：元

会计科目	期初余额		本期发生额		期末余额	
	借方	贷方	借方	贷方	借方	贷方
库存现金	40 000				40 000	
银行存款	100 000			37 000	63 000	
应收账款	30 000				30 000	
原材料	50 000		55 000		105 000	
固定资产	300 000		200 000		500 000	
短期借款		10 000		6 000		16 000
应付账款		40 000	6 000	20 000		54 000
应交税费		12 000	2 000			10 000
实收资本		400 000		250 000		650 000
资本公积		58 000	50 000			8 000
合计	520 000	520 000	313 000	313 000	738 000	738 000

需要指出的是，企业将一定时期的账户记录进行试算后，如果不平衡，说明账户的记录肯定有错误。如果试算平衡，也只能说账户的记录基本正确，并不一定完全正确。因为有些错误的发生并不影响借贷双方发生额和余额的平衡，如账户的借贷方选择错误或账户名称的选择错误都不会影响账户平衡关系的存在，因此，检查账户记录的正确性，除运用试算平衡法外，还应辅助其他的方法。

与其他记账方法比，借贷记账法具有以下优点：（1）通过账户间的对应关系，可以详细了解经济业务发生的来龙去脉；（2）账户设置与会计要素类别基本相同，易于理解；（3）记账规则哲理性强却又通俗易懂；（4）依据记账规则和会计等式，可对会计记录进行检查，使得账簿记录的正确性得到保证。

第四节　会 计 凭 证

一、会计凭证的作用

会计凭证是用来记录经济业务、明确经济责任的书面证明，是登记账簿的依据。会计进行账务处理，应遵循客观性原则，讲求真实性。要做到这一点，就必须以真实可信的会计凭证作为记账依据。填制和审核会计凭证，这既是会计工作的开始，又是会计核算的重要方法，也是对经济业务进行日常监督的重要环节。

企业对所发生的每一项经济业务都必须按照规定的程序和要求，由经办业务的人员填制或取得相应的会计凭证，记录经济业务发生或完成的日期、经济业务的内容，并在会计凭证上签名盖章。企业取得的会计凭证必须经过审核，只有审核无误的会计凭证才能作为登记账簿的依据。例如，企业在购买材料时要由供货单位开出发票给经办人员，经办人员取得后将其交给会计部门，经会计部门的会计人员审核无误后，记入材料账簿中。

会计凭证的填制和审核在经济管理活动与会计工作中的重要作用主要体现在以下四个方面：

1. 会计凭证能及时正确地记录每一项经济业务的完成情况。企业的经济活动业务类型众多，内容迥然不同。这些复杂的经济业务通过会计凭证的记录并加以整理，不仅能清楚反映经济活动的本来面目，还能使会计记录系统化和条理化。

2. 会计凭证是进行账务处理的依据。企业对发生的经济业务进行记录，必须以真实可靠的凭证作为依据，才能保证记录的准确性和可验证性。

3. 审核会计凭证，可以有效发挥会计的监督作用。通过对会计凭证的审查，可以检查企业经济活动的合法性，保证企业经营的正确性。

4. 填制和审核会计凭证，可以加强经营管理责任制。会计凭证上列出了经办人、经办单位、审核人等相关的责任群体，这既便于他们之间相互监督，也便于区分责任，为正确处理各种问题提供了有利的凭据。

二、会计凭证的种类

会计凭证按照填制程序和用途可分为原始凭证和记账凭证两大类。

（一）原始凭证

原始凭证是在经济业务发生或完成时取得或填制的、用以记录和证明经济业务的发生或完成情况，并作为记账原始依据的书面文件。它是进行会计核算的原始资料和重要根据。企业货币资金的收付、财产物资的增减变化等都必须取得或填制原始凭证。

原始凭证按其取得的来源不同可分为外来原始凭证和自制原始凭证。

1. 外来原始凭证是指企业在同外单位发生经济往来关系时从其他会计主体或个人取得的原始凭证。例如，购买材料时取得的发票，出差乘坐交通工具取得的车、船、机票等。

2. 自制原始凭证是指经济业务发生时由本单位经办部门和人员自行填制的原始凭证。如材料入库时的收料单、出库时的领料单、职工借款时的借款单等。自制原始凭证按填制手续的次数可分为一次凭证和累计凭证。一次凭证指的是一张凭证只反映一项经济业务，或者同时反映若干项同类经济业务，其填制手续是一次完成的原始凭证。累计凭证指的是在一定期间内一张凭证上可连续多次记载若干项不断重复发生的同类经济业务，其填制手续是多次完成的原始凭证。

会计制度对原始凭证的内容和格式并没有作详细规定，但一般情况下原始凭证上都应该具备下列几项要素：

（1）原始凭证名称；

（2）填制和接受凭证单位的名称；

（3）凭证填制的日期；

（4）凭证的编号；

（5）经济业务简要内容；

（6）经济业务发生的金额（数量、单价）；

（7）经办人员的签名或盖章。

从其他会计主体取得的原始凭证，必须由填制单位加盖公章；从个人取得的原始凭证，必须有填制人员的签名或者盖章。

企业收到的原始凭证必须经审核无误之后才能作为记账的依据，这是为了保证会计信息准确、真实、合法，充分发挥会计的监督作用。原始凭证的审核，主要从以下三个方面进行：

第一，原始凭证合法性和合理性审核。审核合法性，是指审核原始凭证所反映的经济业务是否符合国家的有关政策、法令、财经制度，是否符合本企业的计划、预算；审核合理性，是指审核原始凭证所反映的经济业务是否符合提高经济效益的要求，即以尽可能少的耗费获取最大的收益。

第二，原始凭证完整性审核。审查原始凭证手续是否完备、项目是否填写齐全、经办人员是否已经签名或盖章等。

第三，原始凭证正确性审核。审查原始凭证的摘要和数字是否填写清楚；数量、单价、金额合计数等是否正确；大写与小写金额是否相符等。

在审核过程中，对于合法、合理、正确的原始凭证，应按规定及时办理会计手续，据以编制记账凭证，作为记账的依据；对于合法、合理而不正确的原始凭证，应按规定暂缓办理会计手续，退回更正或补办有关手续；对于不合法、不合理甚至假冒、伪造的原始凭证，应按规定拒绝办理会计手续，并立即报告有关领导处理。

（二）记账凭证

记账凭证是会计人员根据审核无误的原始凭证或汇总原始凭证填制的，载有反映经济业务的简要内容和会计分录，作为记账依据的书面文件。

记账凭证按其反映经济业务内容不同可分为收款凭证、付款凭证和转账凭证三种。

收款凭证是用来记录货币资金收款业务的凭证，它是会计人员根据审核无误的原始凭证填制的。付款凭证是用来记录货币资金付款业务的凭证，它也是会计人员根据审核无误的原始凭证填制的。收款凭证和付款凭证的格式分别如表2－5和表2－6所示。

表2－5　　　　收款凭证

年　月　日　　　　字第　号

借方科目：＿＿＿＿＿

摘要	贷方科目	明细科目	V	金额
合计				

会计主管：　记账：　出纳：　审核：　制单：

表2－6　　付款凭证

年　月　日　　字第　号

贷方科目：＿＿＿＿

摘要	借方科目	明细科目	V	金额
合计				

会计主管：　记账：　出纳：　审核：　制单：

收款凭证和付款凭证既是登记现金日记账、银行存款日记账及其总账的依据，也是出纳人员收付款项的依据。出纳人员不能仅仅依据现金收付业务的原始凭证收付款项，必须根据会计主管人员或指定人员审核批准的收款凭证和付款凭证收付款项。这样，有利于加强货币资金收付业务的管理，监督货币资金的合理使用。需要注意的是，对于现金和银行存款相互划转的业务，只需根据付款业务填制付款凭证即可，不能再填制收款凭证。

转账凭证是用以记录与货币资金收付无关的转账业务的凭证，是由会计人员根据审核无误的转账业务的原始凭证编制的，作为登记有关总账、明细账的依据。转账凭证的格式如表2－7所示。

表2－7　　转账凭证

年　月　日　　字第　号

摘要	总账科目	明细科目	V	借方金额	V	贷方金额
合计						

会计主管：　记账：　出纳：　审核：　制单：

如果企业业务量不大，也可以采用通用记账凭证作为记账凭证，不必将记账凭证分为收款凭证、付款凭证和转账凭证。通用记账凭证的格式与转账凭证的格式相同。

同原始凭证一样，记账凭证上也应具备一定的要素，其主要内容是：

（1）记账凭证的名称；

（2）填制凭证的日期；

（3）凭证编号；

（4）经济业务的内容摘要；

（5）应用的会计科目；

（6）记录的借贷方金额；

（7）所附原始凭证张数；

（8）制单、审核、出纳、记账、会计主管的签名或盖章。

实现会计电算化的单位，记账凭证增加科目编码栏。

为确保账簿记录的正确性，根据记账凭证登记账簿前应对记账凭证进行审核。审核的内容主要是：（1）审核记账凭证是否附有原始凭证，记录的内容与所附原始凭证内容是否一致、金额是否相等，所附原始凭证的种类是否齐全、张数是否正确；（2）审核会计分录的编写是否正确；（3）审核记账凭证其他必须具备的要素是否填写齐全。

只有经过审核无误的记账凭证，才能据以登记账簿。

第五节　会计账簿

一、会计账簿的意义和分类

（一）设置会计账簿的意义

会计账簿是指按照会计科目开设账页，并由若干账页组成，以会计凭证为登记依据，用以系统、序时、分类地记录各项经济业务的簿籍。账簿与账户相互关联，账簿是账户的载体，账户是账簿的内容。

设置并登记账簿，是对会计信息加工整理的重要方法，也是会计工作的重要环节。设置账簿在会计核算中所体现的意义主要表现在以下三个方面。

1. 账簿可以提供系统、完整的会计信息。在会计核算中，虽然对所发生的每项经济业务都已通过取得和填制的会计凭证进行了记录，但由于会计凭证数量很多，记录分散，不能连续系统地反映和监督一个会计主体在一定期间内某一类经济业务的整体情况。而通过设置账簿这个会计方法，可将分散的会计核算资料集中体现在账簿上，并加以系统化和分类化，可以全面、系统地提供企业各会计要素的变动情况，为信息使用者提供完整的会计信息。

2. 账簿可以为编制会计报表提供数据资料。在账户中分门别类地登记经济业务，使账户记录起到归纳汇总的作用，这些数据信息经过整理，就可以成为编制会计报表的重要依据。

3. 账簿是考核企业财务状况和经营成果、落实经济责任制的重要依据。企业在一定时期资金的筹集情况、资金的运用效果、费用利润的组成情况、生产经营计划的完成情况等都可以通过账簿的记录反映出来。同时，账簿资料还可以为落实和考核企业各部门及人员的经济责任制提供参考资料。

（二）会计账簿的分类

为了正确设置账簿和使用账簿，需对账簿按不同的标准分类。

1. 账簿按用途进行分类。按账簿在记录经济业务过程中的用途可将账簿分为序时账簿、分类账簿和备查账簿三种。

（1）序时账簿。亦称日记账，是按照经济业务发生时间的先后顺序逐日逐笔登记的账簿。它按照记录内容的不同可分为普通日记账和特种日记账两种。

普通日记账，又称通用日记账，指的是序时地登记全部经济业务的日记账。它是根据每日发生的经济业务的原始凭证按照其发生时间的先后顺序逐项编制会计分录，并将其登记在日记账上，因而这种日记账也称分录日记账。在实际工作中，这种日记账应用较少。

特种日记账是专门用来记录某一特定项目经济业务发生情况的日记账。如现金日记账、银行存款日记账等。在特种日记账中，将该类经济业务按其发生的先后顺序记入账内，以便观察其按时间顺序变动的情况。

（2）分类账簿。分类账簿是按照账户分类记录经济业务的账簿。由于账户分类主要是依据会计要素进行的，因此，分类账簿自然可以反映资产、负债、所有者权益、收入、费用、利润的变化情况。根据分类账簿提供核算指标详细程度的不同，可将分类账簿分为总分类账簿和明细分类账簿两种。

总分类账簿是指运用总分类账户分类登记一个会计主体的全部经济业务，只运用货币为计量尺度，提供总括经济指标的账簿。

明细分类账簿是指运用明细分类账户登记一个会计主体的某一类经济业务，不只运用货币计量尺度，同时也可能运用其他尺度，不仅提供货币指标，同时也可能提供实物量指标的账簿。

（3）备查账簿。备查账簿是指对在序时账簿和分类账簿中不能登记的经济业务或登记不全的经济业务进行补充登记的账簿。如租入固定资产登记簿、受托加工材料登记簿等。

2. 账簿按外表形式分类。各种账簿都具有一定的存在形式，按外表形式可将账簿分为订本式账簿、活页账簿和卡片账簿三种。

（1）订本式账簿。订本式账簿是指在启用之前就已按照编号顺序固定装订成册的账簿。这种账簿，由于账页固定，可防止账页散失和被抽换，因而很安全。但是，它不便于分工记账。订本式账簿一般适用于总分类账、现金日记账和银行存款日记账等重要会计事项的记录。

（2）活页账簿。活页账簿是指账页不固定，将账页存放于活页夹中，活页登记，使用完毕再按顺序编号装订成册的账簿。应用这种账簿，便于分工记账，不必为每一账户预留账页。但是，它容易散失和被抽换，因而不安全。重要性不强的经济业务可采用活页账簿。

（3）卡片账簿。卡片账簿是指由硬纸卡片组成的，存放于卡片箱中的账簿。这种账簿的优缺点与活页账基本相同。它一般适用于收、发不频繁的低值易耗品以及固定资产明细账的登记。

3. 账簿按账页格式分类。根据经济业务的需要，账簿上可以采用不同的格式。按账簿格式不同，可将账簿分为三栏式账簿、数量金额式账簿和多栏式账簿三种。

（1）三栏式账簿。这种账簿是指主要由借、贷、余三个金额栏的账页组成的账簿。它一般适用于只提供货币指标的账户，如总分类账和债权债务明细账等。

（2）数量金额式账簿。这种账簿是指在借、贷、余三栏内分别再设置数量、单价、金额等小栏的账页组成的账簿。它一般适用于既提供货币指标又提供实物指标的账户，如原材料明细账、库存商品明细账等。

（3）多栏式账簿。这种账簿是指按照有关会计要素的明细项目分别设置若干专栏的账页组成的账簿。它一般适用于费用成本的明细账，如管理费用明细账、销售费用明细账等。

二、账簿的设置与登记

（一）序时账簿的设置与登记

1. 序时账簿的设置。序时账中使用最多的就是现金日记账和银行存款日记账，它们应选用订本式账簿，其账页格式多采用收入、支出、结存三栏或借方、贷方、余额三栏。现金日记账、银行存款日记账的格式与登记内容分别如表2－8和表2－9所示。

表2－8　　现金日记账

年		凭证		摘要	收入	支出	结存
月	日	类别	号数				

表2-9　　银行存款日记账

年		凭证号数	摘要	结算凭证		收入	支出	结存
月	日			种类	号数			

2. 序时账簿的登记依据。出纳人员根据审核无误的收款凭证、付款凭证登记现金日记账和银行存款日记账。在登记时需注意的问题是：对于现金和银行存款相互划转的业务，只根据付款凭证登记，以免重复记账。

（二）分类账簿的设置与登记

1. 总分类账簿的设置与登记。企业应为每个总分类科目开设总分类账。由于总分类账的登记次数相对较少，内容较为概括，因此，并不需要太多的账页，对于一般的企业来说，设一本总分类账就可以了，大型企业可考虑多设几本总分类账。

总分类账的格式一般采用借方、贷方和余额三栏式，其格式和内容如表2-10所示。

表2-10　　总分类账

账户名称：

年		凭证号数	摘要	借方	贷方	借或贷	余额
月	日						

总分类账簿由会计人员根据审核无误的记账凭证逐笔进行登记，也可以将一定期间经审核无误的记账凭证汇总编制为科目汇总表或汇总记账凭证据以登记。

2. 明细分类账簿的设置与登记。明细分类账簿是用来详解总分类账簿中那些概括数字的，设置明细分类账时，应根据该会计科目的特点及实际管理需要决定其采用的格式和所需要预留的账页。登记明细分类账时，可根据各种经济业务发生后由会计人员编制的记账凭证和原始凭证分别登记按二级科目或明细科目开设的账户，并为每一个账户预留若干账页，用来分类、连续地记录有关资产、负债、所有者权益、收入、费用、利润等详细资料。明细分类账记录完成后要与总分类账记录进行核对。

明细分类账簿的账页格式一般有三栏式、数量金额式和多栏式三种，在具体设置时，可考虑经济管理的需要和提供信息方面的要求采用不同的格式。通常情况下，三栏式明细账适用于反映债权、债务结算情况的账户及资本类账户。如“应收账款”账户、“应付账款”账户、“预收账款”账户、“预付账款”账户等。三栏式明细账的格式如表 2－11 所示。

表 2－11　　应收账款明细账

购货单位：

年		凭证号数	摘要	借方	贷方	借或贷	余额
月	日						

数量金额式明细分类账账页要分设“数量”“单价”“金额”三个栏次。这种明细账不仅要进行价值核算，还要进行实物数量核算。企业各种财产物资的明细账设置适用数量金额式的格式，如“原材料”“包装物”“库存商品”明细账等。数量金额式明细账的格式如表 2－12 所示。

表 2－12　　原材料明细分类账

原材料名称：

年		凭证号数	摘要	计量单位	收入			发出			结存		
月	日				数量	单价	金额	数量	单价	金额	数量	单价	金额

多栏式明细分类账是指为了满足经济业务的记录要求和经营管理的需要，在一张账页内设置多个栏目，记录某一科目构成内容的变动情况。通常情况下，账

内只记金额，不记数量。多栏式账户发生额记录的方向由账户的性质确定，项目内容可根据企业对该账户所需资料的详细程度设置。企业的各种成本、费用明细账多采用该种格式，如“生产成本”账户、“制造费用”账户、“管理费用”账户等。多栏式明细账的格式如表2－13所示。

表2－13　生产成本明细分类账

产品名称：

年		凭证号数	摘要	借方（成本项目）					贷方
月	日			原材料	燃料及动力	工资及福利费	制造费用	合计	

（三）总账与明细账的平行登记

总账是根据总分类科目开设的，明细账是根据明细科目开设的，两者级次不同但内容相同。总账对明细账起控制、统驭作用，也称为统驭账户；明细账对总账起补充说明作用，也称被统驭账户。为了确保总账与明细账记录的正确性、可核对性，在登记账簿时应遵循平行登记的原则。平行登记是指经济业务发生后，根据会计凭证，一方面要登记有关的总账账户；另一方面要登记该总账所属的各有关明细账户。

平行登记的要点如下：

（1）对每笔经济业务，既要记入与其有关的总账账户，又要记入其同期所属的明细账户。

（2）在总账和明细账户中，登记的方向必须相同。即：总账记在借方，明细账户也要记在借方；总账记在贷方，明细账也要记在贷方。

（3）记入总账账户的金额，必须与记入明细账户的金额相等。一笔经济业务同时记入某一个总账账户所属的几个明细账户时，记入总账账户的金额应与记入几个明细账户的金额之和相等。

（四）登记账簿的注意事项

账簿是企业重要的会计档案，账簿的记录要由专人负责。在登记账簿时，要注意以下事项：

1. 账簿在启用时，应详细填列“账簿启用和经管人员一览表”。标明使用单位名称、账簿名称及起讫日期、账簿起止页数、记账人员和会计机构负责人的姓名，并加盖名章和单位公章。当记账人员或会计机构负责人、会计主管人员调动工作时，要在表中注明交接日期、交办人员和监交人员姓名，并由交接双方签名或盖章。启用订本式账簿，应按顺序编定页数使用，不得跳页、缺号。

2. 账簿的登记依据必须是审核无误的记账凭证及原始凭证或者是它们的汇总表。

3. 为确保账簿记录清晰整洁，登记账簿时必须用蓝黑墨水或碳素墨水书写，不得用圆珠笔或铅笔书写，不得用红色墨水记账，红色墨水可用于改错、冲账等。

4. 登记账簿时，应当将会计凭证日期、编号、摘要、金额和其他有关资料逐项登记入账。登记完毕，记账人员应在记账凭证上签名或盖章，并标明已经登账的符号。

5. 各种账簿要按页次顺序连续登记，不得跳行、隔页。如发生跳行、隔页，应在空行、空页处用红线对角注销，注明“此行空白”或“此页空白”字样，并由记账人员签章。

6. 当本账页记满时，应办理“转页”手续。具体做法是：首先，在账页最后一行，加计本页发生额合计数，结出余额，并在摘要栏内注明“转次页”字样；其次，将本页合计数及余额写在下一页第一行有关栏内，并在摘要栏内注明“承前页”字样。

7. 账簿记录发生错误，不准涂改、挖补、刮擦或用药水消除字迹，不准重新抄写，必须按照规定的方法进行更正。为了留有改错的空间，账簿中书写的文字和数字应紧靠行格的底线书写，一般不要超过该格的1/2。

8. 凡需结出余额的账户，结出余额后，应在“借或贷”栏内写明“借”或“贷”的字样，以表明余额的方向。没有余额的账户，应在该栏内写“平”字，并在余额栏“元”位上用“0”表示。现金日记账和银行存款日记账必须逐日结出余额。

三、错账的更正方法

账簿记录应力求数字准确清晰、文字工整规范。但由于种种原因，可能会在账簿登记过程中出现各种各样的错误。当发现记账有误时，不应涂改、挖补或用涂改液改错，而应采用规定的方法进行更正。更正错账的方法一般有划线更正法、红字更正法和补充登记法三种。

（一）划线更正法

在结账前发现账簿记录有错误，而其所依据的记账凭证没有错误，即纯属记账时文字或数字的笔误，可采用划线更正法更正。

更正方法如下：

1. 将错误的文字或数字划一条红线予以整体注销，不得只划线更正其中个别数字，划线后还要使原有数字可辨认备查。

2. 用蓝字或黑字将正确的数字填写在划线同一行的上方位置。

3. 更正人员在更正处盖章，以明确责任。

4. 在更正错误的数字时，须将全部数字重新填写。

（二）红字更正法

红字更正法是指用红字冲销原有错误账户名称或数字，以更正或调整账簿记录的一种方法。一般用于下列两种情况。

1. 记账凭证编制错误并且已登记入账。记账后，发现记账凭证中的“借”“贷”方会计科目错误、记账方向错误或数字错误，可采用红字更正法更正。更正时先用红字金额填制一张与原错误记账凭证完全相同的记账凭证，并据以登记账簿，以冲销原来的错误记录。再用蓝字或黑字填制一张正确的记账凭证，并据以登记账簿。

【例2－4】 8月10日，企业用银行存款50 000元偿还以前欠款。在填写记账凭证时误将“应付账款”科目错写成“应收账款”科目，并据以登记入账。其错误的会计分录如下：

①借：应收账款　　50 000

　　贷：银行存款　　50 000

发现错误时，先按照原分录用红字填写一张记账凭证并登记入账，以冲销原错误记录：

②借：应收账款　　50 000

　　贷：银行存款　　50 000

再用蓝字或黑字编制一张正确的记账凭证并登记入账：

③借：应付账款　　50 000

　　贷：银行存款　　50 000

账户记录情况如图2－13所示。

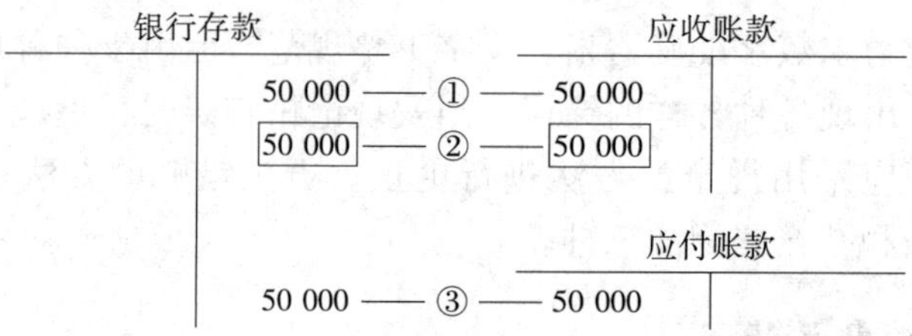

图2－13

2. 记账凭证中科目正确但金额多记且已登记账簿。这种情况是指记账凭证中“借”“贷”方的会计科目没有发生错误，只是所记金额大于应记金额，也可采用红字更正法更正。更正时，将多记的金额用红字填制一张与原错误凭证内容相同的凭证，以冲销多记金额。

【例 2-5】 承〖例 2-4〗在编写记账凭证时科目没错而将金额误记为 500 000 元，并据以登记入账。其错误的会计分录如下：

①借：应付账款　　　　500 000

　　贷：银行存款　　　　500 000

用红字更正法更正如下：

②借：应付账款　　　　[450 000]

　　贷：银行存款　　　　[450 000]

将上述改正后的凭证登记入账，就可将多记的 450 000 元冲销。账户记录情况如图 2-14 所示。

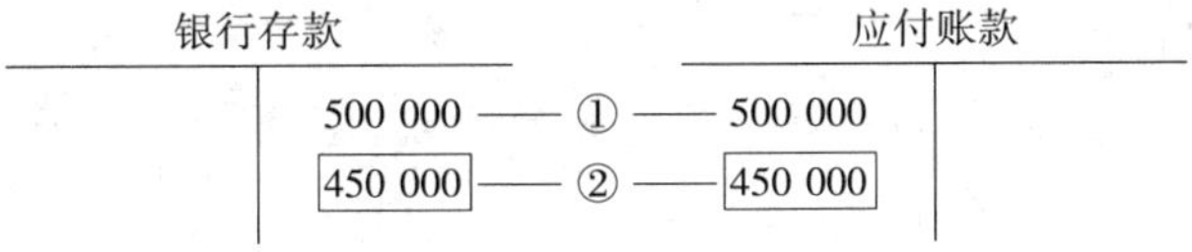

图 2-14

（三）补充登记法

根据记账凭证记账后，发现记账凭证中“借”“贷”会计科目的名称及方向均没有错误，只是所记金额小于应记金额，可采用补充登记法将少记金额补记。填一张与原凭证科目相同的凭证，数额为少记金额。

【例 2-6】 承〖例 2-4〗在编写记账凭证时误记金额为 5 000 元，并据以登记入账。但会计科目和记账方向均无错误，其错误的会计分录如下：

①借：应付账款　　　　5 000

　　贷：银行存款　　　　5 000

用补充登记法将少记的金额用蓝字编制一张与原记账凭证借贷方向及会计科目均相同的记账凭证，并登记入账：

②借：应付账款　　　　45 000

　　贷：银行存款　　　　45 000

账户记录情况如图 2-15 所示。

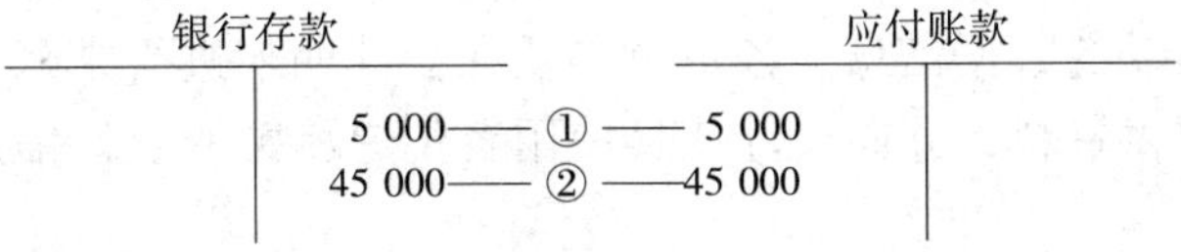

图 2-15

错账发生后，应根据错账产生的原因和结果选择恰当的更正方法。

四、对账和结账

（一）对账

对账，是指将账簿记录与相关内容相互核对，以保证账户记录的真实性和正确性。对账的内容主要包括账证核对、账账核对和账实核对。

1. 账证核对。账证核对，是指根据各种账簿记录与记账凭证及其所附的原始凭证进行核对。账簿是根据经审核的会计凭证登记的，所以，会计凭证与账簿的记录应当相符。这种核对工作主要在日常登记账簿时进行。如果在检查账目时发现账账不符，也需重新查对账证是否相符。

2. 账账核对。账账核对，是指将有联系的各种账簿之间的有关数字记录进行核对。具体内容是：

（1）总分类账各账户本月借方发生额合计数、余额数与总分类账各账户贷方发生额合计数、余额数核对；

（2）总账与其所属的明细账核对，包括现金日记账和银行存款日记账的余额与其总账各该账户的余额核对；

（3）明细账与明细账核对，即会计部门有关财产物资的明细分类账与财产物资保管或使用部门有关财产物资的明细账核对。

3. 账实核对。账实核对，是指各种财产物资的账面余额与实存数额相核对。具体内容是：

（1）现金日记账账存数与现金实际库存数相核对；

（2）银行存款日记账账存数与开户银行对账单的余额相核对；

（3）各种具有实物形态财产物资的账存数与实存数相核对；

（4）结算往来款项账存数与有关往来单位或个人相核对。

在账实核对过程中，若发现账实不符，可通过“待处理财产损溢”账户暂记，待经批准后再行处理。具体处理方法见后续章节。

（二）结账

结账，是指按规定将本期内所发生的经济业务全部登记入账，并将各种账簿记录进行小结，结算出本期发生额和余额，为编制会计报表做好准备。

由于企业是按期提供会计信息的，为了反映一定期间账簿记录的结果，提供有关经济业务活动的数据信息，各单位必须在会计期末进行结账。通过结账，为编制会计报表提供资料，并向会计信息使用者传递相关的会计信息。结账工作的主要内容是：

1. 将本期内所发生的经济业务全部按时记入相关账簿，在此基础上进行结账。结账在期末进行，不能提前，也不得延期。

2. 结账前注意按照权责发生制原则调整和结转相关事项，例如，待摊费用应考虑其本月的摊销数，预提费用应考虑本月的预提数，固定资产应考虑本月提取的折旧数，无形资产应考虑本月的摊销数等。

3. 计算登记本期发生额和期末余额。在本期全部经济业务登记入账的基础上，应当将现金日记账、银行存款日记账以及各总账和明细账结出本期发生额和期末余额并结转下期。

第六节　账务处理程序

账务处理程序也称会计核算组织形式，是指将会计凭证、会计账簿、会计报表有机结合在一起的账务处理方式。具体地说，就是指怎样根据会计凭证登记各种账簿并完成会计报表的编制。账务处理程序要求企业合理设计会计人员的工作步骤和方法，完成会计信息的加工制造过程。

对凭证、账簿、报表及记账程序的不同组合构成不同的账务处理程序，账簿组织尤其是总分类账簿的登记依据和方法是账务处理程序的核心。根据总分类账登记依据的不同，可将账务处理程序分为：记账凭证账务处理程序；科目汇总表账务处理程序；汇总记账凭证账务处理程序；多栏式日记账账务处理程序；日记总账账务处理程序；通用日记账账务处理程序等。在这些账务处理中比较常用的是记账凭证账务处理程序和科目汇总表账务处理程序。

一、记账凭证账务处理程序

记账凭证账务处理程序是直接根据记账凭证登记总账的一种账务处理方式。其特点是，记账凭证无须汇总，根据记账凭证逐笔登记总分类账。记账凭证账务处理程序是最基本的会计账务处理程序，其他各种账务处理程序都是在此基础上发展而成的。

（一）记账凭证账务处理程序的凭证及账簿设置要求

在记账凭证账务处理程序下，企业可以设置收款凭证、付款凭证和转账凭证，以分别反映收款经济业务、付款经济业务和转账经济业务；也可以设置一种通用记账凭证，综合反映各类经济业务。设置的账簿主要是现金日记账、银行存款日记账、总分类账、明细分类账。各种账簿的格式根据需要确定。

（二）记账凭证账务处理程序的实施步骤

1. 根据各种原始凭证或汇总原始凭证编制记账凭证。
2. 根据收款凭证、付款凭证逐日逐笔登记现金日记账和银行存款日记账。
3. 根据原始凭证、汇总原始凭证和记账凭证登记各种明细分类账。
4. 根据各种记账凭证逐笔登记总分类账。

5. 月末将现金日记账、银行存款日记账及各种明细分类账余额分别与总分类账余额进行核对。

6. 月末根据总分类账及明细分类账的有关资料编制会计报表。

（三）记账凭证账务处理程序的优缺点及适用范围

记账凭证账务处理程序是根据记账凭证直接登记总分类账，程序简单明了、易于理解和掌握。一般适用于规模较小、业务量少的企业。在业务量较大时，根据记账凭证逐笔登记账户，会增加总分类账登记的工作量。

二、科目汇总表账务处理程序

科目汇总表账务处理程序是根据科目汇总表登记总账的一种账务处理方式。其特点是，定期将所有记账凭证汇总编制成科目汇总表，然后再根据科目汇总表登记总账。科目汇总表的编制方法是，根据记账凭证按照每一个科目进行同向归类合计，计算出该科目的借方发生额合计和贷方发生额合计。全部总账科目的借方发生额合计数与贷方发生额合计数应该相等。

科目汇总表账务处理程序的凭证及账簿设置要求与记账凭证账务处理程序的要求相同。

（一）科目汇总表账务处理程序的实施步骤

1. 根据原始凭证、汇总原始凭证编制记账凭证。
2. 根据收款凭证、付款凭证登记库存现金、银行存款日记账。
3. 根据原始凭证、汇总原始凭证和记账凭证登记明细账。
4. 根据各种记账凭证编制科目汇总表。
5. 根据科目汇总表登记总账。
6. 月末，将日记账、明细账的余额与总账有关账户的余额核对。
7. 月末，根据总账、明细账的记录编制会计报表。

（二）科目汇总表账务处理程序的优缺点及适用范围

科目汇总表账务处理程序的特点是根据科目汇总表登记总分类账，简化了登记总账的工作量，并起到入账前的试算平衡作用。缺点是，科目汇总表只能作为登记总账和试算平衡的依据，不能反映账户对应关系，不便于了解经济业务的内容，它适用于经济业务较多的单位。

在会计实务中，除上述两种处理方式外，还可以采用其他一些方式，每个单位应根据本单位生产经营特点、会计工作的实际情况选用恰当的账务处理程序。

本章内容综述

会计核算方法是一种会计记录方法，它包括设置会计科目、复式记账、填制和审核会计凭证、登记账簿、成本计算、财产清查、编制会计报表。

会计科目是对会计要素具体内容进行分类反映的项目。会计科目有六大类：资产类、负债类、共同类、所有者权益类、成本类和损益类。设置会计科目的目的是开设账户。账户是根据会计科目开设的，具有一定格式，用来分类、系统、连续地记录经济业务的数据载体。账户存在于账簿中。根据账户记录经济业务内容的详细程度，可将账户分为总分类账户和明细分类账户。

在借贷记账法下，账户的基本结构分为借方与贷方，用来登记某一会计要素增减变动。记录方向是：资产类账户、成本类账户及损益类的费用账户的借方用来登记增加额，贷方用来登记减少额，余额在借方；负债类账户、所有者权益类账户及损益类的收入账户的贷方用来登记增加额，借方用来登记减少额，余额在贷方。记账规则为“有借必有贷，借贷必相等”。

为了检查账簿记录的正确性，一定时期终了，应采用试算平衡法进行验算。试算平衡的基本公式为：

全部账户本期借方发生额合计＝全部账户本期贷方发生额合计

全部账户期末借方余额合计＝全部账户期末贷方余额合计

为保证账簿记录的正确性和清晰性，在记账之前需先编制会计分录。会计分录就是标明某项经济业务应借、应贷账户的名称及其金额的记录。会计分录有简单会计分录和复合会计分录之分，为保持账户间对应关系，尽量不要编制多借多贷的会计分录。

会计凭证是登记账簿的依据。会计凭证分为原始凭证和记账凭证两种。会计分录存在于记账凭证中。

会计账簿是指按照会计科目开设账页，并由若干账页组成，以会计凭证为登记依据，用以系统、序时、分类地记录各项经济业务的簿籍。账簿按用途可分为序时账簿、分类账簿和备查账簿。分类账簿又可分为总分类账和明细分类账，两者间记账时应遵循平行登记原则。发生记账错误，可采用划线更正法、红字冲销法和补充登记法进行更正。期末，要进行对账和结账。

账务处理程序也称会计核算组织形式，是指将会计凭证、会计账簿、会计报表有机结合在一起的账务处理方式。常见的账务处理程序有记账凭证账务处理程序、科目汇总表账务处理程序、汇总记账凭证账务处理程序等。

复习思考题

一、思考题

1. 会计方法是怎样组成的？会计核算方法有哪些？

2. 设置会计科目的目的是什么？会计科目与账户、账户与账簿之间是什么关系？
3. 账户为什么要划分级次？各级次间是什么关系？
4. 在借贷记账法下，账户的结构是怎样规定的？账户能记录哪些指标？
5. 借贷记账法的基本内容是什么？
6. 结合会计等式，分析说明为什么“有借必有贷，借贷必相等”。
7. 怎样进行借贷记账法的试算平衡？
8. 借贷记账法的优点是什么？
9. 怎样进行会计凭证的审核？
10. 对账与结账包括哪些内容？
11. 发现错账以后，怎样进行更正？
12. 科目汇总表账务处理程序的实施步骤包括哪些？
13. 会计核算方法与会计信息之间有哪些联系？
14. 成本类会计科目与费用类会计科目之间是什么关系？两者的作用是否相同？
15. 在试算平衡的情况下，还有哪些情况的存在使账簿记录出现错误？

二、练习题

1. 根据下列业务编制会计分录。

（1）从银行取得6个月借款50 000元，存入银行。

（2）从银行取得3年期借款300 000元，存入银行。

（3）投资者投入材料一批，价值40 000元；投入设备一台，价值60 000元。

（4）投资者投入专利权一项，价值100 000元。

（5）购买设备一台，价值50 000元，约定3年后付款。

（6）用银行存款支付利息费用3 000元。

2. 根据下列业务编制会计分录。

（1）购买材料，价款10 000元，款已全部支付。

（2）购买一台汽车，货款总额为100 000元，款已支付。

（3）购买一批工具，价款为20 000元，款尚未支付。

（4）购买一批包装物，价款为30 000元，款尚未支付。

（5）生产产品领用材料6 000元，车间管理领用材料1 000元。

（6）计算出生产工人工资30 000元，车间管理人员工资10 000元，厂部行政人员工资20 000元，工资尚未支付。

（7）购买厂部办公用品300元，以现金支付。

（8）用现金500元支付厂部招待费。

（9）车间使用固定资产发生折旧2 000元，厂部使用固定资产发生折旧1 000元。

（10）用银行存款支付广告费3 000元。

3. 根据下列业务编制会计分录。

（1）销售商品一批，售价40 000元，款已收到。该批商品的成本为25 000元。

（2）销售商品一批，售价30 000元，收到一张商业承兑汇票。该批商品的成本为18 000元。

（3）销售多余材料，该批材料的成本为3 000元，售价5 000元，款已收到。

（4）银行通知，本月存款利息400元已划入本企业账户。

（5）国家给予本企业用于经营的财政补贴收入500 000元已收到。

（6）用现金支付本月厂部财产保险费600元。

4. 练习借贷记账法的记账过程。

某企业 3 月初有关账户的余额如下表所示。

单位：元

账户	金额	账户	金额
库存现金	10 000	短期借款	20 000
银行存款	40 000	应付账款	70 000
应收账款	50 000	应交税费	10 000
原材料	30 000	应付职工薪酬	50 000
固定资产	100 000	合同负债	60 000
累计折旧	20 000	实收资本	80 000
无形资产	40 000		

3 月份该企业发生下列业务：

（1）收回应收账款 20 000 元存入银行。

（2）从银行提取现金 10 000 元。

（3）用银行存款 20 000 元支付工资。

（4）某职工出差，借差旅费 3 000 元，以现金支付。

（5）销售商品一批，售价 40 000 元，款已通过银行收到。该批产品的成本为 30 000 元。

（6）本月车间固定资产折旧发生 2 000 元，厂部发生固定资产折旧 3 000 元。

（7）用银行存款 10 000 元购入一项非专利技术。

（8）预收购货方货款 30 000 元存入银行。

（9）用银行存款缴纳税金 10 000 元。

（10）购入材料一批，价款 40 000 元，货款尚未支付。

（11）购入股票，购买价格 4 000 元，已用银行存款支付，购入后确认为交易性金融资产。

（12）厂部管理领用材料 20 000 元。

要求：

（1）为上述经济业务编制会计分录。

（2）开设所涉及的账户，登记期初余额。

（3）将编制的会计分录过入各账户，求出每个账户的期末余额。

5. 综合练习。

某企业 2022 年 1 月初各账户的余额如下表所示。

单位：元

账户	金额	账户	金额
库存现金	50 000	短期借款	160 000
银行存款	100 000	应付账款	140 000
应收账款	100 000	应付票据	200 000

续表

账户	金额	账户	金额
应收票据	150 000	应交税费	100 000
原材料	200 000	应付职工薪酬	100 000
库存商品	300 000	长期借款	300 000
交易性金融资产	100 000	实收资本	500 000
在建工程	400 000	资本公积	300 000
固定资产	600 000	利润分配（贷方）	200 000
累计折旧	200 000		
无形资产	200 000		

2022 年本企业发生下列经济业务：

（1）销售乙产品一批，售价 500 000 元，增值税 65 000 元，货款已收到。

（2）购进原材料一批，买价 200 000 元，增值税 26 000 元，货款已付。

（3）收回应收账款 60 000 元存入银行。

（4）购买不需要安装设备，买价 40 000 元，增值税 5 200 元，支付运杂费 10 000 元，货款已付。

（5）预收购货方货款 600 000 元存入银行。

（6）用银行存款支付前期在建工程费用 50 000 元。

（7）在建工程完工，转为固定资产。

（8）用银行存款 100 000 元发放工资。

（9）将交易性金融资产出售，所得款项为 120 000 元，存入银行。

（10）车间用固定资产折旧 30 000 元，厂部用固定资产折旧 20 000 元。

（11）支付银行借款利息 20 000 元，收到银行存款利息 10 000 元。

（12）用银行存款缴纳税金 20 000 元。

（13）一张应收票据到期，收回票据款 100 000 元。

（14）偿还短期借款 60 000 元。

（15）用银行存款支付广告费 20 000 元。

（16）收取某单位违约罚款 40 000 元存入银行。

要求：

（1）为上述经济业务编制会计分录；

（2）开设账户，将上述经济业务登记入账；

（3）进行账户试算平衡，检查账户记录的正确性；

（4）计算利润总额、现金流量，比较两者的差异。

第三章　资产业务的会计处理

第一节　货币资金及债权业务的会计处理

一、货币资金业务的处理

货币资金是以货币形态存在的资产，是企业流动性最强的经济资源。企业在经营活动中以货币资金衡量商品和劳务的价值，并以此作为结算手段。货币资金按其存放地点及其用途的不同可分为库存现金、银行存款和其他货币资金三种。

（一）库存现金

1. 现金管理的基本内容。为保证现金在使用中的安全和完整，国务院颁发了《现金管理暂行条例》，其中有关现金管理的规定主要包括以下五个方面。

（1）限定现金的使用范围。企业在结算中可以使用现金的范围是：职工工资、津贴；个人劳动报酬；根据国家规定支付给个人的科学技术、文化艺术、体育等各种奖金；各种劳保、福利费用以及国家规定的对个人的其他支出；向个人收购农副产品和其他物资的货款；出差人员必须随身携带的差旅费；结算起点（1 000 元）以下的零星支出；中国人民银行确定需要支付现金的其他支出。除上述范围以外往来款项的收支都要通过银行办理转账结算。

（2）规定库存现金限额。库存现金限额是为保证各单位日常零星支出按规定允许留存现金的最高数额。库存现金限额由银行与企业商定，一般不超过本单位 3 ~ 5 天的正常零星开支需要量，最多不得超过 15 天的需要量，超过限额的现金要及时存入银行。零星开支以外的现金支出，可开具现金支票从开户银行中提取。

（3）不准坐支现金。企业在日常经营活动中取得的现金收入应及时送存银行，不得直接用于支付自己的支出，用收入的现金直接支付支出的称为“坐支”。

（4）钱账分开，即现金出纳和会计记账要分开处理。

（5）严格现金收支凭证手续，不准白条顶库；不准套取现金；不得公款私存；不得设置小金库，要经常核对现金实存数与现金账簿记录是否相符。如有账实不符，应查明原因，按规定处理。

2. 库存现金收支的核算。设置“库存现金”账户，包括一本现金日记账和一本现金总账，反映库存现金的收入、支出和结存情况。

对现金进行核算，要从两个方面进行：一方面进行现金的序时核算；另一方面进行现金的总分类核算。现金的序时核算使用现金日记账，由出纳员根据现金的收款凭证、付款凭证逐笔进行登记；现金的总分类核算使用现金总账，由会计人员根据汇总的现金收款凭证、汇总的现金付款凭证定期汇总登记。每日营业终了，出纳员应计算当日现金日记账的现金收入合计数、现金支出合计数和结余数，并将结余数与实际库存数核对，做到账实相符。一定时期终了，出纳员的现金日记账还要与会计人员的现金总账进行核对，做到账账相符。

现金收付经济业务的举例如下。

【例3-1】甲公司开出现金支票，从银行提取现金5 000元备用。甲公司的账务处理为：

借：库存现金　　5 000
　　贷：银行存款　　5 000

【例3-2】甲公司对外销售产品，专用发票列示：货物价款500元，增值税65元，价税合计565元，以现金收讫。甲公司的账务处理为：

借：库存现金　　565
　　贷：主营业务收入　　500
　　　　应交税费——应交增值税（销项税额）　　65

【例3-3】甲公司以现金300元支付厂部购买办公用品款，其中增值税34.51元。甲公司的账务处理为：

借：管理费用　　265.49
　　应交税费——应交增值税（进项税额）　　34.51
　　贷：库存现金　　300

【例3-4】甲公司某职工出差向会计部门申请零用备用金2 000元，会计部门付出现金时的账务处理为：

借：其他应收款——×××　　2 000
　　贷：库存现金　　2 000

该职工出差回来向会计部门报销1 800元，交回现金200元。此项业务的账务处理为：

借：管理费用　　1 800
　　库存现金　　200
　　贷：其他应收款——×××　　2 000

3. 现金清查的核算。出纳员应于每日终了结算完现金收支后，对库存现金进行账实核对，若发现现金产生短缺或溢余，应通过“待处理财产损溢”账户核算：属于现金短缺，应按实际短缺的金额，借记“待处理财产损溢——待处理流动资产损溢”账户，贷记“库存现金”账户；属于现金溢余，按实际溢余的金额，借记“库存现金”账户，贷记“待处理财产损溢——待处理流动资产损溢”

账户。待查明原因后作如下处理：

（1）如为现金短缺，属于应由责任人或保险公司赔偿的部分，借记“其他应收款”账户，贷记“待处理财产损溢——待处理流动资产损溢”账户；属于无法查明的其他原因，经批准后处理，借记“管理费用”账户，贷记“待处理财产损溢——待处理流动资产损溢”账户。

（2）如为现金溢余，属于应支付给有关人员或单位的，应借记“待处理财产损溢——待处理流动资产损溢”账户，贷记“其他应付款”账户；属于无法查明原因的现金溢余，经批准后，借记“待处理财产损溢——待处理流动资产损溢”账户，贷记“营业外收入”账户。

（二）银行存款

银行存款是企业存入开户银行或其他金融机构的货币资金。企业与其他单位发生的经济往来，除少部分用现金结算外，大部分是通过银行转账办理的。每个独立核算的企业都必须在银行开设账户，设专人负责银行存款的收付业务。

1. 银行转账结算方式。结算，是指企业与外部单位或内部部门、个人之间因经济业务往来而引起的货币收付行为。结算方式可分为现金结算和转账结算两种。根据中国人民银行结算办法的规定，银行结算方式分为：支票、银行本票、银行汇票、商业汇票、汇兑、托收承付、委托收款、信用证、信用卡等形式。通过以上方式，银行帮助企业将款项划入或划出。

2. 银行存款收支的核算。设置“银行存款”账户，包括银行存款日记账和银行存款总账，核算银行存款的收入、支出和结存情况。

对银行存款进行核算，要从两方面进行：一方面进行银行存款的序时核算；另一方面进行银行存款的总分类核算。银行存款的序时核算使用银行存款日记账，由出纳员根据银行存款的收款凭证、付款凭证逐日逐笔进行登记；银行存款的总分类核算使用银行存款总账，由会计人员根据汇总的银行存款收款凭证、汇总的银行存款付款凭证汇总登记。一定时期终了，出纳员的银行存款日记账要与会计人员的银行存款总账进行核对，做到账账相符。此外，企业银行存款日记账还要与银行定期发来的对账单进行核对，以保证企业记录与银行记录的一致性。

银行存款收付业务的核算举例如下。

【例 3－5】甲公司对外销售 B 产品，增值税专用发票列示：价款 3 000 元，增值税 390 元，价税合计 3 390 元，款项已收到并存入银行。甲公司的账务处理为：

借：银行存款	3 390	
贷：主营业务收入		3 000
应交税费——应交增值税（销项税额）		390

【例 3－6】甲公司购买 A 材料，增值税专用发票列示：价款 6 000 元，增值税 780 元，价税合计 6 780 元，款项通过银行转账支付。甲公司的会计处理为：

借：原材料	6 000	

应交税费——应交增值税（进项税额）　　780
　　贷：银行存款　　6 780

3. 银行存款的清查。为保证企业对银行存款收付业务的记录与银行对本企业银行存款收付业务的记录相符，企业应定期将银行存款日记账的记录与银行送来的对账单核对，每月至少一次。通过核对，检查双方银行存款记录是否正确。

企业银行存款日记账余额与银行送来的对账单余额在核对时如果不一致，产生的原因有两个：一是企业或银行中的一方发生记账错误；二是存在未达账项。未达账项是指由于结算凭证在企业与银行之间实际结算与入账时间不同而产生的，即一方收到凭证已经入账但另一方尚未收到凭证而未能入账的款项。

在核对过程中，对由于记账错误造成的双方账面余额不符的情况，应查明原因进行更正，并编制更正的会计分录；对未达账项造成的不符，应逐笔核对，发生的未达账项不必进行会计处理，可通过编制银行存款余额调节表的方法使双方记录调整相符。

【例3－7】2022年8月31日，甲公司银行存款日记账的账面余额为52 373元，银行对账单余额为57 080元。经过逐项核对，发现引起双方记录不符的原因有：

①8月31日甲公司收到蓝天公司金额为7 000元的转账支票一张，并根据银行送回的收款通知联入账，但银行未入账。

②8月18日甲公司委托银行收取兴业公司货款8 800元，银行已经收款入账，但甲公司因未收到银行的收款通知而未入账。

③8月31日甲公司开出现金支票580元并已入账，但持票人未到银行取款，银行未入账。

④银行从甲公司存款中扣除结算的利息费用3 000元，但甲公司没有收到有关凭证而未入账。

⑤甲公司本月支付厂部水电费1 258元误记为1 285元。

⑥银行将伟力公司存入支票5 300元误记入甲公司账号。

根据上述情况，甲公司8月31日编制银行存款余额调节表如表3－1所示。

表3－1　　银行存款余额调节表

2022年8月31日

项目	金额	项目	金额
企业银行存款余额	52 373	银行对账单余额	57 080
加：企业未入账的兴业公司货款	8 800	加：银行未入账的蓝天公司货款	7 000
多记水电费	27	减：银行尚未兑现的现金支票	580
减：银行已付款的利息费用	3 000	银行误记	5 300
调节后余额	58 200	调节后余额	58 200

调节后的银行存款余额表示企业实际结存的金额。调节后如果双方余额不等，表示银行存款账务处理还有差错，应进一步查找原因，加以纠正。

在编制调节表过程中，如果属于记账错误，应及时编制更正的会计分录，登记入账。上例中多记水电费27元的调整分录为：

借：银行存款　　27

　　贷：管理费用　　27

（三）其他货币资金

其他货币资金是指除了现金、银行存款以外的货币资金。包括外埠存款、银行汇票存款、银行本票存款、信用卡存款、信用证保证金存款、存出投资款等。

对涉及其他货币资金的经济业务，企业可设置“其他货币资金”账户，用来反映其他货币资金的增减变动情况，并按其构成种类设置明细账户进行核算。其他货币资金的会计处理包括“形成”“使用”“结算”三个环节。以下举例说明。

【例3-8】甲公司向在上海开设的临时采购专户汇入6 000元，用于支付采购货款。采购活动结束后，采购员向会计部门提供的专用发票注明：材料价款5 000元，增值税650元。结算后将采购专户余款划回。甲公司的账务处理如下。

①汇出采购专款时：

借：其他货币资金——外埠存款　　6 000

　　贷：银行存款　　6 000

②采购员回来报销时：

借：原材料　　5 000

　　应交税费——应交增值税（进项税额）　　650

　　贷：其他货币资金——外埠存款　　5 650

③余款转回时：

借：银行存款　　350

　　贷：其他货币资金——外埠存款　　350

二、应收账款业务的处理

应收账款是指企业因销售商品、材料或提供劳务等原因，应向购买方或劳务接受方收取的价款、增值税及代垫的运杂费。

（一）应收账款的特点

1. 这项债权是买卖双方凭借商业信用形成的，交易中没用使用商业汇票。

2. 这项债权是两个会计主体间的交易形成的，不包括一个会计主体内部因事项而形成的债权。

3. 这项债权的性质是流动资产，不是长期资产。

4. 这项债权的认定时间与收入的确认时间同步。

（二）应收账款的计量

一般情况下，应收账款的入账金额应根据实际发生的交易价格进行计算确定，包括发票金额和代购货单位垫付的运杂费两部分。在确认应收账款的入账金额时往往还要考虑折扣因素。而折扣根据其目的不同，可分为商业折扣和现金折扣两种。

商业折扣，是指商品售价的减让，它是企业的促销手段。销货方按扣除折扣后的价格出售商品，按折扣后的价格确认收入。在存在商业折扣的情况下，企业应收账款入账金额应按扣除商业折扣以后的实际售价确认。

现金折扣对于销售方来说是一种可变对价，对于购货方来说是债务扣除。债权人为了鼓励客户提前偿付货款，通常与债务人达成协议，债务人在不同期限内付款，可享受不同比例的折扣。现金折扣的条件通常用分数来表示，如“2/10，1/20，n/30”（即10天内付款折扣2%，20天内付款折扣1%，30天内全额付款）。就销售方来说，提供现金折扣有利于提前收回货款，加速资金周转；对于购货方来说，接受现金折扣可得到一笔理财收入。

现金折扣对于销售方来说是一种可变对价。如果现金折扣极可能发生，则销售收入应按合同价格减去现金折扣额计算，应收账款也以此为根据计算。如果现金折扣发生的可能性达不到极可能的程度，则销售收入先按合同价格计算，不扣除现金折扣。现金折扣如果发生，再去冲减销售收入。应收账款的入账金额须根据销售收入的计量方法来确定。

（三）应收账款的核算方法

设置“应收账款”账户，用来反映应收账款的形成及收回情况。在设置总账的同时，还应按债务人的名称设置明细账进行明细核算。

【例3-9】甲公司向乙公司销售一批产品，款未收。按照价目表上标明的价格计算，其售价金额为10 000元，由于是批量销售，企业给予10%的商业折扣，金额为1 000元，适用的增值税税率为13%。甲公司的账务处理为：

借：应收账款——A公司	10 170	
贷：主营业务收入		9 000
应交税费——应交增值税（销项税额）		1 170

【例3-10】如果上例销售没有商业折扣，附有现金折扣，现金折扣条件为“1/20、n/30”，甲公司的账务处理为：

①业务发生时：

借：应收账款——A公司	11 300	
贷：主营业务收入		9 900
应交税费——应交增值税（销项税额）		1 300

预计负债		100
②在 20 天内收到货款时：		
借：银行存款	11 200	
预计负债	100	
贷：应收账款		11 300
③超过 20 天收到货款时：		
借：银行存款	11 300	
贷：应收账款		11 300
借：预计负债	100	
贷：主营业务收入		100

（四）应收账款减值处理

1. 应收账款减值损失的计量。根据《企业会计准则第 22 号——金融工具确认和计量》的规定，企业应在期末，按照"预期信用损失法"，以未来可能的违约事件造成损失的期望值对应收账款，计提坏账准备。对单项金额重大的应收款项，应当单独进行减值测试。

2. 应收账款减值损失的核算。在实际工作中，应收账款的潜在减值损失是采用备抵法通过提取"坏账准备"的方式进行的。备抵法，是指按期估计可能发生的坏账损失，并将其确认为资产减值损失，形成坏账准备金。当应收账款被确认为坏账时，根据坏账金额冲减坏账准备金，同时转销相应的应收账款金额的一种核算方法。

这种方法的优点是：（1）将不能收回的应收账款及时作为坏账损失入账，较好地体现了权责发生制和配比原则，避免企业虚盈实亏；（2）便于估算应收账款的可变现净值，真实反映企业的财务状况；（3）符合权责发生制会计基础。

企业应当设置"坏账准备"账户，反映坏账准备金的提取、使用、转回情况。通常情况下，企业在资产负债表日对可能发生的坏账损失先提取坏账准备。提取金额的计算主要采用应收账款余额百分比法、账龄分析法。采用余额百分比法或账龄分析法估计坏账损失，都要求企业事先确定一个合理的坏账比率，根据应收账款的期末余额乘上相应的坏账比率，计算出应提取的坏账准备数。

采用应收账款余额百分比法和账龄分析法计算提取坏账准备时，每次的实际提取数应考虑过去的已提数，用应提数减去已提数，才是本次的实提数。"坏账准备"账户的余额表明了在应收账款余额中存在多大的坏账可能性。"应收账款"账户的余额减去"坏账准备"账户余额后的差额，即为应收账款的净额，它表示应收账款的真实价值。资产负债表中"应收账款"项目的数据按净额列示。

【例 3－11】甲公司采用备抵法核算坏账，坏账估计采用应收账款余额百分比法。从 2020 年开始计提坏账准备。2020 年末应收账款余额为 600 000 元，该公司坏账准备的提取比例确定为 5‰。甲公司 2020 年末计提坏账准备的账务处理如下。

①坏账准备提取额 = 600 000 × 5‰ = 3 000（元）

借：信用减值损失　　3 000

　　贷：坏账准备　　3 000

②2021 年 8 月，甲公司发现有 800 元应收丙公司货款无法收回，按规定确认为坏账损失。甲公司的账务处理为：

借：坏账准备　　800

　　贷：应收账款——丙公司　　800

③2021 年 12 月 31 日，甲公司应收账款余额为 720 000 元。

本年年末应收账款余额应保持的坏账准备金额为：

720 000 × 5‰ = 3 600（元）

年末计提坏账准备前，“坏账准备”账户的贷方余额为：

3 000 − 800 = 2 200（元）

本年度应补提的坏账准备金额为：

3 600 − 2 200 = 1 400（元）

借：信用减值损失　　1 400

　　贷：坏账准备　　1 400

④2022 年 4 月 15 日，接银行通知，公司上年度已冲销的丙公司 800 元坏账又收回，款项已存入银行。甲公司的账务处理为：

借：应收账款——丙公司　　800

　　贷：坏账准备　　800

借：银行存款　　800

　　贷：应收账款——丙公司　　800

⑤2022 年 12 月 31 日，甲公司应收账款余额为 500 000 元。

本年年末坏账准备余额应为：

500 000 × 5‰ = 2 500（元）

至年末，计提坏账准备前“坏账准备”账户的贷方余额为：

3 600 + 800 = 4 400（元）

本年度应冲销多提的坏账准备金额为：

4 400 − 2 500 = 1 900（元）

甲公司的账务处理为：

借：坏账准备　　1 900

　　贷：信用减值损失　　1 900

三、应收票据业务的处理

应收票据，是指企业因销售商品、产品和提供劳务等而收到的商业汇票，包括银行承兑汇票和商业承兑汇票。它是收款人或付款人在商品交易发生后签发的、付款人承诺在到期日无条件付款的票据。企业收到尚未兑现的商业汇票是企业拥有的将来向付款人收回款项的一种债权，作“应收票据”处理。

1. 商业汇票的分类。商业汇票按承兑人不同，分为商业承兑汇票和银行承兑汇票。商业承兑汇票的承兑人为付款单位，银行承兑汇票的承兑人为付款单位的开户银行。商业汇票按是否计息可分为不带息商业汇票和带息商业汇票。不带息商业汇票，是指商业汇票到期时付款人只按票面金额（即面值）向收款人或被背书人支付款项的汇票。带息票据是指商业汇票到期时付款人必须按票面金额加上应计利息向收款人或被背书人支付票款的票据。商业汇票可以背书转让，具有流通性质，企业应加强对商业汇票的管理工作。

2. 商业汇票的会计核算。

（1）应收票据取得的处理。在我国，商业汇票的有效期限较短，通常不超过6个月，一般按其面值计价。即企业收到商业汇票时，不论该票据是带息汇票还是不带息汇票，都应按照票据的面值入账。商业汇票的面值包括所售商品或劳务的价款、代收的增值税以及代购货方垫付的运杂费。

设置“应收票据”账户，用来核算应收票据的取得及收回情况。同时，企业应按应收票据的种类和债务人名称设置明细分类账进行明细核算。

【例3－12】甲公司销售一批产品给乙公司，货已发出，价款50 000元，增值税税额为6 500元。按合同约定3个月后收款，乙公司交给甲公司一张不带息商业承兑汇票，面值56 500元。甲公司的账务处理为：

借：应收票据	56 500	
贷：主营业务收入		50 000
应交税费——应交增值税（销项税额）		6 500

（2）应收票据持有期间的处理。对于不带息票据来说，持有期间不必进行处理。如果是带息票据，应于期末（指中期期末和年度终了）按应收票据的票面价值和确定的票面利率计提利息，计提的利息在记入“应收票据”账户的同时冲减“财务费用”账户。

【例3－13】甲公司在2022年9月1日销售一批产品给乙公司，货已发出，发票上注明的售价为200 000元，增值税税额为26 000元。收到乙公司交来的商业承兑汇票一张，期限为6个月，票面利率为10%。甲公司的账务处理如下。

①收到票据时：

借：应收票据——A公司	226 000	
贷：主营业务收入		200 000
应交税费——应交增值税（销项税额）		26 000

②年度终了（2021年12月31日），计提票据利息时：

票据利息＝226 000×10%×4÷12＝7 533（元）

借：应收票据　　　　　　　　　　　　　　　　7 533
　　贷：财务费用　　　　　　　　　　　　　　　　7 533

（3）应收票据到期的处理。应收票据到期后，若能按时收款，则按应收票据的面值加上利息记入“银行存款”账户，按账面价值注销“应收票据”账户，差额记入“财务费用”账户。若不能按时收款，则应按“应收票据”账面价值转为“应收账款”账户，借记“应收账款”账户，贷记“应收票据”账户，对于尚未确认的利息停止确认。转为应收账款的应收票据可根据情况确认计提坏账准备。

【例3－14】 承〖例3－13〗该应收票据到期时甲公司的账务处理为：

收款金额＝226 000×（1＋10%×6÷12）＝237 300（元）

借：银行存款　　　　　　　　　　　　　　　237 300
　　贷：应收票据　　　　　　　　　　　　　　　233 533
　　　　财务费用　　　　　　　　　　　　　　　　3 767

四、预付账款业务的处理

预付账款是指企业按照购货合同规定预付给供货方的货款。预付账款的确认时间为款项的支付时间，付款金额由购销双方通过合同确定。与前述债权不同，预付账款是购货方债权。

预付账款的核算，通过设置“预付账款”账户进行。该账户属资产类账户，借方登记预付的货款和补付的货款，贷方登记结算的货款和退回多付的货款。期末借方余额表示已付款但尚未收到货物的预付款项。

【例3－15】 甲公司根据合同预付给乙公司的材料款共计90 000元。付款时甲公司的账务处理为：

借：预付账款　　　　　　　　　　　　　　　90 000
　　贷：银行存款　　　　　　　　　　　　　　　90 000

收到材料和专用发票时的情况是：全部货款为100 000元，增值税税额为13 000元，这项经济业务的账务处理是：

借：原材料　　　　　　　　　　　　　　　　100 000
　　应交税费——应交增值税（进项税额）　　　13 000
　　贷：预付账款　　　　　　　　　　　　　　　113 000

补付货款的账务处理为：

借：预付账款　　　　　　　　　　　　　　　23 000
　　贷：银行存款　　　　　　　　　　　　　　　23 000

预付账款情况不多的企业，也可以将预付的货款直接记入“应付账款”账户的借方。但是，如果通过“应付账款”账户登记预付货款业务，会使应付账款的某些明细科目出现借方余额，因此，当发生这种情况时，在期末编制资产负债表时，“应付账款”所属明细科目有借方余额的，表示有预付行为发生，应将这部分借方余额在资产负债表的资产方“预付账款”项目列示。

企业的预付账款，如有确凿证据表明其不符合预付账款性质，或者因供货单位破产、滞销等原因已无望再收到所购货物的，应将原记入“预付账款”账户的金额转入“其他应收款”账户。企业应按预计不能收到所购货物的预付账款账面金额，借记“其他应收款——预付账款转入”账户，贷记“预付账款”账户。对转入“其他应收款”账户的预付账款，可根据情况计提坏账准备。

五、其他应收款业务的处理

其他应收款是除应收账款、应收票据和预付账款以外的各种应收、暂付款项。主要包括：（1）应收的各种赔款、罚款；（2）存出保证金，如租入包装物支付的押金；（3）备用金；（4）应收出租包装物租金；（5）向职工收取的各种垫付款项；（6）预付账款转入；（7）其他各种应收、暂付款项。

其他应收款的核算，通过设置“其他应收款”账户进行。该账户属于资产类账户，用来核算其他应收款的增减变动情况。借方登记其他应收款的增加额，贷方登记其他应收款的减少额。余额在借方，表示其他应收款结存金额。企业应按其他应收款的项目分类，按不同债务人设置明细账进行明细核算。

【例 3－16】甲公司租入一批包装物，根据合同约定，应支付包装物押金 20 000 元。甲公司的账务处理为：

借：其他应收款　　　　20 000

　　贷：银行存款　　　　20 000

收回包装物收回押金时的账务处理为：

借：银行存款　　　　20 000

　　贷：其他应收款　　　　20 000

第二节　存货业务的会计处理

一、存货的确认

（一）存货的定义

存货是指企业在日常活动中持有的以备出售的产成品或商品、处在生产过程中的在产品、在生产过程或提供劳务过程中耗用的材料和物料等。

企业的存货主要包括各种原材料、在产品、半成品、产成品、商品、周转材料等。在不同行业中，存货的范围可能会有所不同。随着企业经营活动的不断进行，存货经常被销售或耗用，具有较快的变现能力，流动性较强，因此，存货属于企业的流动资产。

存货的确认包括存货性质的认定和存货范围的认定两方面。存货性质的认定应根据存货的定义进行，即企业持有该资产的主要目的是出售或耗用。对企业存货范围的认定，通常以企业是否拥有其所有权作为判断标准：凡所有权已属于企业，不论企业是否已收到或持有，均作为本企业的存货加以认定；反之，若无所有权，即使存放于企业，也不能作为企业的存货认定。工业企业的产成品、代制品、代修品、委托代销的产成品以及寄存在企业以外仓库的产成品等均属于企业的存货。

（二）存货的确认条件

存货作为一项资产，在符合定义的前提下，应同时满足下列两个条件才能加以确认：

1. 与该存货有关的经济利益很可能流入企业；

2. 该存货的成本能够可靠地计量。

二、存货的计量

存货的计量包括数量计量与价值计量两个方面。

（一）存货数量的计量

存货数量的计量包括取得存货数量的计量、发出存货数量的计量和期末结存数量的计量等多个环节。在这些环节中，最重要的计量环节是存货期末数量的计量。企业确定存货期末实物结存数量的方法有两种：一是永续盘存制；二是实地盘存制。

1. 永续盘存制。永续盘存制也称账面盘存制。这种方法是按照存货的品种规格设置明细账，在账面上逐日逐笔地登记收入和发出存货的数量和成本，并随时记录结存数。永续盘存制下存货期末数量结存数的计算公式为：

期初结存数 + 本期增加数 - 本期减少数 = 期末结存数

采用永续盘存制计量期末存货数量，在存货的账面上不断记录存货的增加或减少，便于存货的日常核算，有利于存货的日常管理和控制。期末进行账实核对，能及时发现和处理各种不正常的盘盈或盘亏，有利于促进存货资金的正常流转，因此，多数企业存货的计量采用这种方法。

2. 实地盘存制。实地盘存制也称定期盘存制。这种方法是平时在存货账面上只记录存货的取得数，不记录存货的发出数。期末结存数的确定，是期末通过对全部存货进行实地盘点，以实际盘出的数量来确定期末结算数的一种方法。以期末盘出的数量乘以各项存货的盘存单价，计算出期末存货的总金额，记入各有关存货账户，倒挤出本期已耗用或已销售存货的成本。这一方法用于工业企业，称为“以存计耗”或“盘存计耗”；用于商品流通企业，称为“以存计销”或

“盘存计销”。实地盘存制下本期存货的发出数计算公式为：

期初存货 + 本期增加数 − 期末结存数 = 本期减少数

实地盘存制的优点是简化了存货的日常核算工作，但加大了期末计量的工作量。平时在账面上不反映存货的减少和结存数，难以通过会计记录来加强存货管理，所以，实地盘存制仅适用于自然消耗大、数量不稳定的鲜活商品或对发出数量计量较困难的存货计量工作。

（二）存货价值的计量

对存货价值进行计量，包括三个环节：存货取得价值的计量、存货发出价值的计量和存货期末减值的计量。

1. 存货取得价值的计量。存货的取得价值，按历史成本计算。历史成本是指取得存货时所发生的与存货密切相关的各项支出合计。由于企业存货的形成渠道不同，存货历史成本的构成内容也不相同。常见的存货来源渠道及其成本构成项目主要包括：

（1）外购的存货，其实际成本包括买价、采购费用（运输费、装卸费、保险费、包装费、仓储费等）、运输途中的合理损耗、入库前的整理挑选费用、按规定应计入成本的税金等。购入存货支付增值税的处理，视购货方的纳税性质确定：如果购货方为一般纳税人，则增值税进项税不计入存货的成本；如果购货方为小规模纳税人，增值税计入所购存货的成本。

（2）自制的存货，其实际成本由耗用材料的采购成本、加工成本和其他成本构成，其中，加工成本包括直接人工和制造费用两个项目。

（3）委托外单位加工完成的存货，其实际成本包括实际耗用的原材料、加工费、运输费、装卸费、保险费以及按规定应计入成本的税金。

（4）投资者投入的存货，其成本应当按照投资合同或协议约定的价值确定，但合同或协议约定的价值不公允的除外。在投资合同或协议约定的价值不公允的情况下，按照该项存货的公允价值作为其入账价值。

（5）盘盈的存货，应按其重置成本作为入账价值。

2. 存货发出价值的计量。存货发出价值的计算与存货的取得价值密切相关。在采用实际成本计价时，由于各种存货是分次购入或分批生产形成的，即便是同一项目的存货，其单价或单位成本也往往不同。因此，在计算发出存货价值时就需要选择一定的计量方法。企业目前可以选用的发出存货的计价方法主要有：先进先出法、加权平均法、移动平均法、个别计价法等。这四种方法各有特点，企业应根据具体情况选用其中的一种。计价方法一经确定，不得随意变更。

（1）先进先出法。先进先出法是以先收入的存货先发出为假定前提，并根据这种假定的成本流转顺序对发出存货和期末存货计价。如果发出存货属于两批或三批购进的，单价又不同，这时就会用到两个或三个单价计价。这种方法在存货收发业务频繁、单价又经常变动的情况下，存货的计价工作量会很繁重。以原材料为例，先进先出法的计算过程如表3－2所示。

表3－2　　　　　　　　　　　　材料明细账

材料名称：A材料　　　　　　　　（先进先出法）　　　　　　　　计量单位：千克

年		凭证号	摘要	收入			发出			结存		
月	日			数量	单价	金额	数量	单价	金额	数量	单价	金额
8	1		期初余额							800	1.8	1 440
8	2		领用				350	1.8	630	450	1.8	810
8	4		购入	2 500	2.00	5 000				2 950		5 810
8	6		领用				450	1.8	810			
							200	2.00	400	2 300	2.00	4 600
8	10		领用				100	2.00	200	2 200	2.00	4 400
8	19		购入	400	2.1	840				2 600		5 240
8	25		领用				500	2.00	1 000	2 100		4 240
8	31									1 700	2.00	3 400
			合计	2 900		5 840	1 600		3 040	400	2.10	840

先进先出法下，发出存货成本是按早期存货的购进成本计价的，而期末存货成本是按现行成本计价的，这使得存货的期末价值接近市场实际价格水平，而发出存货的成本则可能与现行市价相背离，在物价上涨时，不利于谨慎性原则的落实。

（2）加权平均法。加权平均法亦称全月一次加权平均法，这种计价方法是以月初结存存货成本与本月收入存货成本之和，除以月初结存存货数量与本月收入存货数量之和，求得存货的平均单价，并以此单价为依据计算发出存货价值和期末结存存货的价值。其计算公式为：

$$存货单位成本=\frac{期初结存存货成本+本期所有入库存货成本}{期初结存存货数量+本期所有入库存货数量}$$

$$本月发出存货成本=本月发出存货数量\times存货单位成本$$

$$月末结存材料成本=月末结存存货数量\times存货单位成本$$

采用加权平均法计价，发出存货的单价需待月末才能计算出来，月份内发出存货、结存存货的单价和金额均不登记，只有在月末计算出平均单价以后才能登记。这样就会减少平时发出存货的计价工作量，减轻会计核算工作量。但又会影响存货核算工作的均衡性和及时性，不利于存货的日常管理。以原材料为例，加权平均法的计算过程如表3－3所示。

表 3 - 3　　材料明细账

材料名称：A 材料　　（加权平均法）　　计量单位：千克

年		凭证号	摘要	收入			发出			结存		
月	日			数量	单价	金额	数量	单价	金额	数量	单价	金额
8	1		期初余额							800	1.80	1 440
8	2		领用				350			450		
8	4		购入	2 500	2.00	5 000				2 950		
8	6		领用				650			2 300		
8	10		领用				100			2 200		
8	19		购入	400	2.10	840				2 600		
8	25		领用				500			2 100		
8	31		合计	2 900		5 840	1 600	1.9676	3 148	2 100	1.9676	4 132

$$材料单位成本=\frac{1\ 440+5\ 840}{800+2\ 900}=1.9676$$

$$发出材料的金额=1\ 600\times1.9676=3\ 148$$

（3）移动平均法。移动平均法是指在每次收入存货时都重新计算目前库存存货的平均单价，再以这个经常变动的平均单价作为发出存货单价的方法。其计算公式为：

$$存货单位成本=\frac{原结存存货金额+本批收入存货金额}{原结存存货数量+本批收入存货数量}$$

$$发出存货实际成本=发出存货数量\times存货单位成本$$

$$期末结存存货成本=期末结存存货数量\times存货单位成本$$

采用移动平均法计算存货发出的单位成本，便于及时了解存货的发出成本和结存成本。每次进货时重新计算单价，使得发出存货成本和结存存货成本的计算结果比较客观。缺点是存货的计价过于频繁，工作量大，对于存货收发量大的企业不宜采用。以原材料为例，移动加权平均法的计算过程如表 3 - 4 所示。

表 3 - 4　　材料明细账

材料名称：A 材料　　（移动平均法）　　计量单位：千克

年		凭证号	摘要	收入			发出			结存		
月	日			数量	单价	金额	数量	单价	金额	数量	单价	金额
8	1		期初余额							800	1.8	1 440
8	2		领用				350	1.8	630	450	1.8	810
8	4		购入	2 500	2.00	5 000				2 950	1.97	5 810
8	6		领用				650	1.97	1 280	2 300	1.97	4 530

续表

年		凭证号	摘要	收入			发出			结存		
月	日			数量	单价	金额	数量	单价	金额	数量	单价	金额
8	10		领用				100	1.97	197	2 200	1.97	4 333
8	19		购入	400	2.1	840				2 600	1.99	5 173
8	25		领用				500	1.99	995	2 100	1.99	4 178
8	31		合计	2 900		5 840	1 600		3 102	2 100	1.99	4 178

（4）个别计价法。个别计价法是指每批存货在发出时都按该批存货原来取得时的单价计价，假设存货的成本流转与实物流转相一致。采用这种方法，必须有详细的记录，根据收入存货的批次确定该批存货的发出成本。

三、存货的日常核算

（一）原材料的核算

材料是物质资料生产过程中的劳动对象，是企业生产不可缺少的物质要素。材料经过一个生产周期，就要全部消耗掉，或改变其原有的实物形态；其价值也随着材料实物的消耗一次、全部地转移到新产品中去，构成产品价值的一个重要组成部分。材料的流动性较强，在企业流动资产中占有很大比重，因此，企业必须进行材料日常收发的核算，加强对材料的管理。

1. 原材料的总分类核算。

设置“原材料”账户，用来反映企业各种材料（包括原料及主要材料、辅助材料、外购半成品、修理用备件、包装材料、燃料等）的取得、发出和结存情况。

设置“在途物资”账户，用来反映和监督已经付款但尚未入库的在途材料的情况，在途物资到货验收入库时，应将其成本转入“原材料”账户。

除上述两个主要账户外，还要设置一些辅助账户，如外购材料时要涉及增值税进项税问题，因而要设置“应交税费——应交增值税（进项税额）”账户；购入存货时，货款未付，还会涉及“应付账款”或“应付票据”账户等；投资者投入的材料还要涉及“实收资本”账户等。

从原材料的核算过程看，包括原材料取得的核算、原材料发出的核算和原材料期末减值的核算。

（1）原材料取得的核算。企业材料的主要来源是外购。由于货物的流通渠道与货款的划转渠道不一致，在购料时可能会出现以下三种情况：

一是在材料验收入库的同时，支付货款及运杂费等。在这种情况下，可根据银行结算凭证、发票账单和收料单等凭证计算的购料成本，直接记入“原材料”

账户。

二是款项虽已支付，但材料尚在运输途中，即付款在先、收料在后。在这种情况下，使用“在途物资”账户进行核算。将支付的购料成本借记“在途物资”账户，待材料到达并验收入库后，转入“原材料”账户。

三是材料已运达企业并已验收入库，但发票账单等结算凭证未到，货款未付。在实际工作中遇到这种情况，发票账单一般在几日内即可到达，因此，这项业务发生后，月份内可暂不进行记录，等发票账单到达后，比照第一种情况，按实际成本记账。但是，如果月终仍未收到发票账单，则应按计划价格或合同价格暂估入账，并于下月初冲回，待发票到达后，再按实际成本重新入账。

以下举例说明一般纳税人购料的会计处理。

【例 3－17】 甲公司在 6 月 1 日购入一批 B 材料，发票上注明的价款为 4 000 元，增值税税额为 520 元，共计 4 520 元，材料已验收入库，款项开出转账支票支付。甲公司的账务处理为：

借：原材料	4 000	
应交税费——应交增值税（进项税额）	520	
贷：银行存款		4 520

【例 3－18】 甲公司 6 月 8 日从外地某单位购入 C 材料，发票上注明的价款为 5 000 元，增值税税额为 650 元，发生运杂费 150 元，共计 5 800 元。发票及结算凭证已到，款项已通过银行支付，但材料尚在运输途中。甲公司的账务处理为：

借：在途物资	5 150	
应交税费——应交增值税（进项税额）	650	
贷：银行存款		5 800

【例 3－19】 承〖例 3－18〗，6 月 15 日甲公司如数收到 C 材料，验收入库时，甲公司的账务处理为：

借：原材料	5 150	
贷：在途物资		5 150

【例 3－20】 6 月 25 日，甲公司收到某厂发来的 D 材料 1 000 千克，因结算凭证未到，暂不记录。

【例 3－21】 承〖例 3－20〗，月末有关 D 材料的结算凭证仍未到达，尚未付款，暂按合同规定的每千克单价 4.00 元估价入账。月末材料暂估入账时，甲公司的账务处理为：

借：原材料	4 000	
贷：应付账款		4 000

7 月 1 日，对上述估价入库的材料予以冲回，甲公司的账务处理为：

借：应付账款	4 000	
贷：原材料		4 000

【例 3－22】 承〖例 3－21〗，7 月 5 日收到该批 D 材料的发票、运单及结算

凭证，其中货款为6 000元，税款为780元，外地运杂费200元。据此甲公司的账务处理为：

借：原材料　　6 200

　　应交税费——应交增值税（进项税额）　　780

　　贷：银行存款　　6 980

（2）原材料发出的核算。原材料发出，其使用对象分别为车间生产产品耗用材料、车间管理耗用材料、厂部管理耗用材料、工程建设耗用材料等。材料被耗费，表明材料价值的实现，会计上需要将发出材料的成本转入相应的成本费用账户。其中，生产产品用料记入“生产成本”账户；车间管理用料记入“制造费用”账户；厂部管理用料记入“管理费用”账户；工程建设用料记入“在建工程”账户。

由于发料业务比较频繁，且发出对象比较固定，对发出材料进行的核算不必逐笔进行。企业一般是在月末时按材料的领用部门和用途对发出的材料编制发料凭证汇总表，根据发料凭证汇总表中的数据进行会计处理。

【例3－23】甲公司6月份发料情况汇总如下：

①生产产品耗用材料30 000元；

②车间管理耗用材料12 000元；

③厂部管理耗用材料10 000元；

④安装设备耗用材料5 000元。

甲公司的账务处理为：

借：生产成本　　30 000

　　制造费用　　12 000

　　管理费用　　10 000

　　在建工程　　5 000

　　贷：原材料　　57 000

（3）原材料期末减值的核算。参见本节第五个问题：存货期末减值的核算。

2. 原材料的明细核算。原材料的明细分类核算需借助原材料明细账进行。原材料明细账按照原材料的品种规格设置，采用数量金额式账簿的格式，分别反映原材料的收入、发出与结存情况。账簿中的每一栏都包括数量、单价和金额三个部分。登记方法是：根据收料凭证序时逐笔登记“收入”栏，根据发料凭证序时逐笔登记“发出”栏。从材料明细账中，不仅可以取得各种材料的数量资料，而且可以掌握其价值变化情况。

（二）委托加工物资的核算

企业从外部购入的材料，大部分能直接用于生产，但也有一些材料需加工后才能进行使用，而这项加工工作需要送往外部委托其他单位完成。这些发往其他单位进行加工的材料，称为委托加工物资。

委托加工物资，虽处在加工单位，但仍属于委托企业的存货。材料经过加工，不仅其原有的实物形态和用途有所改变，价值也有所增加。委托加工物资的成本是由所需加工的材料成本加上支付的加工费、运杂费和计入成本的税金（如消费税）等组成。为了核算委托加工物资的成本及其变动情况，企业应设置“委托加工物资”账户。该账户属资产类账户，借方登记委托加工发出材料的实际成本、支付的加工费和运杂费以及按规定应计入成本的税金等；贷方登记加工完成并验收入库的实际成本。借方余额表示尚未加工完成的委托加工物资的实际成本。

委托加工物资还需按加工内容和加工单位进行明细核算。

【例3-24】甲公司发出木板一批，委托木器厂加工成包装用木箱。该批材料的成本为5 000元，以银行存款支付加工费1 000元、增值税税额130元。往返运杂费300元以现金支付。木箱已加工完成，验收入库。甲公司的账务处理如下。

①发出材料时：

借：委托加工物资	5 000	
贷：原材料		5 000

②支付加工费、增值税时：

借：委托加工物资	1 000	
应交税费——应交增值税（进项税额）	130	
贷：银行存款		1 130

③支付运杂费时：

借：委托加工物资	300	
贷：库存现金		300

④加工完成，将木箱收回入库时：

借：包装物	6 300	
贷：委托加工物资		6 300

（三）低值易耗品的核算

低值易耗品是指单位价值较低、使用年限较短、不作为固定资产核算的各种用具物品。企业中常见的低值易耗品主要有：一般工具、专用工具、替换设备、管理用具、劳动保护用品等。

低值易耗品的核算主要包括取得和使用两个方面。对于低值易耗品的取得，由于其品种多、数量大、价值低、使用期限短、易损耗、流动性强，需要经常购置和更换，因此，它的采购、收发、保管的核算与一般材料的核算类似。对于低值易耗品使用的核算，由于低值易耗品属于劳动资料，它在使用中能参加多个生产周期而不改变原有实物形态，其价值随着实物的磨损逐渐转移到产品成本中去。从这一点看，类似于固定资产核算。

1. 低值易耗品价值转移应承担的账户。低值易耗品的使用表明其价值已实现，其成本相应发生转移，承担的账户应由其用途决定。生产车间生产产品使用的低值易耗品，其转移的成本记入“制造费用”账户；厂部行政管理部门使用低值易耗品，其转移的成本记入“管理费用”账户；提供其他服务的低值易耗品，其转移的成本记入“其他业务成本”账户。

2. 低值易耗品价值转移的方式。对使用中的低值易耗品，应根据其单位价值的大小、使用期限的长短以及在生产中所起的作用来确定价值转移方式，会计上称为低值易耗品摊销。低值易耗品的摊销方法主要有：

（1）一次转销法。这是指在领用低值易耗品时就将其全部价值一次计入当月费用、成本的方法。这种方法适用于价值较低或使用期限较短的低值易耗品。这种方法的优点是核算方法简化，但应注意的是，由于在领用时其账面价值已经转销，因此，必须加强实物管理，以保护财产的安全完整。

（2）五五摊销法。这是指在低值易耗品领用时摊销其价值的一半，报废时摊销其价值的另一半。这种方法适用于各月领用和报废的数量比较均衡、各月摊销额相差不多的低值易耗品。

3. 低值易耗品的核算方法。设置“周转材料——低值易耗品”账户，核算低值易耗品收发、结存成本的变动情况。

采用一次转销法进行核算，可直接将低值易耗品价值记入有关费用成本账户。低值易耗品报废时，可将其残值冲减当期的有关费用成本账户。

由于低值易耗品取得的核算与材料核算相同，下面仅举例说明低值易耗品使用的核算。

【例3-25】 甲公司基本生产车间领用工具一批，成本为1 000元，采用一次摊销法摊销。该车间同时又报废夹具一批，收回残料价值80元，残料已入库。

① 车间领用低值易耗品的账务处理为：

借：制造费用	1 000	
贷：周转材料——低值易耗品		1 000

② 收回残料入库时的账务处理为：

借：原材料	80	
贷：制造费用		80

（四）包装物的核算

包装物是指为了包装商品而储备的各种包装容器，如桶、箱、瓶、坛、袋等，包括生产过程中用于包装产品作为成品组成部分的包装物、随同商品出售而不单独计价的包装物、随同产品出售单独计价的包装物、出租或出借给购买单位的包装物。

包装物的核算主要包括取得和领用两个方面。包装物取得的核算与材料核算类似，按照取得成本记入“周转材料——包装物”账户。包装物的领用主要解决其价值如何转移以及由什么账户承担问题。包装物价值转移方式可以采用一次转销法、分次转销法和五五摊销法。包装物价值转移承担的账户分别是：

1. 生产领用的包装物记入“生产成本”账户。

2. 随同产品出售不单独计价的包装物以及出借的包装物记入“销售费用”账户。

3. 随同产品出售单独计价的包装物以及出租的包装物记入“其他业务成本“账户。

包装物的核算过程比照低值易耗品的会计处理。

（五）库存商品的核算

库存商品是指完成全部生产过程、符合销售条件、可以对外销售的产品，包括生产的商品、代制品和代修品。

库存商品的核算，通过设置“库存商品”账户进行。该账户为资产类账户，核算库存商品的增减变动情况。借方登记入库产品的成本，贷方登记出库产品的成本，借方余额表示期末持有库存商品的成本。

企业应按库存商品的种类、品种和规格设置明细账进行明细核算。

【例3-26】 甲公司8月份生产完工一批产品400件，实际成本为60 000元。根据库存商品入库单做出的账务处理为：

借：库存商品　　　　　　60 000

　　贷：生产成本　　　　　　60 000

【例3-27】 甲公司8月份销售产品一批，成本为40 000元。根据产品出库单做出的账务处理为：

借：主营业务成本　　　　40 000

　　贷：库存商品　　　　　　40 000

四、存货清查的核算

为了保证存货账存数与实存数的一致性，企业应经常进行存货的清查盘点，查明存货的实有数，保证企业存货核算的真实性。存货的盘点应当定期进行，每年至少盘点一次。盘点结果如果与账面记录不符，发现有盘盈、盘亏的存货，应当编制存货盘点表。于期末前查明原因，并根据企业的管理权限，经有关部门批准后，在期末结账前处理完毕。

1. 存货清查核算设置的账户。存货清查的核算，通过设置“待处理财产损溢”账户进行。该账户是资产类账户，用来核算财产清查中发生的盘盈、盘亏及处置情况。借方登记存货的盘亏损失及处理的清查盘盈；贷方登记存货的盘盈收益及处理的清查损失。借方余额表示尚未处理的清查损失；贷方余额表示尚未处理的清查盘盈。

2. 存货清查的核算原则。存货清查发生的盘盈和盘亏应先记入“待处理财产损溢”账户。如果存货发生盘盈，则按同类或类似存货的重置成本作为实际成本入账；如果发生盘亏，则按盘亏存货的账面价值入账。批准处理后，按以下原则处理：

（1）盘盈的存货冲减当期的管理费用；

（2）盘亏的存货，在减去过失人或保险公司等赔款和残料价值后计入当期管理费用；属于非常损失的，计入营业外支出。过失人或保险公司等赔款可计入其他应收款。

【例3－28】甲公司在存货清查中发现盘盈B材料200千克，同类材料的市价为每千克5元，后经董事会批准，转账处理。甲公司的账务处理如下。

①盘盈发生时：

借：原材料　　　　　　　　　　　　　　　　　　1 000

　　贷：待处理财产损溢——待处理流动资产损溢　　　　1 000

②经批准处理时：

借：待处理财产损溢——待处理流动资产损溢　　　1 000

　　贷：管理费用　　　　　　　　　　　　　　　　　　1 000

【例3－29】甲公司在存货清查中发现，库存商品30件盘亏，价值6 000元，原因不明，盘亏产品的增值税进项税为600元。后经查明系公司管理不善所致，董事会决定责任人赔偿50%，公司承担50%。乙公司的账务处理如下。

①存货盘亏时：

借：待处理财产损溢——待处理流动资产损溢　　　6 600

　　贷：库存商品　　　　　　　　　　　　　　　　　　6 000

　　　　应交税费——应交增值税（进项税额转出）　　　600

②盘亏处理时：

借：其他应收款——×××　　　　　　　　　　　3 300

　　管理费用　　　　　　　　　　　　　　　　　3 300

　　贷：待处理财产损溢——待处理流动资产损溢　　　　6 600

五、存货期末减值的核算

对存货的期末价值进行计量，主要是为了在会计报表中正确反映期末时存货的真实价值。《企业会计准则——存货》规定：存货的期末计价，应当按照成本与可变现净值孰低计量。当存货的成本低于可变现净值时，存货按成本计价；当存货的可变现净值低于成本时，存货按可变现净值计价。

上述计价方法中所指的“成本”，是指期末存货的历史成本，也就是“存货”账户的期末余额；“可变现净值”是指在正常生产经营过程中以存货的估计售价减去至完工估计将要发生的成本、估计的销售费用以及相关税金后的金额。对“估计售价”的确定应考虑存货的用途以及是否签有订货合同等相关因素确定。当存货的可变现净值低于成本时，需计提存货跌价准备，作为对存货成本的调整。

企业需设置“存货跌价准备”账户，用以反映存货的跌价情况。该账户是资产类账户，是“存货”账户的备抵账户。贷方登记存货跌价准备的提取数，借方登记存货跌价准备的冲减数及转销数，贷方余额表示现有存货的跌价数额。企业存货的跌价损失应记入“资产减值损失”账户。提取跌价准备时，记入“资产减值损失”账户的借方，当存货可变现净值回升时，冲销的存货跌价准备反映在“资产减值损失”账户的贷方。

【例 3－30】 甲公司按照“成本与可变现净值孰低”法对期末存货进行计价。2021 年末，D 产品的账面成本为 60 000 元，由于市价下跌，预计可变现净值为 50 000 元，本年提取的存货跌价准备为 10 000 元。甲公司的账务处理为：

借：资产减值损失	10 000	
贷：存货跌价准备		10 000

2022 年 6 月 30 日，该产品的市价回升，预计其可变现净值为 54 000 元。由于其账面成本仍为 60 000 元，已计提了存货跌价准备 10 000 元，而本次应提取的存货跌价准备为 6 000 元，所以本次应冲减 4 000 元（10 000－6 000），账务处理为：

借：存货跌价准备	4 000	
贷：资产减值损失		4 000

2022 年 12 月 31 日，该产品的市价继续回升，预计其可变现净值为 65 000 元。这说明该产品减值因素已消失，应将过去提留的存货跌价准备全部冲销，账务处理为：

借：存货跌价准备	6 000	
贷：资产减值损失		6 000

需要注意的是：企业已计提存货跌价准备的存货，如果有一部分已经销售，则企业在结转销售成本的同时应结转其已计提的存货跌价准备，实质上是按存货的账面价值进行结转。

第三节　固定资产业务的会计处理

一、固定资产取得的会计处理

（一）固定资产的确认

固定资产是指为生产商品、提供劳务、出租或经营管理而持有的且使用寿命超过一个会计年度的有形资产。它包括房屋、建筑物、机器、机械、运输工具等。达不到上述条件的资产，应将其确认为低值易耗品。

企业应当根据固定资产的定义，结合本企业的具体情况，制定适合于本企业的固定资产目录及分类方法，确定每类或每项固定资产的折旧年限、折旧方法，作为固定资产核算的依据。

与其他资产相比，固定资产具有下列特征：

1. 固定资产是生产经营的必要条件。固定资产是企业的劳动手段和劳动条件，企业取得固定资产是为了使用而不是出售，这个特征是区别固定资产与流动资产的重要标志。

2. 固定资产是有形资产，其实物形态在使用中基本保持不变。这一特征是其区别于无形资产的主要依据。

3. 固定资产使用寿命较长，至少在一年以上。

4. 固定资产价值转移通过多个会计期间完成。固定资产在使用过程中其使用价值与价值分离，使用价值保持不变，而价值在逐渐转移减少。

固定资产在确认时，除符合定义外，还应同时满足下列两个条件：一是与该固定资产有关的经济利益很可能流入企业；二是该固定资产的成本能够可靠地计量。

（二）固定资产的分类

为了加强固定资产的管理，做好固定资产的核算，需对固定资产进行分类。固定资产的分类方法主要有以下两种。

（1）按固定资产的经济用途可将固定资产分为生产经营用固定资产和非生产经营用固定资产。生产经营用固定资产是指直接服务于企业生产经营过程的各种固定资产，如生产经营用的房屋、设备等；非生产经营用固定资产是指不直接服务于生产经营过程的资产，如职工宿舍、食堂、浴室等使用的房屋和设备等。

（2）按固定资产的使用情况可将固定资产分为使用中固定资产、未使用固定资产和不需用固定资产。使用中固定资产是指正在使用中的经营性和非经营性固定资产，由于季节性经营或大修理等原因暂时停止使用、经营性出租以及内部替换使用的固定资产也属于使用中固定资产。未使用固定资产是指已购建的尚未正式使用的新增固定资产以及因进行改建、扩建等原因暂停使用的固定资产。不需用固定资产是指本企业多余或不适用的各种固定资产。

在固定资产确认时还应结合企业特点注意下列问题：

（1）企业购置的环保设备和安全设备等资产，它们的使用虽然不能直接为企业带来经济利益，但有助于企业从相关资产中获得经济利益，或者将减少企业未来经济利益的流出，因此，企业应将这些设备确认为固定资产。

（2）构成固定资产的各组成部分，如果各自具有不同的使用寿命或者以不同的方式为企业提供经济利益，从而适用不同的折旧率或者折旧方法，此时，各组成部分实际上是以独立的方式为企业提供经济利益，因此，企业应将其各组成部分单独确认为单项固定资产。例如，飞机引擎与飞机机身，应各自单独确认为固定资产。

（3）工业企业持有的工具、模具、管理用具、玻璃器皿等资产，施工企业持有的模板、挡板、架料等周转材料，以及地质勘探企业持有的管材等资产，企业应当根据实际情况进行核算和管理。符合固定资产确认条件的就确认为固定资产，否则应当作为流动资产核算和管理。

（三）固定资产取得的价值计量

固定资产的取得成本采用历史成本计算。历史成本是指企业购建某项固定资产达到预定可使用状态前所发生的一切合理、必要的支出。按历史成本计价所形成的价值又称为固定资产的原始价值，由于历史成本这种计价方法具有客观性和可验证性，在我国会计实务中广泛采用。在历史成本计价方式下，企业取得固定资产的价值构成主要包括下列情况：

1. 外购的固定资产，按实际支付的买价加上支付的装卸费、运输费、安装费、税金和专业人员服务费等作为购置固定资产的入账价值，购入固定资产支付的增值税进项税额是否计入固定资产价值，按税收政策规定执行。

2. 自行建造的固定资产，按建造该项固定资产达到预定可使用状态前所发生的所有必要支出作为入账价值。

3. 投资者投入的固定资产，应以投资各方合同或协议的价值作为入账价值。合同或协议价值不公允的除外。

4. 改扩建固定资产，按改扩建前固定资产的账面价值，加上改扩建支出，减去改扩建中拆除部分的账面价值作为入账价值。

（四）固定资产取得的核算

企业应当根据固定资产来源的不同设置相应的账户进行核算。

1. 固定资产核算设置的账户。

（1）“固定资产”账户。该账户为资产类账户，用来总括反映固定资产原始价值的增减变动情况。借方登记取得固定资产的原始价值，贷方登记减少固定资产的原始价值，借方余额表示期末企业实际拥有固定资产的原始价值。为了详细反映固定资产的增减变动情况，还要在固定资产总账下设置固定资产二级账和三级账。固定资产二级账按使用部门和单位开设，账内按固定资产类别分项核算。固定资产三级账也称为固定资产卡片，按每一项固定资产独立设置，用来详细记录固定资产的原值及其变动情况、使用时间、折旧情况、维修情况、报废情况等。

（2）“在建工程”账户。该账户为资产类账户，用来核算在建工程的建设及完工情况。借方登记工程建设实际发生的各项成本，贷方登记已完工的工程成本，借方余额表示尚未完工的工程成本。

（3）“工程物资”账户。该账户为资产类账户，用来核算工程物资的取得和使用情况。借方登记验收入库工程物资的实际成本，包括工程物资的买价、运杂费等贷方登记工程领用的工程物资成本，借方余额表示库存工程物资的实际成本。本账户按工程物资的品种设置明细账进行明细核算。

2. 固定资产取得的会计处理。

（1）外购固定资产。企业购入固定资产，应以实际支付的全部款项作为固定资产原值，并根据付款方式分别使用“银行存款”“应付账款”“应付票据”“长期应付款”等账户。

【例3-31】 甲公司购入一台不需要安装的设备，发票价值40 000元，增值税税额为5 200元，发生的运杂费为3 200元，设备已到货并交付使用，款项支付完毕。甲公司的账务处理为：

借：固定资产	43 200	
应交税费——应交增值税（进项税额）	5 200	
贷：银行存款		48 400

【例3-32】 甲公司购入一台需安装的设备，发票上注明的买价为50 000元，增值税税额为6 500元，支付运杂费2 000元，各种款项已支付。安装设备应支付的安装工人工资3 000元，但工资尚未支付。安装完毕，交付使用。甲公司的账务处理如下。

① 支付买价及运杂费时：

借：在建工程	52 000	
应交税费——应交增值税（进项税额）	6 500	
贷：银行存款		58 500

② 计算出安装工人工资时：

借：在建工程	3 000	
贷：应付职工薪酬		3 000

③ 安装完毕，交付使用时：

借：固定资产	55 000	
贷：在建工程		55 000

【例3-33】 甲公司为降低采购成本，于2022年6月1日向乙公司一次购进了3套不同型号且具有不同生产能力的设备A、B和C。甲公司为该批设备共支付货款7 800 000元，增值税税额1 014 000元，包装费42 000元，全部以银行存款支付。假定设备A、B和C均满足固定资产的定义及其确认条件，公允价值分别为2 926 000元、3 594 800元、1 839 200元。不考虑其他相关税费。甲公司的账务处理为：

借：固定资产——A设备	2 744 700	
——B设备	3 372 060	
——C设备	1 725 240	
应交税费——应交增值税（进项税额）	1 014 000	
贷：银行存款		8 856 000

【例3-34】 丙公司为小规模纳税人，2022年6月10日用银行存款购入不需要安装设备。增值税专用发票上注明的价款为100 000元，增值税为13 000元，设备已交付使用。丙公司的账务处理为：

借：固定资产　　113 000
　　贷：银行存款　　113 000

（2）自行建造的固定资产。自行建造的固定资产是指企业利用自己的力量自制或自建固定资产。在建造过程中，需要消耗工程物资、原材料、人工费以及其他费用，这些耗费应计入所建造工程的成本。

需注意的问题是：企业购入的土地使用权应确认为无形资产，其价值不计入所建造房屋的成本。

自行建造的固定资产的核算通过“在建工程”账户进行，待工程达到预定可使用状态时，转入“固定资产”账户，并开始计提折旧。所建造的固定资产已达到预定可使用状态，但尚未办理竣工结算的，应当自达到预定可使用状态之日起，根据工程预算、造价或者工程实际成本等转入固定资产，待办理竣工决算手续后再调整原来的暂估价值。

【例3-35】甲公司自行建造厂房一座，为完成此项工作，所发生的有关经济业务及账务处理如下：

①2022年8月5日购入工程用物资一批，增值税专用发票上注明：买价500 000元，增值税税额65 000元，该物资已验收入库，货款通过银行支付。

借：工程物资　　500 000
　　应交税费——应交增值税（进项税额）　　65 000
　　贷：银行存款　　565 000

②2022年8月10日工程开工领出上述工程物资。

借：在建工程　　500 000
　　贷：工程物资　　500 000

③2022年8月15日工程领用原材料，实际成本为40 000元。

借：在建工程　　40 000
　　贷：原材料　　40 000

④2022年8月31日分配工程人员工资20 000元。

借：在建工程　　20 000
　　贷：应付职工薪酬　　20 000

⑤2022年8月31日用银行存款支付其他与工程有关的支出10 000元。

借：在建工程　　10 000
　　贷：银行存款　　10 000

⑥2023年1月1日工程建设完工，达到预定可使用状态并办妥竣工决算手续。

借：固定资产　　570 000
　　贷：在建工程　　570 000

3. 投资者投入的固定资产。企业接受投资收到的固定资产的成本，应当按照投资合同或协议约定的价值确定，但合同或协议约定价值不公允的除外。

【例3-36】2022年11月5日甲公司收到A公司投资的设备一台，该设备在A公司的账面原值为80 000元，已提折旧20 000元，双方协商按净值计价。该固定资产的公允价值为60 000元，与账面净值相同。在接受投资收到增值税专用发票时，甲公司的账务处理为：

借：固定资产　　60 000
　　应交税费——应交增值税（进项税额）　　7 800
　　贷：实收资本　　67 800

二、固定资产持有期间的会计处理

固定资产在持有期间一方面会因使用发生损耗而产生折旧；另一方面还会发生后续支出。因此，固定资产在持有期间的会计处理主要围绕这两方面展开。

（一）固定资产折旧

1. 折旧的定义。折旧，是指固定资产在使用过程中由于损耗而减少的价值，它是在固定资产使用寿命内，按照确定的方法对应计折旧额进行的系统分摊。应计折旧额是应当计提折旧的固定资产原值扣除其预计净残值后的金额，已计提减值准备的固定资产，还应当扣除已计提的固定资产减值准备累计金额。

固定资产损耗分为有形损耗和无形损耗两种。有形损耗是指固定资产在使用过程中的磨损或受自然力影响引起的价值损失；无形损耗是指科技进步引起的固定资产价值损失。为使固定资产因损耗而导致的价值减少得到补偿，会计上将固定资产折旧计入发生当期的费用成本，并随同产品销售的实现而形成补偿资金。

2. 影响折旧的因素。

（1）固定资产原值。固定资产原值是计提折旧的基数，它是在取得固定资产时发生的全部支出。就单一项目的固定资产来说，其原值是不变的；对某类固定资产来说，其原值会随着固定资产的增加或减少而发生改变。

（2）固定资产预计净残值。固定资产预计净残值是指固定资产在计提折旧时，对固定资产报废时所发生的预计残值收入扣除预计处置费用后净剩价值的合理估计。之所以事先估计净残值，是因为它的存在表明固定资产价值的损耗并不是固定资产的全部原值。

计算预计净残值的方法有两种：一是直接预计固定资产报废时可能发生的残值收入和所发生的清理费用，将两者相减得出；二是估计固定资产净残值率，用固定资产的净残值率与固定资产原值相乘得出。

（3）固定资产预计使用年限。固定资产预计使用年限有两种表示方法：一是其物理使用年限；二是其经济使用年限。物理使用年限受物质因素影响，是其最大使用年限。经济使用年限受功能因素影响，是其合理使用年限。在计算固定资产折旧年限时，先估计物理使用年限，再考虑各种功能因素，将其调整为经济使用年限，按经济使用年限计提折旧。

（4）固定资产减值准备。如果固定资产已经计提了减值准备，则在计算应计折旧额时需将减值准备扣除。

3. 折旧计算的相关规定。

（1）折旧计算的范围。除下列固定资产不提折旧外，其余固定资产应全部计提折旧：

①按规定单独作价作为固定资产入账的土地；

②已提足折旧仍继续使用的固定资产；

③更新改造期间的固定资产；

④提前报废的固定资产。

（2）折旧的计提时间。固定资产应当按月计提折旧，当月增加的固定资产当月不计提折旧，从下月开始计提；当月减少的固定资产当月照提折旧，从下月开始不提折旧。

（3）固定资产已达到预定可使用状态但尚未办理竣工决算的，应当按照估计价值暂估入账，并计提折旧；待办理了竣工决算手续后，再按照实际成本调整原来的暂估价值，原已计提的折旧额不必调整。

4. 折旧的计算方法。企业应当根据固定资产所含经济利益的预期实现方式、企业所处的行业特点及经营策略，在固定资产规定的折旧方法范围内选取恰当的折旧方法。折旧方法一经选定，不得随意变更。如需变更，应当在会计报表附注中予以说明。

（1）年限平均法。年限平均法是将固定资产的应计折旧额根据固定资产的预计使用年限均衡分摊的方法。其计算的基本公式为：

$$\text{固定资产年折旧额}=(\text{固定资产原值}-\text{预计净残值})\div\text{预计使用寿命（年）}$$

$$\text{固定资产月折旧额}=\text{固定资产年折旧额}\div 12$$

在实际工作中，根据固定资产折旧率计算折旧额。折旧率是一定时期固定资产折旧额对固定资产原价的比率，按计算范围可分为个别折旧率、分类折旧率、综合折旧率，根据折旧率可直接计算固定资产折旧额。

$$\text{固定资产年折旧率}=(1-\text{预计净残值率})\div\text{预计使用寿命（年）}\times 100\%$$

$$\text{固定资产年折旧额}=\text{固定资产原值}\times\text{年折旧率}$$

【例 3－37】甲公司的一台设备，原值为 50 000 元，预计报废时的残值收入为 2 000 元，预计清理费用为 1 000 元，折旧年限为 10 年。该项固定资产的折旧计算如下：

①$\text{净残值率}=\dfrac{2\,000-1\,000}{50\,000}\times 100\%=2\%$

②$\text{年折旧率}=\dfrac{1-2\%}{10}\times 100\%=9.8\%$

③$\text{年折旧额}=50\,000\times 9.8\%=4\,900$（元）

④$\text{月折旧额}=4\,900\div 12=408$（元）

运用年限平均法计算折旧，每期的折旧额主要受固定资产使用时间的影响，不考虑固定资产的使用强度及使用效率，且每期的折旧额相等，因此，这种计算方法主要适用于各期使用程度和使用效率大致相同的固定资产。

（2）工作量法。工作量法是指固定资产的折旧额依据固定资产实际完成的工作量计算的方法。采用这种方法计算折旧额应首先计算出单位工作量的折旧额，然后再根据固定资产本月完成的工作量计算本期固定资产折旧额。固定资产的工作量可根据固定资产的实际工作状态确定，如工作小时、工作台班、行驶里程等。工作量法计算折旧的基本公式为：

单位工作量折旧额 = 固定资产原值 ×（1 − 净残值率）÷ 固定资产预计总工作量

某项固定资产月折旧额 = 该项固定资产本月工作量 × 单位工作量折旧额

【例3－38】 甲公司的一台汽车，原价250 000元，预计行驶500 000公里，预计净残值率为4%，本月行驶5 000公里。该汽车的折旧额计算如下：

单位工作量折旧额 = 250 000 ×（1 − 4%）÷ 500 000 = 0.48（元/公里）

本月折旧额 = 0.48 × 5 000 = 2 400（元）

采用工作量法计算折旧，将固定资产的折旧额与其工作强度结合起来，考虑了固定资产使用效率与折旧的关系，因此，对于各期使用强度和效率不同的固定资产的折旧计算比较适用。

上述年限平均法和工作量法计算折旧，折旧总额会随固定资产使用时间或完成工作量增加成正比增加，累计折旧额呈直线上升趋势，故统称为直线法。

（3）双倍余额递减法。双倍余额递减法是指在不考虑固定资产预计净残值的情况下，根据每期期初固定资产账面净值和双倍的直线折旧率计算固定资产折旧额的方法。其计算的基本公式为：

年折旧率 = 2 ÷ 预计使用寿命（年）× 100%

月折旧率 = 年折旧率 ÷ 12

月折旧额 = 固定资产账面净值 × 月折旧率

由于采用双倍余额递减法计算折旧时没考虑净残值，需注意的问题就是在折旧计提时不能使固定资产账面价值降低到预计净残值以下。为保证这一要求实现，在固定资产折旧年限到期以前两年内，将固定资产净值扣除预计净残值后的余额平均摊销。

【例3－39】 乙公司一台设备原值为200 000元，规定使用年限为5年，预计净残值率为4%，采用双倍余额递减法计算折旧。该设备各年的折旧额计算如表3－5所示。

表3－5　　乙公司固定资产折旧计算表　　单位：元

年份	年初净值	年折旧率（%）	年折旧额	累计折旧额	账面净值
1	200 000	40	80 000	80 000	120 000
2	120 000	40	48 000	128 000	72 000
3	72 000	40	28 800	156 800	43 200
4	43 200		17 600	174 400	25 500
5	25 500		17 600	192 000	8 000

（4）年数总和法。年数总和法是以固定资产的应计折旧额乘以一个逐年递减的分数计算每年折旧额的方法。这个分数的分子代表固定资产尚可使用的年数，分母代表使用年数的逐年数字之和。计算公式为：

年折旧率 = 尚可使用寿命（年）÷ 预计使用寿命的年数总和 × 100%

月折旧率 = 年折旧率 ÷ 12

月折旧额 = 应计折旧额 × 月折旧率

【例 3 - 40】 丙公司一台设备原值为 200 000 元，规定使用年限为 5 年，预计净残值率为 4%，采用年数总和法计算折旧。该设备各年折旧额计算如表 3 - 6 所示。

表 3 - 6　　丙公司固定资产折旧计算表　　单位：元

年份	应提折旧额	尚可使用年限	年折旧率	年折旧额	累计折旧
1	192 000	5	5/15	64 000	64 000
2	192 000	4	4/15	51 200	115 200
3	192 000	3	3/15	38 400	153 600
4	192 000	2	2/15	25 600	179 200
5	192 000	1	1/15	12 800	192 000

双倍余额递减法和年数总和法称为加速折旧法。采用这种方法计提折旧，其特点是，固定资产使用前期多提折旧，后期少提折旧，计提的折旧额呈逐年递减趋势。采用加速折旧法的理由是：固定资产的使用效率是逐年下降的，而修理维护费是逐年递增的，为体现费用确认的均衡原则和配比原则，在固定资产使用的前期多提折旧是合理的。另外，由于科技进步速度很快，无形损耗也会大量发生，在固定资产使用前期多提折旧便于积累更多的更新基金，为固定资产的尽快更新创造条件。

5. 折旧的核算方法。企业发生的折旧作为一项费用应记入相应的成本费用账户。生产部门生产使用和管理使用固定资产发生的折旧费记入“制造费用”账户；厂部管理部门使用固定资产发生的折旧费记入“管理费用”账户；销售部门使用固定资产发生的折旧费记入“销售费用”账户；经营性出租固定资产发生的折旧费记入“其他业务成本”账户。未使用固定资产发生的折旧费记入“管理费用”账户。

固定资产折旧的核算通过“累计折旧”账户进行，该账户为资产类账户，是“固定资产”账户的备抵调整账户，用来反映固定资产因使用而导致其价值损耗情况。贷方登记计提的固定资产折旧，借方登记因固定资产减少而注销的折旧，贷方余额表示企业固定资产累计发生的折旧额。“固定资产”账户余额减去“累计折旧”账户的余额称为固定资产净值。企业每月在计提折旧时应以月初可提取折旧的固定资产账面原值为依据。具体计算时，通常是在上月折旧的基础上，对上月固定资产增减情况进行调整后计算当月应计提的折旧额，其计算的基本公式为：

$$\text{当月固定资产应计提的折旧额} = \text{上月固定资产计提的折旧额} + \text{上月增加固定资产应计提的折旧额} - \text{上月减少固定资产应计提的折旧额}$$

【例3-41】甲公司2022年9月份的固定资产折旧计算如表3-7所示。

表3-7　　甲公司固定资产折旧计算表　　单位：元

部门	上月折旧额	上月增加固定资产应提折旧额	上月减少固定资产应提折旧额	本月折旧额
第一车间	50 000	20 000	10 000	60 000
第二车间	40 000	10 000	8 000	42 000
辅助车间	30 000	6 000	9 000	27 000
厂部管理	60 000	23 000		83 000
合计	180 000	59 000	27 000	212 000

根据表3-7中的数据，甲公司计提折旧的账务处理为：

借：制造费用——一车间　　60 000
　　　　　——二车间　　42 000
　　　　　——辅助车间　　27 000
　　管理费用　　83 000
　　贷：累计折旧　　212 000

需要说明的是，企业至少应当于每年年度终了对固定资产的使用寿命和预计净残值进行复核。如果固定资产的使用寿命、预计净残值的预期数与原先估计数有差异，应当相应调整固定资产使用寿命、预计净残值，并按照会计估计变更的有关规定进行处理。同样，如果与固定资产有关的经济利益预期实现方式有重大改变，应当相应改变固定资产的折旧方法，并按照会计估计变更的有关规定进行处理。

（二）固定资产的后续支出

固定资产的后续支出是指固定资产在使用期间为保持其功能正常发挥或使其功能增强、增加而发生的各项支出。根据支出的性质，可将其分为费用化支出和资本化支出。如果某项支出是为了保证固定资产原有功能的发挥，不产生新增经济利益，则应将其认定为费用化支出；如果某项支出的结果是延长了固定资产的使用寿命，降低了产品成本，提高了生产效率，则应将其认定为资本化支出。

对固定资产后续支出的确认，可按以下原则把握：固定资产的改良支出，作为资本化支出，发生时记入“在建工程”账户，待完工时转为固定资产；固定资产的修理费用，在发生时应当按照受益对象计入当期损益或计入相关资产的成本。与存货的生产和加工相关的固定资产日常修理费用按照存货成本确定原则进行处理，行政管理部门、企业专设的销售机构等发生的固定资产日常修理费用按照功能分类计入管理费用或销售费用。

固定资产发生可资本化后续支出时，企业需将固定资产原价、已计提的累计折旧和减值准备转销，按账面价值转入在建工程。此时，固定资产停止计提折旧，发生的各项支出计入在建工程。如有被替换部分，应同时将被替换部分的账面价值扣除。待固定资产所发生的后续支出完工并达到可使用状态时，再从在建工程转为固定资产，并按重新确定的固定资产原价、使用寿命、预计净残值和折旧方法计提折旧。

【例3-42】甲公司将车间使用的厂房扩建，扩建前厂房的原价为800 000元，累计折旧200 000元。扩建过程中耗用工程物资200 000元，发生人工费100 000元，回收残料20 000元，扩建完工。此项业务甲公司的账务处理如下。

①扩建开始时：

借：在建工程——厂房	600 000	
累计折旧	200 000	
贷：固定资产		800 000

②工程开工，发生各项耗费时：

借：在建工程——厂房	300 000	
贷：工程物资		200 000
应付职工薪酬		100 000

③工程回收残料时：

借：原材料	20 000	
贷：在建工程——厂房		20 000

④工程完工，交付使用时：

借：固定资产	880 000	
贷：在建工程——厂房		880 000

本例中，甲公司如果是对车间使用的厂房进行进行维修，修理费不符合固定资产后续支出资本化条件，则在其发生时记入“制造费用”账户。

三、固定资产减值的会计处理

由于固定资产发生损坏、技术陈旧或因为市场原因，会导致其可收回金额低于账面价值，这种情况称为固定资产减值。根据谨慎性要求，会计上对固定资产价值的期末计量采取账面价值与未来可收回金额孰低法。

对发生减值的固定资产，应当将固定资产的账面价值减记至可收回金额，减记的金额确认为资产减值损失，计入当期损益，同时计提相应的资产减值准备。资产减值准备损失确认后，减值固定资产的折旧应当在未来期间作相应调整，以使该固定资产在剩余使用寿命内系统地分摊调整后的资产账面价值。

【例3-43】甲公司2022年末对持有的固定资产进行期末计量，一台机床的原值为90 000元，已提折旧40 000元，经测算，其未来可收回金额为35 000元，减值15 000元。甲公司的账务处理为：

借：资产减值损失　　15 000

　贷：固定资产减值准备　　15 000

已计提减值准备的固定资产，应当按照该固定资产的账面价值以及尚可用寿命重新计算确定折旧率和折旧额。

注意：计提的固定资产减值准备在未来期间不能转回，待处置时转出。

四、固定资产处置的会计处理

固定资产处置是指对因各种原因退出企业的固定资产所进行的清理工作。固定资产处置情况主要包括出售、报废、非货币性交易而换出、对外捐赠、对外投资、偿还债务等。

（一）固定资产终止确认的条件

固定资产满足下列条件之一的，应当予以终止确认并进行处置。

1. 该固定资产处于处置状态。

2. 该固定资产预期通过使用或处置不能产生经济利益。

（二）固定资产处置的核算

1. 设置的账户。设置“固定资产清理”账户，用来反映企业因出售、报废和毁损等原因转入清理的固定资产净值及其在清理中所发生的清理费用和清理收入。借方登记转入清理的固定资产净值、支付的清理费、缴纳的相关税费等；贷方登记固定资产的出售收入、报废和毁损的残值、责任人的赔偿款项。借方余额反映固定资产清理发生的净损失；贷方余额反映固定资产清理发生的净收益。业务处理结束时要将本账户余额结转到损益账户中。

2. 核算步骤。

（1）将固定资产账面价值转入清理，包括“累计折旧”“固定资产减值准备”“固定资产”账户余额全部结转到“固定资产清理”账户。

（2）发生的清理费用记入“固定资产清理”账户的借方，对可抵扣的增值税进项税额，记入“应交税费——应交增值税（进项税额）”账户的借方。

（3）固定资产出售收入和残料收入等记入“固定资产清理”账户的贷方，按增值税专用发票上注明的增值税销项税额，记入“应交税费——应交增值税（销项税额）”账户的贷方。

（4）保险赔偿收入记入“固定资产清理”账户的贷方。

（5）结转清理净损益。固定资产清理的净损失，如果是因为出售或其他转出形成的，转入“资产处置损益”账户；如果是因为报废形成的，转入“营业外支出”

账户。固定资产清理的净收益，如果是因为出售或其他转出形成的，转入“资产处置损益”账户；如果是因为报废或自然灾害形成的，转入“营业外收入”账户。

【例 3-44】 甲公司将不需用厂房出售，原价为 3 000 000 元，已使用 5 年，计提折旧 300 000 元，支付的清理费用为 20 000 元，增值税进项税 1 800 元。出售收入为 2 900 000 元，增值税销项税为 261 000 元，其他税费不考虑，一切手续都办理完毕。甲公司的账务处理如下。

①将固定资产转入清理：

借：固定资产清理　　2 700 000
　　累计折旧　　300 000
　　贷：固定资产　　3 000 000

②支付清理费用：

借：固定资产清理　　20 000
　　应交税费——应交增值税（进项税额）　　1 800
　　贷：银行存款　　21 800

③收到转让价款和税款：

借：银行存款　　3 161 000
　　贷：固定资产清理　　2 900 000
　　　　应交税费——应交增值税（销项税额）　　261 000

④结转固定资产清理后的净收益：

借：固定资产清理　　180 000
　　贷：资产处置损益　　180 000

【例 3-45】 甲公司一台车床到期报废，账面原值 40 000 元，已提折旧 39 000 元，用银行存款支付内部清理费 1 200 元，应付清理工人薪酬 400 元，收到残料价值 100 元。甲公司对此项业务的账务处理如下。

①将固定资产转入清理：

借：固定资产清理　　1 000
　　累计折旧　　39 000
　　贷：固定资产　　40 000

②支付清理费用和结转工人薪酬：

借：固定资产清理　　1 600
　　贷：银行存款　　1 200
　　　　应付职工薪酬　　400

③残料入库：

借：原材料　　100
　　贷：固定资产清理　　100

④结转清理净损益：

借：营业外支出——处置非流动资产损失　　2 500
　　贷：固定资产清理　　2 500

五、固定资产清查的会计处理

企业应当定期或者至少在年末要对固定资产进行盘点，保证固定资产核算的真实性和完整性。对于发现的固定资产盘盈或盘亏应及时查明原因，在期末结账前处理完毕。

固定资产盘盈，作为前期差错处理。在报经批准前，按盘盈固定资产的重置成本记入“以前年度损益调整”账户反映，待批准后，调整期初留存收益。

固定资产盘亏，应将盘亏固定资产的净值记入“待处理财产损溢”账户，待经董事会或经理会批准或期末时，按可收回的保险赔偿或过失人赔偿，借记“其他应收款”账户，其余损失转入“营业外支出”账户。

【例3-46】甲公司在财产清查中发现盘亏设备一台，原值30 000元，已提折旧20 000元，购入时的增值税税额为3 900元，盘亏原因不明。后经公司董事会批准，转为营业外支出处理。甲公司的账务处理如下。

①设备盘亏时：

借：待处理财产损溢——待处理固定资产损溢	10 000	
累计折旧	20 000	
贷：固定资产		30 000

②转出不可抵扣的增值税进项税时：

借：待处理财产损溢——待处理固定资产损溢	1 300	
贷：应交税费——应交增值税（进项税额转出）		1 300

③经批准处理时：

借：营业外支出——盘亏损失	11 300	
贷：待处理财产损溢——待处理固定资产损溢		11 300

第四节　无形资产业务的会计处理

一、无形资产取得的会计处理

（一）无形资产的确认

无形资产是指企业拥有或者控制的没有实物形态的可辨认非货币性资产。与其他资产相比，无形资产具有以下特征：

1. 没有实物形态。无形资产所体现的是一种权力或者能力。凭借这种权力或能力，使企业能获得超额收益。

2. 具有可辨认性。无形资产能够从企业中分离或者划分出来，能够单独用于出售或转让。商誉也是没有实物形态的非货币性资产，但由于不具有可辨认性，不构成无形资产。

3. 企业持有无形资产的目的是生产商品、提供劳务、出租给他人，或是用于企业的管理，而不是其他方面。

4. 获得收益的长期性。无形资产能在多个会计期间使用，使企业长期受益。因此，无形资产是企业的长期资产。

5. 收益的不确定性。无形资产给企业带来的收益受外界因素的影响很大，其预期收益不能准确加以确定。

无形资产的确认除符合定义外，还要同时满足以下两个确认条件：一是与无形资产有关的经济利益很可能流入企业；二是该无形资产的成本能够可靠地计量。

（二）无形资产的主要内容

无形资产主要包括专利权、非专利技术、商标权、著作权、土地使用权、特许权等。

1. 专利权。专利权是指国家专利主管机关依法授予发明创造专利申请人，对其发明创造在法定期限内所享有的专有权利，包括创造发明专利权、实用新型专利权和外观设计专利权。

2. 非专利技术。非专利技术是指没有对外公开、在生产经营中已被采用、没有法律保护、可以带来经济效益的各种技术和诀窍。包括工业专有技术、商业贸易技术和管理专有技术等。

3. 商标权。商标是用来辨认特定商品或劳务的标记，包括名称、图案或其他标记。商标权是商标所有人对商标依法注册而取得的专用权。经商标局核准注册的商标，包括商品商标、服务商标和集体商标、证明商标。注册商标的有效期为 10 年，有效期满需要继续使用的，应续展注册。

4. 著作权。著作权是作者对其创作的文学、科学和艺术作品依法享有的某些特殊权利。包括署名权、发表权、修改权等。有些著作权的保护期不受限制，有些著作权的保护期受到限制。

5. 土地使用权。土地使用权是指国家准许某企业在一定期间内对国有土地享有开发、利用、经营的权利。企业取得土地使用权的方式大致有行政划拨取得、外购取得及投资取得，以缴纳土地出让金方式外购的土地使用权、投资者投入的土地使用权均作为无形资产核算。

6. 特许权。特许权是指企业在某一地区经营或者销售某种特定商品的权利，或者一家企业接受另一家企业使用其商标、商号、技术秘密等权利。特许权有两种形式：一种是政府授予；另一种是企业授予。会计上的特许权是指后一种情况。

（三）无形资产取得的价值计量

无形资产取得按实际成本计量，即以取得无形资产并使之达到预定用途而发生的全部支出作为无形资产的成本。企业从各种渠道取得的无形资产按以下原则确定其入账价值。

1. 外购的无形资产，按实际支付的价款作为实际成本。包括购买价款、相关税费以及直接归属于该项资产达到预定用途所发生的其他支出，如专业服务费用和测试费。但不包括为引入新产品进行宣传发生的广告费、管理费用和其他间接费用，以及无形资产已经达到预定用途以后发生的费用。

2. 投资者投入的无形资产，应当按照投资合同或协议约定的价值确定无形资产的取得成本。如果投资合同或协议约定的价值不公允，应按无形资产的公允价值作为无形资产初始成本入账。

3. 对于企业自行进行的研究开发项目，应当区分研究阶段与开发阶段两个部分分别进行核算。研究阶段是指为获取新的技术和知识等进行的有计划的调查，具有研究性和探索性的特征。开发阶段是指进行商业性生产或使用前，将研究成果或其他知识应用于某项计划或设计，以生产出新的或具有实质性改进的材料、装置、产品等，具有针对性，形成成果的可能性较大。研究阶段与开发阶段的不同点在于目标不同、对象不同、风险不同以及结果也不同。

从研究活动的特点看，其研究是否能在未来形成成果，即通过开发后是否会形成无形资产，具有很大的不确定性，企业也无法证明其能够带来未来经济利益的无形资产的存在，因此，研究阶段的有关支出在发生时应当予以费用化计入当期损益。

开发阶段相对于研究阶段更进一步，进入开发阶段，则很大程度上形成一项新产品或新技术的基本条件已经具备，此时如果企业能够证明满足无形资产的定义及相关确认条件，所发生的开发支出可资本化，确认为无形资产的成本。

在开发阶段，判断有关支出资本化计入无形资产成本的条件包括：

（1）完成该无形资产以使其能够使用或出售在技术上具有可行性。

（2）具有完成该无形资产并将其使用或出售的意图。

（3）无形资产产生经济利益的方式，包括能够证明运用该无形资产生产的产品存在市场或无形资产自身存在市场。无形资产将在内部使用的，应当证明其有用性。

（4）有足够的技术、财务资源和其他资源支持，以完成该无形资产的开发，并有能力使用或出售该无形资产。

（5）归属于该无形资产开发阶段的支出能够可靠地计量。即企业对于开发活动发生的支出应单独核算。

（四）无形资产取得的核算

1. 设置“无形资产”账户，反映无形资产成本的增减变动情况。借方登记无形资产的取得成本，贷方登记无形资产的价值结转数额，借方余额表示企业实际拥有的无形资产历史成本。该账户应按无形资产的构成内容设置明细账进行明细核算。

2. 设置“研发支出”账户，反映自行研究开发无形资产发生的耗费及其成果。借方登记无形资产研发过程中发生的各项支出，贷方登记期末转入当期损益金额以及无形资产达到预定可使用状态转出的成本，期末余额表示正在开发过程中无形资产所发生的耗费。该账户按所开发的无形资产种类设置明细账。

【例3－47】 甲公司某项生产活动需要某项专利技术，如果使用了该项专利技术，甲公司预计其生产能力比原先提高20%，销售利润率增长15%。为此，甲公司购入了该项专利权。按照协议约定转账付款，实际支付的价款为300万元，增值税18万元，并支付其他税费1万元和有关专业服务费用5万元，款项已通过银行转账支付。甲公司的账务处理为：

借：无形资产——专利权	3 060 000	
应交税费——应交增值税（进项税额）	180 000	
贷：银行存款		3 240 000

【例3－48】 乙公司因生产产品的需要，组织研究人员进行一项技术发明。在研发过程中发生材料费126 000元，应付研发人员薪酬82 000元，支付设备租金6 900元。上述各项支出应予以资本化的部分是134 500元，应予以费用化的部分是80 400元。另外，该项技术又成功申请了国家专利，在申请专利过程中发生注册费26 000元、聘请律师费6 500元。

①发生各种耗费时的账务处理为：

费用化支出＝80 400（元）

资本化支出＝134 500＋26 000＋6 500＝167 000（元）

借：研发支出——费用化支出	80 400	
——资本化支出	167 000	
贷：原材料		126 000
应付职工薪酬		82 000
银行存款		39 400

②期末结转费用化支出时的账务处理为：

借：管理费用	80 400	
贷：研发支出——费用化支出		80 400

③研发项目达到预定用途结转成本时的账务处理为：

借：无形资产	167 000	
贷：研发支出——资本化支出		167 000

二、无形资产持有期间的会计处理

无形资产虽然能够在较长的时期里为企业带来经济利益，但某些无形资产也有一定的时效限制，它所具有的价值终究会丧失。因此，无形资产初始确认和计量后，在其后使用期间内，应对其价值进行摊销。这一方面是为了保证企业费用成本计算的真实性；另一方面也是为无形资产更新做准备。要确定无形资产的摊销额，需要对其使用寿命进行估算。使用寿命有限的无形资产应进行摊销，对于使用寿命不确定的无形资产不应摊销。

（一）无形资产使用寿命的确定

无形资产的使用寿命如为有限的，应当估计该使用寿命的年限或者构成使用寿命的产量等类似计量单位数量；无法预见无形资产为企业带来未来经济利益期限的，应当视为使用寿命不确定的无形资产。估计无形资产的使用寿命应考虑的因素包括：

1. 该资产通常的产品寿命周期，以及可获得的类似资产使用寿命的信息；
2. 技术、工艺等方面的现实情况及对未来发展的估计；
3. 该资产在该行业运用的稳定性和生产的产品或服务的市场需求情况；
4. 现在或潜在的竞争者预期采取的行动；
5. 为维持该资产产生未来经济利益的能力所需要的维护支出，以及企业预计支付有关支出的能力；
6. 对该资产的控制期限，以及对该资产使用的法律或类似限制，如特许使用期间、租赁期间等；
7. 与企业持有的其他资产使用寿命的关联性等。

具体来讲，无形资产使用寿命的确定应参照合同、法律规定的使用寿命，与同行业的情况进行比较，参照历史经验或聘请相关专家进行论证等，综合各方面情况来确定。如经过努力仍不能确定其使用年限则作为使用寿命不确定的无形资产，不需要摊销。

（二）使用寿命有限的无形资产的摊销

使用寿命有限的无形资产，应在其预计的使用寿命内采用系统合理的方法对应摊销金额进行摊销。应摊销金额，是指无形资产的成本扣除残值后的余额。无形资产的残值一般为零，除非在处置无形资产时能从中取得利益。

无形资产的摊销方法有多种，可以采用直线法、生产总量法等，还可以采用类似固定资产加速折旧的方法进行摊销。企业选择的无形资产摊销方法能够反映与该无形资产有关经济利益的预期实现方式。有特定产量限制的特许权或专利权，应采用产量法进行摊销。无法可靠确定其预期经济利益实现方式的，应当采用直线法进行摊销。

（三）使用寿命有限的无形资产摊销的核算

企业应设置“累计摊销”账户，用来反映无形资产价值的摊销情况。贷方登记无形资产的摊销额，借方登记处置无形资产转出的摊销额。余额在贷方，反映无形资产累计的摊销额。

对于使用寿命有限的无形资产，摊销时应当考虑该项无形资产所服务的对象，并以此为基础将其摊销价值借记“制造费用”“管理费用”“其他业务成本”账户，同时贷记“累计摊销”账户。

【例 3－49】 2022 年 1 月 1 日，甲公司根据市场发展的需要购入一项专利权。按照相关法律的规定，购买该项专利权时确定其使用寿命为 10 年，企业采用直线法进行摊销。专利权购买成本为 200 000 元，支付增值税 12 000 元，不考虑其他税费。甲公司的账务处理如下。

①购买专利权时：

借：无形资产	200 000	
应交税费——应交增值税（进项税额）	12 000	
贷：银行存款		212 000

②专利权每月摊销时：

借：管理费用	1 667	
贷：累计摊销		1 667

（四）使用寿命不确定的无形资产

根据各种信息无法判断无形资产的使用寿命，可将其确认为寿命不确定的无形资产。这类无形资产在持有期间内不需要摊销，但应当在每个会计期间进行减值测试。经减值测试表明已发生减值，则需要计提相应的减值准备。

三、无形资产减值的会计处理

为了保证无形资产价值的真实性，当无形资产出现减值迹象时，企业应当对无形资产的账面价值进行检查。如果发现预计其可收回金额低于其账面价值，应当计提减值准备。

无形资产发生减值损失，应根据其减值数额，记入“无形资产减值准备”账户，同时作为资产减值损失加以确认。

【例 3－50】 2022 年末，甲公司的商标权账面余额为 6 000 万元，有迹象表明该商标权的市场价值可能已经下降。甲公司对该商标进行减值测试，经测试表明该商标权已发生减值 2 000 万元。甲公司的账务处理为：

借：资产减值损失	20 000 000	
贷：无形资产减值准备		20 000 000

四、无形资产处置的会计处理

无形资产的处置，主要是指无形资产出售、出租和报废。当无形资产不能为企业带来经济利益时，应当终止确认并转销。

（一）无形资产出售

企业出售无形资产，表明企业放弃了无形资产的所有权，应当终止确认无形资产，并将所取得的价款与该无形资产账面价值及相关税费的差额计入当期损益。对于这项业务，会计上不需要单独设置账户核算处置过程，而直接把处置结果记入“资产处置损益”账户即可。

【例3-51】2022年1月1日，甲公司拥有的某项专利技术的成本为1 000万元，已摊销金额为500万元，已计提的减值准备为20万元。甲公司将该项专利权出售给丙公司，含税售价636万元，其中增值税为36万元。甲公司的账务处理为：

借：银行存款	6 360 000	
累计摊销	5 000 000	
无形资产减值准备	200 000	
贷：无形资产		10 000 000
应交税费——应交增值税（销项税额）		360 000
资产处置损益		1 200 000

（二）无形资产出租

企业将无形资产出租，是企业将拥有的无形资产的使用权让渡给他人，并收取租金，这属于日常的经营活动。在满足收入确认条件的情况下，应确认相关的收入及成本。由于没有放弃无形资产的所有权，不必终止确认无形资产。将租金收入记入“其他业务收入”账户，将无形资产的价值摊销和其他成本记入“其他业务成本”账户。

【例3-52】2022年1月1日，甲公司将一项商标权出租给乙公司使用，租期3年。该商标权账面余额为720万元，摊销期限为10年，出租合同规定，承租方每月支付不含税租金100万元，增值税为6万元。甲公司的账务处理如下。

①每月取得该项商标权使用费时：

借：银行存款	1 060 000	
贷：其他业务收入		1 000 000
应交税费——应交增值税（销项税额）		60 000

②按月对该项商标权进行摊销时：

借：其他业务成本	60 000	
贷：累计摊销		60 000

（三）无形资产报废

无形资产报废，表明无形资产预期不能为企业带来未来经济利益。例如，该无形资产已被其他新技术所替代或超过法律保护期，不能再为企业带来经济利益，则不再符合无形资产的定义，应将其报废并予以转销，其账面价值转入当期损益，记入“营业外支出”账户。

【例3－53】甲公司拥有某项专利技术，根据市场调查，用其生产的产品已没有市场，决定该专利技术。报废时，该项专利技术的账面余额为600万元，摊销期限为10年，采用直线法进行摊销，已摊销了5年，假定该项专利权的残值为0，已累计计提的减值准备为160万元，假定不考虑其他相关因素，甲公司的账务处理为：

借：累计摊销	3 000 000	
无形资产减值准备	1 600 000	
营业外支出——处置无形资产损失	1 400 000	
贷：无形资产——专利权		6 000 000

第五节　投资性房地产业务的会计处理

一、投资性房地产取得的会计处理

（一）投资性房地产的确认

投资性房地产是指为赚取租金或资本增值或者两者兼有而持有的房地产。房地产是土地和房屋及其权属的总称。在我国，土地归国家或集体所有，企业只能取得土地使用权。因此，房地产中的土地是指土地使用权，房屋是指土地上的房屋等建筑物及构筑物。企业将土地使用权和房屋用于出租或增值，就形成投资性房地产。

投资性房地产主要有以下特征：

1. 投资性房地产业务是一种经营性活动。投资性房地产的主要形式是出租的建筑物、出租的土地使用权，另一种形式是持有并准备增值后转让的土地使用权。房地产租金与增值收益均是企业为完成其经营目标所从事的经营性活动以及与之相关的其他活动形成的经济利益的流入。因此，房地产出租、国有土地使用权增值后转让均属于一种经营性活动。

2. 投资性房地产在用途、状态、目的等方面区别于作为生产经营场所的房地产和用于销售的房地产。企业持有的房地产除了用作自身管理、生产经营活动场所和对外销售之外，出现了将房地产用于赚取租金或增值收益的活动。这就需要将投资性房地产单独作为一项资产核算和反映，与自身的厂房、办公楼等房地产和作为存货的房地产加以区别，从而更加清晰地反映企业所持有房地产的构成情况和盈利能力。

3. 投资性房地产有两种后续计量模式。企业通常应当采用成本模式对投资性房地产进行后续计量，只有在满足特定条件的情况下，有确凿证据表明其所有投资性房地产的公允价值能够持续可靠取得的，才可以采用公允价值模式进行后续计量。但是，同一企业只能采用一种模式对所有投资性房地产进行后续计量，不得同时采用两种计量模式。

（二）投资性房地产的范围

投资性房地产主要包括：已出租的土地使用权、持有并准备增值后转让的土地使用权和已出租的建筑物。

（1）已出租的土地使用权。这是指企业通过出让或转让方式取得的、以经营租赁方式出租的土地使用权。这种土地使用权的来源或者是企业购买的，或者是投资者投来的。企业一旦将其出租，则意味着企业放弃了使用权。

需注意的问题是，以经营租赁方式租入的土地使用权再转租给其他单位的，不能确认为投资性房地产。

（2）持有并准备增值后转让的土地使用权。这是指企业取得的、准备增值后转让的土地使用权。这类土地使用权通常会给企业带来增值收益，因此，属于投资性房地产的构成内容。但如果不符合国家规定的持有期间或者被认定为闲置土地，则不能确认为投资性房地产。

（3）已出租的建筑物。这是指企业拥有产权的、以经营租赁方式出租的建筑物，包括自行建造或开发活动完成后用于出租的建筑物。

将某项房地产确认为投资性房地产，应当符合投资性房地产的定义，同时还要满足投资性房地产的两个确认条件：

（1）与该投资性房地产有关的经济利益很可能流入企业；

（2）该投资性房地产的成本能够可靠地计量。

（三）投资性房地产取得的价值计量

投资性房地产的取得成本应当按照历史成本进行计量。由于投资性房地产的取得渠道不同，具体计算方法也不同。

1. 外购的投资性房地产，其取得成本包括购买价款、相关税费和可直接归属于该资产的其他支出。企业购入的房地产，部分用于出租、部分自用，应当按照不同部分的公允价值占公允价值总额的比例将成本在不同部分之间进行分配。

2. 自行建造的投资性房地产，其取得成本由建造该项房地产达到预定可使用状态前发生的必要支出构成，包括土地开发费、建筑成本、安装成本、应予以资本化的借款费用等组成。

3. 其他方式取得的投资性房地产的成本比照固定资产的取得成本进行计量。

（四）投资性房地产取得的核算

由于投资性房地产的后续计量可以采用两种计量模式，因此，在账户设置上有一定的区别。在采用成本模式后续计量情况下，设置“投资性房地产”账户。在采用公允价值模式后续计量情况下，设置“投资性房地产（成本）”账户。

【例3-54】2022年3月，甲公司计划购入一栋写字楼用于对外出租。3月

15 日，甲公司与乙公司签订了经营租赁合同，约定自写字楼购买日起将这栋写字楼出租给乙公司，为期 5 年。4 月 5 日，甲公司实际购入写字楼，支付价款共计 1 200 万元。假设不考虑其他税费因素，采用成本模式进行后续计量。甲公司的账务处理为：

借：投资性房地产——写字楼　　12 000 000

　　贷：银行存款　　12 000 000

【例 3－55】沿用〖例 3－54〗，假设甲公司拥有的投资性房地产符合采用公允价值计量模式的条件，并采用公允价值模式进行后续计量。甲公司的账务处理为：

借：投资性房地产——写字楼（成本）　　12 000 000

　　贷：银行存款　　12 000 000

【例 3－56】2022 年 1 月，甲公司购入一块土地使用权，并在这块土地上开始自行建造三栋厂房。2022 年 10 月，甲公司预计厂房即将完工，与乙公司签订了经营租赁合同，将其中的一栋厂房租赁给乙公司使用。租赁合同约定，该厂房于完工（达到预定可使用状态）时开始起租。2022 年 11 月 30 日，三栋厂房同时完工（达到预定可使用状态）。该块土地使用权的成本为 600 万元，预计使用年限为 50 年；三栋厂房的实际造价各自均为 1 000 万元，能够单独出售。甲公司采用成本计量模式。甲公司的账务处理如下。

①购入土地使用权时：

借：无形资产——土地使用权　　6 000 000

　　贷：银行存款　　6 000 000

②建造厂房发生各种支出时：

借：在建工程　　30 000 000

　　贷：银行存款　　30 000 000

③厂房完工时：

土地使用权的对应部分同时转换为投资性房地产 =（600 － 11）×（1 000 ÷ 3 000）= 196（万元）

借：投资性房地产——厂房　　10 000 000

　　贷：在建工程　　10 000 000

借：投资性房地产——土地使用权　　1 960 000

　　累计摊销　　40 000

　　贷：无形资产——土地使用权　　2 000 000

借：固定资产　　20 000 000

　　贷：在建工程　　20 000 000

二、投资性房地产持有期间的会计处理

（一）采用成本模式进行后续计量的投资性房地产

在成本模式下，应当比照固定资产或无形资产的有关规定，对投资性房地产

进行后续计量，按月计提折旧或摊销；存在减值迹象的，还应当按照资产减值的有关规定进行减值处理。设置“投资性房地产累计折旧（摊销）”账户，用来反映投资性房地产在持有期间发生的折旧额或摊销额。对投资性房地产计提折旧或进行摊销时，借记“其他业务成本”账户，贷记“投资性房地产累计折旧（摊销）”账户。取得的租金收入，借记“银行存款”等账户，贷记“其他业务收入”等账户。

经减值测试后确定发生减值的，应当计提减值准备，借记“资产减值损失”账户，贷记“投资性房地产减值准备”账户。如果已经计提减值准备的投资性房地产的价值又得以恢复，提取的减值准备不得转回。

【例3-57】 2020年12月10日，甲公司将原准备自用的一栋新建办公楼出租给乙公司使用，确认为投资性房地产，采用成本模式进行后续计量。这栋办公楼的成本为1 800万元，按照直线法计提折旧，使用寿命为20年，预计净残值为零。按照经营租赁合同，乙公司每月支付甲公司租金8万元。2022年12月末，这栋办公楼发生减值迹象，经减值测试，其可收回金额为1 420万元，此时办公楼的账面价值为1 620万元，以前未计提减值准备。甲公司的账务处理如下。

①办公楼出租时：

借：投资性房地产——办公楼	18 000 000	
贷：固定资产		18 000 000

②每月计提折旧时：

借：其他业务成本	75 000	
贷：投资性房地产累计折旧		75 000

③确认租金时：

借：银行存款	80 000	
贷：其他业务收入		80 000

④发生减值损失时：

借：资产减值损失	2 000 000	
贷：投资性房地产减值准备		2 000 000

（二）采用公允价值模式进行后续计量的投资性房地产

1. 采用公允价值模式的前提条件。企业只有存在确凿证据表明投资性房地产的公允价值能够持续可靠取得，才可以采用公允价值模式对投资性房地产进行后续计量。企业一旦选择采用公允价值计量模式，就应当对其所有投资性房地产均采用公允价值模式进行后续计量。

采用公允价值模式进行后续计量的投资性房地产，应当同时满足下列条件：

（1）投资性房地产所在地有活跃的房地产交易市场。所在地，通常是指投资性房地产所在的城市。对于大中城市，应当为投资性房地产所在的城区。

（2）企业能够从活跃的房地产交易市场上取得同类或类似房地产的市场价格及其他相关信息，从而对投资性房地产的公允价值做出合理的估计。同类或类似的房地产，对建筑物而言，是指所处地理位置和地理环境相同、性质相同、结构类型相同或相近、新旧程度相同或相近、可使用状况相同或相近的建筑物；对土地使用权而言，是指同一城区、同一位置区域、所处地理环境相同或相近、可使用状况相同或相近的土地。

2. 采用公允价值模式进行后续计量的会计处理。企业采用公允价值模式进行后续计量的，不对投资性房地产计提折旧或进行摊销，应当以资产负债表日投资性房地产的公允价值为基础调整其账面价值，公允价值与原账面价值之间的差额计入当期损益（公允价值变动损益）。投资性房地产取得的租金收入确认为其他业务收入。

资产负债表日，投资性房地产的公允价值高于其账面价值的差额，借记“投资性房地产（公允价值变动）”账户，贷记“公允价值变动损益”账户；公允价值低于其账面价值的差额作相反的会计处理。

【例 3－58】丙公司为从事房地产经营开发的企业。2022 年 8 月，丙公司与乙公司签订租赁协议，约定将丙公司开发的一栋精装修的写字楼于开发完成的同时开始租赁给乙公司使用，租赁期为 10 年。当年 10 月 1 日，该写字楼开发完成并开始起租，写字楼的造价为 8 000 万元。2022 年 12 月 31 日，该写字楼的公允价值为 8 200 万元。丙公司采用公允价值计量模式。丙公司的账务处理如下。

①2022 年 10 月 1 日，丙公司开发完成写字楼并出租：

借：投资性房地产——写字楼（成本）　　80 000 000

　　贷：开发成本　　80 000 000

②2022 年 12 月 31 日，按照公允价值为基础调整其账面价值，公允价值与原账面价值之间的差额计入当期损益：

借：投资性房地产——写字楼（公允价值变动）　　2 000 000

　　贷：公允价值变动损益　　2 000 000

（三）投资性房地产后续计量模式的变更

通常情况下，要求企业对投资性房地产的后续计量采用成本模式，不得随意变更。只有在房地产市场比较成熟、能够满足采用公允价值模式条件的情况下，才可以对投资性房地产从成本模式计量变更为公允价值模式计量。

由成本模式转换为公允价值模式的，应当作为会计政策变更处理。计量模式变更当日，投资性房地产的公允价值与账面价值的差额调整期初留存收益。已采用公允价值模式计量的投资性房地产，不得从公允价值模式转为成本模式。

【例 3－59】2023 年 5 月 1 日，乙公司将一栋办公楼出租，采用成本模式进行后续计量。2023 年 3 月 1 日，假设乙公司持有的投资性房地产满足采用公允价值模式条件，乙公司决定采用公允价值模式对该办公楼进行后续计量。2023 年 3 月 1 日，该办公楼的原价为 8 000 万元，已提折旧 1 000 万元，账面价值为 7 000 万元，公允价值为 7 300 万元。乙公司按净利润的 10% 计提盈余公积。转换日，乙公司的账务处理为：

借：投资性房地产——成本　　73 000 000
　　投资性房地产累计折旧　　10 000 000
　　贷：投资性房地产——办公楼　　80 000 000
　　　　盈余公积　　300 000
　　　　利润分配——未分配利润　　2 700 000

三、投资性房地产用途的转换

（一）房地产的转换形式

房地产用途的转换是指因房地产的用途发生改变而对房地产进行的重分类。转换形式主要包括：

1. 自用的土地使用权、建筑物停止自用，改为出租；
2. 作为存货的房地产改为出租；
3. 将出租的土地使用权、建筑物收回自用或准备出售。

（二）房地产转换日的确定

转换日是指房地产的用途发生改变、状态相应发生改变的日期。会计确认和入账时点是以转换日为标准的。转换日的确定标准是：

1. 自用的房地产改为出租，或者存货改为出租，转换日通常为租赁期开始日。
2. 投资性房地产开始自用，转换日是指房地产已达到自用状态，企业开始将房地产用于生产商品、提供劳务或者经营管理的日期。
3. 投资性房地产转换为存货，转换日为租赁期届满、企业董事会或类似机构做出书面决议明确表明将其重新开发用于对外销售的日期。

（三）房地产转换的会计处理原则

1. 若投资性房地产采用成本模式计量，在这种情况下，不论是企业将自用的房地产出租还是收回出租的房地产自用，都按账面价值转换。在账务处理上，采取对应转换的方法，即按各自使用的会计科目，原价转原价，折旧转折旧，减值转减值。如果没有对应科目，则按账面价值转换。

2. 若投资性房地产采用公允价值模式计量，企业将自用的房地产出租时，按转换日的公允价值记入“投资性房地产——成本”账户，同时注销原账面价值。如果公允价值大于账面价值，将其差额记入“其他综合收益”账户；如果公允价值小于账面价值，将其差额记入“公允价值变动损益”账户。

企业将出租的房地产收回自用时，按转换日的公允价值确认收回资产的入账成本，注销其原账面价值，两者的差额一律记入“公允价值变动损益”账户。

【例3－60】 2022年5月1日，甲公司将其自用的办公楼出租，租赁期为4年，甲公司对出租的办公楼采用公允模式后续计量。当日，该办公楼的原价为

800 万元，已提折旧 300 万元，公允价值为 600 万元。甲公司的账务处理为：

借：投资性房地产——成本	6 000 000	
累计折旧	3 000 000	
贷：固定资产		8 000 000
其他综合收益		1 000 000

【例 3－61】 2022 年 11 月 5 日，乙公司出租的写字楼收回，用作本公司办公大楼。该日，该大楼的公允价值为 700 万元。转换前大楼采用公允价值计量，原账面价值为 600 万元，其中，成本为 500 万元，公允价值变动为增值 100 万元。甲公司的账务处理为：

借：固定资产	7 000 000	
贷：投资性房地产——成本		5 000 000
——公允价值变动		1 000 000
公允价值变动损益		1 000 000

四、投资性房地产处置的会计处理

当投资性房地产被处置，或者永久退出使用且预计不能从其处置中取得经济利益时，应当终止确认该项投资性房地产。

（一）采用成本模式计量的投资性房地产的处置

处置投资性房地产时，按实际收到的金额，记入“其他业务收入”账户；同时，按该项投资性房地产的账面价值记入“其他业务成本”账户。

【例 3－62】 2022 年 11 月 5 日，甲公司将其出租的投资性房地产出售。出售时，该资产的成本为 800 万元，已计提折旧 400 万元，计提减值准备 100 万元，售价为 290 万元，款已收到。不考虑相关税费，甲公司的账务处理为：

借：银行存款	2 900 000	
贷：其他业务收入		2 900 000
借：其他业务成本	3 000 000	
投资性房地产累计折旧	4 000 000	
投资性房地产减值准备	1 000 000	
贷：投资性房地产		8 000 000

（二）采用公允价值模式计量的投资性房地产的处置

投资性房地产在持有期间所发生的公允价值变动损益以及在用途转换时产生的其他综合收益，会随着投资性房地产的处置而实现，需要一同转入“其他业务成本”账户。

【例 3－63】 乙公司为一家房地产开发企业，2022 年 2 月 10 日。乙公司与 M 公司签订租赁协议，将其开发完成的一栋写字楼出租给 M 公司。该日，写字楼的账面余额为600万元，公允价值为700万元。2022年12月31日，写字楼的公允价值为750万元。2023年8月租赁期满，乙公司收回该项投资性房地产，并以810万元的价格出售，款已收到。乙公司对该项投资性房地产采用公允价值模式计量。不考虑相关税费，乙公司的账务处理如下。

①2022年2月10日，将写字楼出租：

借：投资性房地产——成本	7 000 000	
贷：开发产品		6 000 000
其他综合收益		1 000 000

②2022年12月31日，调整公允价值变动：

借：投资性房地产——公允价值变动	500 000	
贷：公允价值变动损益		500 000

③2023年8月，出售投资性房地产：

借：银行存款	8 100 000	
贷：其他业务收入		8 100 000
借：其他业务成本	7 500 000	
贷：投资性房地产——成本		7 000 000
——公允价值变动		500 000
借：其他综合收益	1 000 000	
公允价值变动损益	500 000	
贷：其他业务成本		1 500 000

第六节　股票投资业务的会计处理

一、股票的基本情况

股票是股份公司在筹集资本时向出资人发行的股份凭证，代表其持有者（股东）对股份公司的所有权。这种权利表现为参加股东大会、投票表决、参与公司重大决策、收取股息或分享红利等。每个股东所拥有的公司所有权的份额，取决于其持有的股票数量占公司总股本的比重。股票一般可以通过买卖方式有偿转让，股东在持有期间能通过转让收回其投资，但不能要求公司返还其出资。股东是公司的所有者，以其出资额为限对公司负有限责任，承担风险，分享收益。

股票是一种无偿还期限的有价证券，投资者认购了股票后，就不能再要求退股，只能到二级市场转让给第三者。股票的转让只意味着公司股东的改变，并不减少公司资本。从期限上看，只要公司存在，它所发行的股票就存在，股票的期限等于公司存续的期限。

股票的交易市场分为一级市场和二级市场。一级市场也称为发行市场，它是指公司直接或通过中介机构向投资者出售新发行的股票。二级市场也称交易市场，是投资者之间买卖已发行股票的场所。二级市场为股票创造流动性，即能够迅速将拥有的股票脱手换取现金。

股票交易发生的费用主要包括印花税、佣金、过户费和其他费用。印花税是根据国家税法的规定，在股票成交后对买卖双方投资者按照规定的税率和交易额分别征收的税金。佣金是指投资者在委托买卖证券成交后按成交金额的一定比例支付给券商的费用。过户费是指投资者委托买卖股票成交后买卖双方为变更股权登记所支付的费用。其他费用是指投资者在委托买卖证券时向营业部交纳的通信费、撤单费、开户费等。

本节所讲授的股票投资业务是指企业在二级市场上购入股票的会计处理。企业在二级市场上购入的股票，会根据持有目的以及业务管理模式和现金流量特征不同划分为不同的资产项目，其会计处理也有很大的差异，本节只讲授购入股份确认为交易性金融资产的处理。

二、购入股票确认为交易性金融资产的处理

交易性金融资产，是指企业为了在近期内出售获得现金流量而持有的金融资产。如果企业在二级市场上购买了股票，不准备长期持有，而是以赚取差价为目的，会计上将其确认为交易性金融资产。

（一）交易性金融资产取得的会计处理

1. 计量原则。由于企业购入股票的目的是尽快脱手赚取差价，因而会特别在意其市场价格的变动，对取得股票进行价值计量时采用公允价值。即对取得的股票资产在计算其取得成本时只按买价计算，购买时支付的相关交易费用直接计入当期损益。另外，对于股票买价中所包含的已宣告但尚未发放的现金股利不能计入股票资产的成本，其实质是买方自行垫付的款项，应当单独确认为应收项目。

2. 核算方法。设置“交易性金融资产——成本”账户，核算股票的取得成本；设置“应收股利”账户，核算股票买价中包含的已宣告但尚未发放的现金股利；设置“投资收益”账户，核算取得股票时支付的相关费用。支付的所有款项，记入“银行存款”账户。

（二）交易性金融资产持有期间的会计处理

1. 计量原则。为了体现企业拥有股票资产的价值变动情况，在每个资产负债表日需将交易性金融资产按该时点的公允价值计量，即把交易性金融资产的账面价值调整为公允价值，其价值变动额计入当期损益。股票持有期间应收取的现金股利，计入当期损益。

2. 核算方法。设置“交易性金融资产——公允价值变动”账户，用来调整

交易性金融资产的账面价值，使其账面价值能反映资产负债表日的公允价值；设置“公允价值变动损益”账户，用来反映因公允价值变动对企业当期损益的影响；设置“应收股利”账户，用来核算被投资单位在宣告分派股利时投资企业所形成的债权；设置“投资收益”账户，用来反映所收取的现金股利对企业当期损益的影响。

（三）交易性金融资产处置的会计处理

1. 计量原则。处置股票时，应将处置时收取的现金与交易性金融资产账面价值之间的差额确认为处置损益。

2. 核算方法。处置股票，也就意味着交易性金融资产退出了企业，企业应当终止确认该金融资产，将处置部分的“交易性金融资产”账户的账面价值转销，将处置收取的现金与其账面价值的差额记入“投资收益”账户。

【例3-64】2022年6月5日，甲公司支付价款95 000元从二级市场购入乙公司股票10 000股，每股的买价为9.50元，其中含有乙公司已宣告发放但尚未领取的现金股利0.50元，另支付交易费用1 000元。甲公司将取得的该股票确认为交易性金融资产。其后续情况为：

①6月10日，收到了乙公司发放的现金股利；

②6月30日，股票的市场价格为每股12元；

③7月31日，股票的市场价格为每股11元；

④8月15日，甲公司将该股票全部出售，每股售价为11.50元。支付的相关费用为每股0.15元。

甲公司的账务处理如下。

①6月5日，购入乙公司股票：

借：交易性金融资产——成本	90 000	
应收股利	5 000	
投资收益	1 000	
贷：银行存款		96 000

②6月10日，收到了乙公司发放的现金股利：

借：银行存款	5 000	
贷：应收股利		5 000

③6月30日，调整股票的账面价值：

借：交易性金融资产——公允价值变动	30 000	
贷：公允价值变动损益		30 000

④7月31日，调整股票的账面价值：

借：公允价值变动损益	10 000	
贷：交易性金融资产——公允价值变动		10 000

⑤8月15日，甲公司将该股票全部出售：

借：银行存款	113 500	

贷：交易性金融资产——成本　　90 000
　　　　　　　　——公允价值变动　　20 000
　　投资收益　　3 500

本章内容综述

资产业务的会计处理一般分为三个环节：取得、持有和处置，在每个环节又包括所采用计量属性和核算方法。由于资产的性质不同，核算要求不同，所采用的会计处理方法有很大差别。

货币资金是以货币形态存在的资产，包括库存现金、银行存款和其他货币资金三种。银行不同的结算方式会对银行存款的核算产生影响。对于出现的未达账项，需通过编制银行存款余额调节表调节。债权主要包括应收账款、应收票据、预付账款、其他应收款等。应收项目在收入形成时确认，金额为商品交易价格加上应收取的增值税销项税及代垫运费。应收项目如发生减值，应事先加以确认并计提坏账准备，待实际发生减值时冲减坏账准备。

存货是指企业在日常生产经营过程中持有的以备出售的流动资产，企业的存货主要包括各种原材料、在产品、半成品、产成品、商品、周转材料等。对存货进行会计处理包括两个主要问题：一是存货价值的计量；二是存货的核算方法。存货的价值计量包括存货取得的价值计量、存货发出的价值计量、存货期末结存的价值计量。存货的核算方法根据存货的用途设置相应的账户。为保证存货价值的账实相符，还应对存货进行清查盘点。

固定资产是指单位价值较高、使用时间较长并在使用过程中保持原有物质形态的资产。固定资产价值的计量方法在实际工作中主要是采取历史成本法。固定资产的核算包括固定资产取得的核算、折旧的核算、发生后续支出的核算、期末计价的核算、处置的核算等。

无形资产是指企业持有的没有实物形态的非货币性长期资产。无形资产的核算包括无形资产的取得、摊销、转让、期末计价等环节。

投资性房地产是指为赚取租金或资本增值，或两者兼有而持有的房地产。投资性房地产应单独计量和出售，按成本进行初始计量，采用成本模式进行后续计量，在条件允许情况下也可采用公允价值进行后续计量。

股票，购入后如果确认为交易性金融资产，则初始计量、后续计量都采用公允价值。

复习思考题

一、思考题

1. 怎样进行现金收支的核算？
2. 什么是未达账项？未达账项包含哪几种情况？

3. 如何处理应收项目坏账问题？

4. 怎样进行发出存货的计价？

5. 固定资产的折旧是如何计算的？

6. “固定资产清理”账户的用途和结构是什么？

7. 无形资产具有哪些特征？

8. 投资性房地产的两种后续计量模式在会计核算上有什么不同？

9. 企业购入股票后确认为交易性金融资产应怎样进行会计处理？

二、练习题

1. 为下列业务编制会计分录：

（1）职工王兴出差借差旅费3 000元，企业开出现金支票支付。

（2）出差回来王兴报销差旅费3 300元，差额部分企业用现金补足。

（3）企业为购买材料预付款20 000元，用银行存款支付。

（4）企业委托银行开出银行汇票100 000元，已办妥。

（5）用上述银行汇票购买材料，价款为60 000元，增值税税额为7 800元，余款转回。

（6）企业办理信用卡，存入信用卡中50 000元。

（7）企业采用托收承付方式销售商品一批，价款40 000元，增值税税额为5 200元，已办好托收手续，符合收入确认条件。

（8）用银行存款偿还前欠货款40 000元。

2. 某企业2022年11月30日银行存款余额为181 335元，银行对账单余额为194 000元，经逐笔核对查明有下列未达账项：

（1）企业于11月29日开出转账支票一张，金额为8 250元，银行尚未入账。

（2）银行于11月30日代企业收取销货款11 750元，企业尚未收到收款通知。

（3）银行于11月30日代扣企业借款利息2 750元，企业尚未接到通知。

（4）企业于11月30日收到转账支票一张，金额为5 125元，银行尚未入账。

同时还发现有两笔错账：一笔是收回应收款520元，误记为250元；另一笔是支付应付款360元，误记为630元。

要求：根据以上问题，进行错账更正，并编制银行存款余额调节表。

3. 某企业2022年初应收账款余额为80 000元，坏账准备期初余额为贷方4 000元，坏账准备的提取比例为5%，本年发生下列与销售相关的业务：

（1）3月10日，销售甲商品一批，售价为50 000元，增值税税额为6 500元，款未收。

（2）3月15日，收到上述应收款。

（3）5月10日收回以前年度应收账款40 000元，存入银行。

（4）7月20日以前确认的坏账2 000元，本年又收回。

（5）8月5日销售产品一批，售价100 000元，增值税税额为13 000元，货款尚未收到。

（6）9月25日应收票据20 000元到期无法收回，转为应收账款。

（7）12月25日经确认发生的坏账为8 000元。

要求：根据以上业务，编制会计分录，并计算2022年末该企业应提取多少坏账准备金？

4. 某企业2022年7月初库存丙材料2 000千克，单价为每千克5. 20元，本月购料和发料情况是：

（1）7月3日，购入1 000千克，每千克单价为5. 30元。

（2）7月8日，发出1 300千克。

（3）7月10日，购入1 800千克，每千克单价为5. 50元。

（4）7 月 15 日，发出 1 500 千克。

（5）7 月 20 日，购入 3 000 千克，每千克单价为 5. 60 元。

（6）7 月 25 日，发出 2 000 千克。

要求：采用先进先出法、加权平均法、移动加权平均法分别计算各种方法下发出材料成本和库存材料成本，并比较不同的计价方法对当期损益的影响。

5. 某企业 2022 年 9 月发生下列经济业务：

（1）用银行存款预付款 40 000 元购货。

（2）收到预付款所购材料，发票上标明的售价为 30 000 元，增值税税额为 3 900 元。

（3）预付款的余款退回已收到。

（4）购买一批包装物，购买价格为 40 000 元，增值税税额为 5 200 元，货已收到，款已转账支付。

（5）领用包装物一批包装产品销售，成本 20 000 元，该批包装物不单独计价。

（6）将包装物出租，包装物成本为 8 000 元，收取押金 10 000 元，收取租金 3 000 元，租期为 1 个月，包装物价值一次转销。

（7）生产车间领用工具一批，价值 5 000 元；厂部领用工具一批，价值 3 000 元。

（8）企业发出一批材料委托外单位加工，材料价值为 4 000 元，支付加工费 300 元，支付增值税 39 元，支付外地运杂费 200 元，均以现金支付。材料加工完成，收回并验收入库。

要求：编制以上业务的会计分录。

6. 某企业 2022 年 12 月 31 日对各项存货清查发现：

（1）库存材料盘亏 3 000 元；

（2）包装物盘盈 2 000 元；

（3）库存商品盘亏 5 000 元；

后经查明，材料盘亏系保管员责任，由其自行赔偿。包装物盘盈系计量不准造成。库存商品盘亏是因自然灾害原因造成，该商品已经保险，保险金额为 4 000 元。

要求：编制存货盘点时和批准处理时的会计分录，不考虑相关税费。

7. M 公司购入一台需安装的设备，发票上注明的买价为 100 000 元，增值税税额为 13 000 元，支付运杂费 4 000 元，各种款项已支付。安装设备应支付安装工人薪酬 6 000 元，薪酬尚未支付。安装完毕，交付使用。

要求：编制相关各时点的会计分录。

8. A 公司将车间厂房扩建，扩建前厂房的原价为 400 000 元，已提折旧 100 000 元，扩建过程中耗用工程物资 100 000 元，发生人工费 50 000 元，回收残料 10 000 元，扩建完工。完工时间为 2022 年 12 月 10 日，扩建后的固定资产采用年限平均法计提折旧，净残值率为 3%，使用年限为 20 年。

要求：

（1）写出 A 公司厂房完工和前三年折旧的账务处理。

（2）该厂房折旧若采用双倍余额递减法或年数总和法，则前 5 年的折旧额各是多少？

9. 乙公司将不需用厂房出售，原价为 1 500 000 元，已使用 5 年，计提折旧 150 000 元，支付的清理费用为 10 000 元，不含税售价为 2 000 000 元，增值税税率为 9%，其他税费不考虑，一切手续都办理完毕。

要求：编制相关会计分录。

10. 甲公司车床一台到期报废，账面原值为 80 000 元，已提折旧 78 000 元，用银行存款支付清理费 2 400 元，应付清理工人薪酬 800 元，收到的残料价值 200 元。

要求：编制相关会计分录。

11. 甲公司因生产产品需要，组织研究人员进行一项技术发明。在研发过程中发生材料费252 000元，应付研发人员薪酬164 000元，支付设备租金13 800元。上述各项支出应予以资本化的部分是269 000元，应予以费用化的部分是160 800元。另外，该项技术又成功申请了国家专利，在申请专利过程中发生注册费52 000元、聘请律师费13 000元。

要求：编制相关会计分录。

12. 2022年1月1日，甲公司根据市场发展的需要从帆软软件有限责任公司购入一项专利权，购买价款为100 000元，增值税税额为6 000元。根据相关法律的规定，购买时甲公司预计该项专利权的使用寿命为10年，采用直线法进行摊销。

要求：编制相关会计分录。

13. 2022年1月1日，乙公司拥有某项专利技术的成本为500万元，已摊销金额为250万元，已计提的减值准备为10万元。该公司将该项专利权出售给丙公司，取得含税收入600万元，应缴纳的增值税税率为6%。

要求：编制相关会计分录。

14. 甲公司为从事房地产经营开发的企业。2022年8月，甲公司与乙公司签订租赁协议，约定将甲公司开发的一栋精装修的写字楼于开发完成的同时开始租赁给乙公司使用，租赁期为10年。当年10月1日，该写字楼开发完成并开始起租，写字楼的造价为4 500万元。2022年12月31日，该写字楼的公允价值为4 600万元。甲公司采用公允价值计量模式。

要求：编写甲公司相关业务的会计分录。

15. 2022年3月25日，甲公司按每股8.6元的价格购入B公司每股面值1元的股票30 000股作为交易性金融资产，支付交易费用1 000元。股票购买价格中包含每股0.2元已宣告但尚未领取的现金股利，该现金股利于2022年4月2日发放。6月30日，该股票的市价为每股10元。7月8日，该公司将股票出售，售价为每股10.10元。

要求：写出甲公司上述业务在相关时点的账务处理。

第四章　负债业务的会计处理

第一节　银行借款业务的会计处理

一、短期借款业务的处理

短期借款是指企业向银行或其他金融机构等借入期限在1年以下（含1年）的各种借款。企业借入的短期借款无论用于哪方面，只要借入了这笔资金，就构成了一项负债。

对于企业发生的短期借款本金，应设置“短期借款”账户核算。对于短期借款的利息，会计上的处理原则是将其费用化处理，即在每个计息期将所承担的利息记入“财务费用”账户。短期借款的会计处理可分为以下三个环节。

（一）借款取得

企业从银行取得短期借款时，将取得借款存入企业自己的开户银行，从而使企业银行存款增加，同时短期借款增加。应借记“银行存款”账户，贷记“短期借款”账户。

（二）期末计息

企业取得短期借款后，在持有期间应该按照银行贷款利率计算利息。短期借款的利息作为一项财务费用，计入当期损益。

企业在资产负债表日计算出应支付的利息时，借记“财务费用”账户，贷记“应付利息”账户；实际支付利息时，对于资产负债表日已计息的部分，借记“应付利息”账户，对于资产负债表日后计息的部分，借记“财务费用”账户，按支付的全部利息贷记“银行存款”账户。

如果短期借款的借款利息金额较小不需要预计，也可以在付息时直接计入财务费用，并通过银行存款支付。

（三）借款归还

短期借款到期时，归还本金。借记“短期借款”科目，贷记“银行存款”

科目。如果在借款到期时连同本金一起归还利息的，企业应将归还的利息通过“应付利息”或“财务费用”科目核算。

【例4－1】 甲公司2022年12月1日从银行取得期限3个月、年利率9%的短期借款800 000元，用于生产周转，到期一次还本付息。企业每月计息一次，甲公司的会计处理如下。

①2022年12月1日取得借款时：

借：银行存款	800 000	
贷：短期借款		800 000

②2022年12月31日，计提当月的利息：

借：财务费用	6 000	
贷：应付利息		6 000

③2023年2月28日，到期还本付息：

借：短期借款	800 000	
应付利息	12 000	
财务费用	6 000	
贷：银行存款		818 000

二、长期借款业务的处理

长期借款是指企业从银行或其他金融机构借入的期限在1年以上的借款。由于这种借款既可能用于经营需要也可能用于一些设备或其他长期资产的购建，因此，所发生的利息要根据其用途资本化或费用化。长期借款的会计处理可分为以下三个环节。

（一）借款取得

企业需要设置“长期借款”账户，对长期借款本金及利息进行会计核算。本账户可按贷款单位和贷款种类进行明细核算。本账户期末贷方余额，反映企业尚未偿还的长期借款。

企业借入各种长期借款时，按实际收到的款项，借记“银行存款”账户，贷记“长期借款——本金”账户。

（二）期末计息

在资产负债表日，对于分次付息一次还本的长期借款，企业应按长期借款的本金和贷款利率计算确定的长期借款利息费用，借记“在建工程”“制造费用”“财务费用”等账户，贷记“应付利息”账户。对于一次还本付息的长期借款利息，应该贷记“长期借款——应计利息”账户。

（三）还本付息

企业归还长期借款时，按归还的长期借款本金借记“长期借款——本金”账户，按归还的利息借记“长期借款——应计利息”账户或“应付利息”账户，按实际归还的款项贷记“银行存款”账户。

【例4－2】 甲公司2022年1月1日从银行取得期限为2年的长期专门借款50 000元用于建造厂房，款项存入银行。借款年利率为12%，每年付息一次，每年年末计息并于下年年初付息，期满后一次还清本金。2022年1月1日，以银行存款支付工程价款共计30 000元，2023年初又以银行存款支付工程费用20 000元。该厂房于2023年10月底完工，达到预定可使用状态。假定不考虑闲置专门借款资金存款的利息收入或者投资收益。甲公司的会计处理如下。

①2022年1月1日取得借款时：

借：银行存款　　50 000

　　贷：长期借款　　50 000

②2022年1月1日支付工程款时：

借：在建工程　　30 000

　　贷：银行存款　　30 000

③2022年12月31日计算2022年应计入工程成本的利息时：

借款利息＝50 000×12%＝6 000（元）

借：在建工程　　6 000

　　贷：应付利息　　6 000

④2023年1月1日支付借款利息时：

借：应付利息　　6 000

　　贷：银行存款　　6 000

⑤2023年初支付工程款时：

借：在建工程　　20 000

　　贷：银行存款　　20 000

⑥2023年10月底达到预定可使用状态时：

该期应计入工程成本的利息＝(50 000×12%÷12)×10＝5 000（元）

借：在建工程　　5 000

　　贷：应付利息　　5 000

同时：

借：固定资产　　61 000

　　贷：在建工程　　61 000

⑦2023年12月31日，计算2023年11～12月应计入财务费用的利息：

(50 000×12%÷12)×2＝1 000（元）

借：财务费用　　1 000

　　贷：应付利息　　1 000

⑧2024年1月1日支付利息并偿还本金时：

借：应付利息　　6 000

　　长期借款　　50 000

　　贷：银行存款　　56 000

第二节　结算业务的会计处理

一、应付账款业务的处理

应付账款指企业因购买材料、商品或接受劳务供应等经营活动而应付给供应单位的款项。应付账款同应付票据一样，都是因为企业主营活动所形成的债务，同属于流动负债。

应付账款入账时间的确定，应以所购买物资的所有权转移或接受劳务已发生为标志。在实际工作中，应根据以下情况分别进行处理。

（一）结算单据和货物同时到达时

在物资和发票账单同时到达的情况下，企业资金周转存在问题，不能立刻付款，形成结算中的债务，可使用“应付账款”账户进行过渡。企业可先将材料物资验收入库，同时再按发票账单金额登记入账。入账时将所收物资中的错、漏、破损等问题物资扣除，以免再一次调账。按实收入库的材料成本借记“原材料”账户，按增值税发票上的进项税额借记“应交税费——应交增值税（进项税额）”账户，按照实际应付款数额贷记“应付账款”账户。

（二）结算单据已到、货物尚未到达时

在发票账单已到、物资未到的情况下，可直接根据发票账单上列明的物资价款和运杂费等，记入“在途物资”账户，按增值税专用发票上的税额记入“应交税费——应交增值税（进项税额）”账户，按价税合计记入“应付账款”账户。

（三）货物已到、结算单据尚未到达时

在物资已到、发票账单未到也无法确定实际成本的情况下，在月度终了，需要按照所购物资的计划成本或估计成本暂估入账，待下月月初再冲回。

应付账款一般按应付金额入账。如果购入的资产在形成一笔应付账款时是带有现金折扣的，应付账款入账金额按总价法确定，即入账时不必考虑折扣因素，待折扣发生时，将现金折扣额冲减财务费用。

应付账款的核算通过设置“应付账款”账户进行。该账户为负债类账户，反

映应付账款债务的变动情况。贷方登记应付账款债务的发生，借方登记应付账款债务的偿还，贷方余额反映尚未支付的应付账款。如果出现借方余额，则表示企业的预付账款。

【**例 4－3**】甲公司 2022 年 6 月 10 日购进一批原材料，发票价格为 100 000 元，增值税税额为 13 000 元，付款条件为“2/10，n/30”，折扣金额按应付的价款总额计算。根据上述资料，甲公司的会计处理如下。

①购进材料时：

借：原材料	100 000	
应交税费——应交增值税（进项税额）	13 000	
贷：应付账款		113 000

②若 10 天内付款：

借：应付账款	113 000	
贷：银行存款		111 000
财务费用		2 000

③若 10 天后付款：

借：应付账款	113 000	
贷：银行存款		113 000

二、应付票据业务的处理

应付票据是由出票人签发的委托付款人在指定日期无条件支付确定的金额给收款人或者持票人的票据。在我国是指因企业购买材料、商品和接受劳务供应等而开出并承兑的商业汇票。在采用商业汇票结算方式下，承兑人对所签发的票据负有到期无条件付款的责任，因此，应将所签发的商业汇票确认为一项债务。由于我国商业汇票的付款期限最长不超过 6 个月，因此，应付票据属于流动负债。

企业对开出商业汇票的核算通过设置“应付票据”账户进行。该账户为负债类账户，用来反映商业汇票的承兑、支付等情况。贷方登记已承兑的商业汇票的面值及带息汇票所计提的利息，借方反映已付款的商业汇票的账面价值及转作应付账款或其他债务形式的商业汇票的账面价值。贷方余额反映尚未支付的应付票据的账面余额。企业应设置应付票据备查簿，详细登记每一笔应付票据的种类、到期日、票面金额等具体内容，应付票据到期结清时，应在备查簿内逐笔注销。应付票据的核算可分为以下四个环节。

（一）开出商业汇票

企业开出并承兑商业汇票购买材料或以商业承兑汇票抵付货款时，借记“材料采购”或“原材料”“应交税费”“应付账款”等账户，按其票面金额贷记“应付票据”账户。企业因开出银行承兑汇票而支付的银行承兑汇票手续费，计入当期财务费用。

（二）带息票据计息

如果商业汇票为不带息汇票，不存在期末计息问题；如果商业汇票是带息汇票，在期末时需对尚未支付的票据计提利息，所提利息一方面记入“财务费用”账户，另一方面增加“应付票据”账户的账面价值。

（三）汇票到期付款

汇票到期付款时，根据开户银行的付款通知，借记“应付票据”账户，贷记“银行存款”账户；如为带息票据，则应借记“应付票据”“财务费用（未提利息）”等账户，贷记“银行存款”账户。

（四）汇票到期不能如期支付

开出并承兑的商业承兑汇票在票据到期时如果不能支付，应将“应付票据”账面价值转入“应付账款”账户，待协商后再行处理。

【例4-4】甲公司2022年9月1日购入一批价值为50 000元的材料，增值税税率为13%，贷款未付，出具了一张期限为6个月的带息商业汇票，票面年利率为10%。由于所开出的汇票为银行承兑汇票，为此还向银行支付承兑手续费500元。根据上述资料，甲公司所做的账务处理如下。

①2022年9月1日购买材料开出银行承兑汇票时：

借：原材料	50 000	
应交税费——应交增值税（进项税额）	6 500	
贷：应付票据		56 500

②支付银行承兑汇票手续费时：

借：财务费用	500	
贷：银行存款		500

③2022年12月31日，计算4个月的应付利息为1 883元：

借：财务费用	1 883	
贷：应付票据		1 883

④2023年3月1日到期付款时：

借：应付票据	58 383	
财务费用	942	
贷：银行存款		59 325

三、其他应付款业务的处理

企业除了发生应付票据、应付账款、应付工资等负债以外，还会发生应付、暂收其他单位或个人的款项，如应付租入固定资产和包装物的租金、存入保证金。为了对这些零星债务进行核算和管理，企业应设置“其他应付款”账户，并按应付、暂收款项的类别和单位或个人设置明细账进行明细核算。

【例4-5】 甲公司2022年5月对外出租包装物一批，收到对方交来的保证金10 000元存入银行，甲公司所作的会计处理为（不考虑租金和包装物的处理）：

①收到交来的保证金时：

借：银行存款　　10 000

　　贷：其他应付款——存入保证金　　10 000

②到期收回包装物并退回押金时：

借：其他应付款——存入保证金　　10 000

　　贷：银行存款　　10 000

四、应付股利业务的处理

应付股利是企业经股东大会或类似机构决议确定分配给投资者的现金股利或利润。企业作为独立核算的经济实体，对其实现的经营成果除了按照税法及有关法规规定纳税外，还必须对投资者投入的资金给予一定的回报，作为投资者应该分享的投资收益。企业分配给投资者的现金股利或利润，在股东大会做出决议到实际支付给投资者之前形成了一笔负债。现金股利的会计处理，一方面作为利润分配的一种形式，借助“利润分配——应付现金股利”账户进行核算；另一方面，对应付未付的股利，通过“应付股利”账户进行核算。

企业按经股东大会提出的利润分配方案中的现金股利政策，借记“利润分配——应付现金股利”账户，贷记“应付股利”账户；实际发放现金股利时，借记“应付股利”账户，贷记“银行存款”账户。如果股东大会批准的年度利润分配方案与董事会提出的利润分配政策不一致，按股东大会批准的方案进行调整。企业分配的股票股利不通过“应付股利”账户核算。

五、合同负债业务的处理

预收账款是买卖双方协议商定，由购货方预先支付一部分货款给供货方而发生的一项负债。企业会计准则规定，预收账款应于实际收到时确认为一项流动负债，并按照实际收到的金额计量。

按照收入准则，预收账款业务的核算，需要通过设置“合同负债”账户进行，该账户属于负债类账户，贷方登记预收的货款，借方登记结算的货款。期末余额在贷方，反映尚未结清的预收款项。

（一）收到预收账款时

企业预先收到购货方或接受劳务方支付的预收款项时，将款项存入银行，会使企业银行存款增加，同时使企业产生将来发货或提供劳务的义务，增加企业负债。借记“银行存款”账户，贷记“合同负债”账户。

（二）销售实现或提供劳务时

企业向购货方发出货物，实现销售或提供劳务时，应按照实际发生金额确认收入，同时减少“合同负债”。借记“合同负债”“应收账款”等账户，贷记“主营业务收入”“应交税费——应交增值税（销项税额）”账户。

（三）实际发生额与预收款项比较

企业将销售实现或提供劳务时的实际发生金额与之前预先收到的金额比较，如果实际发生金额大于当时预收款项时，按照差额补收账款，如果实际发生金额小于当时预收款项时，按照差额退还多余预收账款。

【例4-6】甲公司2022年6月接受一批订货合同，按合同规定，货款金额总计为60 000元，增值税税率为13%，预计4个月完成。订货方预付货款50%，另50%的货款及应收取的增值税税额待产品完工后再收取。甲公司根据上述资料所作的会计处理如下。

①收到购货单位预付货款时：

借：银行存款	30 000	
贷：合同负债		30 000

②产品生产完成发货，开出发票时：

借：合同负债	30 000	
应收账款	37 800	
贷：主营业务收入		60 000
应交税费——应交增值税（销项税额）		7 800

③收到购货单位补付货款时：

借：银行存款	37 800	
贷：应收账款		37 800

第三节　职工薪酬业务的会计处理

一、职工薪酬的构成

职工薪酬，是指企业为获得职工提供的服务或解除劳动关系而给予的各种形式的报酬或补偿。职工薪酬包括短期薪酬、离职后福利、辞退福利和其他长期福利。

短期薪酬，是指企业在职工提供相关服务的年度报告期间结束后12个月内需要全部予以支付的职工薪酬，因解除与职工的劳动关系给予的补偿除外。短期薪酬具体包括：职工工资、奖金、津贴和补贴，职工福利费，医疗保险费、工伤保险费和生育保险费等社会保险费，住房公积金，工会经费和职工教育经费，短期带薪缺勤，短期利润分享计划，非货币性福利以及其他短期薪酬。其中，带薪缺勤，是指职工虽然缺勤但企业仍然向其支付报酬的安排，包括年休假、病假、短期伤残、婚假、产假、丧假、探亲假等；短期利润分享计划，是指因职工提供服务而与职工达成的基于利润或其他经营成果提供薪酬的协议。

离职后福利，是指企业为获得职工提供的服务而在职工退休或与企业解除劳动关系后，提供的各种形式的报酬和福利，短期薪酬和辞退福利除外。

辞退福利，是指企业在职工劳动合同到期之前解除与职工的劳动关系，或者为鼓励职工自愿接受裁减而给予职工的补偿。

其他长期职工福利，是指除短期薪酬、离职后福利、辞退福利之外所有的职工薪酬，包括长期带薪缺勤、长期残疾福利、长期利润分享计划等。

二、职工薪酬业务的处理

为了核算职工薪酬的发生和支付情况，需设置“应付职工薪酬”账户，用于核算企业根据有关规定应付给职工的各种薪酬。发生应付职工薪酬时，借记有关成本费用账户，贷记“应付职工薪酬”账户；发放职工薪酬时，借记“应付职工薪酬”账户，贷记“银行存款”等账户。本账户期末贷方余额，反映企业应付未付的职工薪酬。本账户可按“工资”“职工福利费”“社会保险费”“住房公积金”“工会经费”“职工教育经费”“非货币性福利”“辞退福利”“股份支付”等进行明细核算。

职工薪酬的计量方法是：对货币性薪酬，按工资标准和国家相关规定进行计量。企业以其生产的产品作为非货币性福利提供给职工的，应当按照该产品的公允价值和相关税费，计量应计入成本费用的职工薪酬金额，并确认为主营业务收入，其销售成本的结转和相关税费的处理与正常商品销售相同。

【例4-7】 甲公司2022年10月份工资费用分配汇总表中列明：工资总额为100 000元，其中，基本生产车间生产工人工资80 000元，车间管理人员工资15 000元，企业管理部门人员工资5 000元。根据上述资料编制的会计分录为：

借：生产成本	80 000	
制造费用	15 000	
管理费用	5 000	
贷：应付职工薪酬——工资		100 000

发放工资时编制的会计分录为：

借：应付职工薪酬——工资	100 000	
贷：银行存款		100 000

【例4-8】 按上述工资总额的14%提取福利费，所编制的会计分录为：

借：生产成本	11 200	
制造费用	2 100	

管理费用　　700

贷：应付职工薪酬——职工福利费　　14 000

2022 年 11 月 1 日，乙公司支付 14 000 元补贴给食堂，甲公司支付福利费时编制的会计分录为：

借：应付职工薪酬——职工福利费　　14 000

贷：银行存款　　14 000

【例 4 -9】丙公司有员工 80 人，10 人为管理人员，其余为一线生产人员。2022 年 9 月，公司决定为每一位员工发放一件自产产品作为福利。产品的单位成本为 800 元，单位市场售价为1 000元，增值税税率为 13%。根据上述资料，有关的账务处理如下。

①公司决定发放非货币性福利时：

借：生产成本　　79 100

管理费用　　11 300

贷：应付职工薪酬　　90 400

②实际发放时：

借：应付职工薪酬　　90 400

贷：主营业务收入　　80 000

应交税费——应交增值税（销项税额）　　10 400

借：主营业务成本　　64 000

贷：库存商品　　64 000

第四节　纳税业务的会计处理

企业在生产经营过程中经常发生税法所规定的纳税义务，如收入的形成、利润的实现、特殊行为的发生等都需缴纳相应的税费。但纳税义务的发生和完成并不是同步的，纳税是定期进行的，从纳税义务产生到完成总会形成一定的时间间隔，应交税费正是企业应税而未税的债务。应交税费主要包括增值税、消费税、资源税、所得税、土地增值税、城市维护建设税、教育费附加、房产税、城镇土地使用税、车船税等。

一、增值税业务的处理

增值税是以商品和劳务在流转过程中产生的增值额作为征税对象而征收的一种流转税。增值税对在我国境内销售货物，提供加工修理修配劳务，销售服务、无形资产及不动产以及进口货物的企业、单位和个人，就其销售货物、提供应税劳务、发生应税行为的增值额和货物的进口金额为依据而课征的一种流转税。

根据税法规定，增值税的纳税人分为两种：一般纳税人和小规模纳税人。一般纳税人实行价税分流、价外征税，使用增值税专用发票；小规模纳税人使用普通发票，购货时合并定价，销货时价税分开。

（一）一般纳税企业会计处理

一般纳税企业在销货时应向购货企业开具增值税专用发票，列明所售货物的售价、税率以及税额等。在销售方开出发票上所列示的税款称为增值税销项税，此项税额在售价外收取，由购买企业承担，交由销货企业缴纳。如果企业销售货物或者提供劳务采用销售额和销项税额合并定价方法的，按公式“销售额 = 含税销售额 ÷（1 + 增值税税率）”还原为不含税销售额，并按不含税销售额计算销项税额。

购货企业购买材料物资时，一方面需支付所购资产的成本；另一方面还需承担所购资产形成的税金。购货企业在取得销货企业开来的增值税专用发票后，将发票上列示的税款作为增值税进项税。增值税进项税的作用是将来企业在销货时可从其产生的增值税销项税中抵扣，以抵扣后的税款作为实际缴纳的增值税。

增值税的基本税率为13%，低税率为9%，还有一些经济业务的税率为6%，出口货物实行零税率。纳税的计算公式为：

本期应纳增值税 = 当期产生的增值税销项税 − 当期可以抵扣的增值税进项税

当期的销项税额 = 当期不含增值税销售额 × 增值税税率

1. 增值税核算设置的账户。企业应交的增值税，在“应交税费”账户下设置“应交增值税”明细账户进行核算。“应交增值税”明细账户的借方发生额反映企业购进货物或接受应税劳务支付的进项税额、实际已缴纳的增值税等；贷方发生额反映销售货物或提供应税劳务应缴纳的增值税销项税额、出口退税、进项税额转出等。借方期末余额，反映企业尚未抵扣的增值税。应交增值税明细账的具体内容如图 4 − 1 所示。

应交税费——应交增值税

（1）进项税额	（1）销项税额
（2）已交税金	（2）出口退税
（3）减免税款	（3）进项税额转出

图 4 − 1　应交增值税明细账的内容

2. 增值税销项税额的会计处理。一般纳税企业在销售商品时，无论是否开出增值税专用发票，都应确认增值税销项税。除正常进行商品销售外，还有一些经济业务在会计上不作销售处理，但在税法上视同销售，需计算缴纳增值税。比如，对企业将自产的货物分配给股东、用于集体福利或个人消费等行为，税法认定为销售行为，这种行为也称为视同销售。对视同销售业务处理的原则是：会计上按成本转账，税法上依法纳税，所纳税款计入该业务行为的成本中。

【例 4 − 10】甲公司为增值税一般纳税人，2022 年 6 月 5 日销售商品不含税售价为90 000元，增值税税率为13%，符合收入确认条件，但货款尚未收到。销售时甲公司编制的会计分录为：

借：应收账款　　101 700
　　贷：主营业务收入　　90 000
　　　　应交税费——应交增值税（销项税额）　　11 700

3. 增值税进项税额的会计处理。一般纳税企业在购进材料物资时，除支付所购物资的价款外，还需支付所购物资的税款，即发生增值税进项税。企业购货所支付的增值税进项税的确认必须具备相应的凭证，包括增值税专用发票、从海关取得的完税凭证等。

如果购进的货物已经确认了增值税进项税，但其后发生了用途改变，用于生产非应交增值税项目。由于用途的改变使得该货物在将来无法产生增值税销项税，已发生的增值税进项税也不允许抵扣，应将其从进项税账户中转出，计入该业务行为的成本。

【例4-11】 甲公司2022年4月8日购入材料一批，增值税专用发票上注明的材料价款为70 000元，增值税税额为9 100元，支付的运输费为6 000元，取得运费凭证，其增值税为540元，货款及运费已经支付，材料验收入库。此项业务甲公司编制的会计分录为：

借：原材料　　76 000
　　应交税费——应交增值税（进项税额）　　9 640
　　贷：银行存款　　85 640

【例4-12】 假如甲公司将购入的上述材料作为节日福利发给职工，并且材料已经发出分配给了职工。甲公司所编制的会计分录为：

借：应付职工薪酬——职工福利费　　85 640
　　贷：原材料　　76 000
　　　　应交税费——应交增值税（进项税额转出）　　9 640

4. 缴纳增值税的会计处理。企业在期末时，根据本期发生的销项税额减去进项税额后，将其差额部分缴纳。如果进项税额大于销项税额，差额部分则留待下期抵扣。

【例4-13】 乙公司本期销售产品发生的销项税税额为10 000元，购进材料支付的进项税税额为8 000元，本月应交的增值税税额为2 000元。乙公司纳税时的会计处理为：

借：应交税费——应交增值税（已交税金）　　2 000
　　贷：银行存款　　2 000

（二）小规模纳税企业的会计处理

小规模纳税企业是指在年销售额或其他指标方面没有达到税法规定的条件，不能被认定为一般纳税人的企业。小规模纳税企业缴纳增值税的特点是：销售时不能开具增值税专用发票，只能开具普通发票；小规模纳税企业的增值税征收率较低，一般为3%；实行合并定价，在进货时价税合一，在销货时需价税分计。

【例4－14】 丁企业被核定为小规模纳税企业，2022年4月18日从一般纳税企业购入材料40 000元，支付增值税5 200元，取得专用发票，货款已经支付。4月25日销售商品售价总额为51 500元（含税），该企业的增值税征收率为3%，符合收入确认条件，货款尚未收到。根据上述业务，甲企业所编制的会计分录如下。

①4月18日购料时：

借：原材料　　45 200

　　贷：银行存款　　45 200

②4月25日销货时：

不含税售价＝515 000÷（1＋3%）＝50 000（元）

应交增值税＝50 000×3%＝1 500（元）

借：应收账款　　51 500

　　贷：主营业务收入　　50 000

　　　　应交税费——应交增值税　　1 500

二、消费税业务的处理

消费税是对我国境内从事生产、委托加工和进口应税消费品的单位和个人征收的一种税。我国现行消费税共选择了14类产品作为消费税的征收范围。这些消费品大致可分为四类：一是特殊消费品，如烟、酒、鞭炮等；二是非生活必需品，如化妆品、贵重首饰及珠宝玉石等；三是高能耗及高档消费品，如小汽车、摩托车等；四是不可再生、不可替代的消费品，如成品油、汽车轮胎等。

消费税的税率为3%～56%不等，气缸容量小的小汽车税率为3%，甲类卷烟税率为56%，乙类卷烟税率为36%。消费税的征收实行从价定率和从量定额以及复合计税三种方法，计算公式为：

从价定率应纳税额＝不含增值税的销售额×税率

从量定额应纳税额＝计税数量×单位税额

复合计税应纳税额＝应税数量×单位税额＋销售额×适用税率

（一）消费税核算设置的账户

企业按规定应交的消费税，在“应交税费”账户下设置“应交消费税”明细账户进行核算。“应交消费税”明细账户的借方发生额，反映实际缴纳的消费税和待抵扣的消费税；贷方发生额，反映按规定应缴纳的消费税。期末贷方余额反映尚未缴纳的消费税；期末借方余额反映多交或待抵扣的消费税。应交消费税明细账的具体内容如图4－2所示。

应交税费——应交消费税

（1）实际缴纳的消费税 （2）待抵扣的消费税	应缴纳的消费税
余额：待抵扣的消费税	余额：尚未缴纳的消费税

图4－2　应交消费税明细账的内容

（二）销售产品应纳消费税的会计处理

与增值税不同，消费税是价内税。由于此项税金含在产品售价中，会计上为了正确实施配比原则，对价内税设置了一个会计账户加以核算，即“税金及附加”账户。该账户为费用类账户，设置目的就是与“主营业务收入”账户相配比。一般来说，凡是销售产品，含在售价内的税金，都应作为一项费用，记入“税金及附加”账户。需要说明的是，如果企业既符合增值税的纳税条件又符合消费税的纳税条件，则两种税金都要缴纳。

【例4－15】甲公司为增值税一般纳税企业，2022年7月15日销售摩托车20辆，增值税专用发票上注明的售价为80 000元，增值税税率为13%，消费税税率为10%，该批产品的成本为70 000元，款项已经收到。甲公司为上述业务所编制的会计分录如下。

①销售商品取得货款时：

借：银行存款　　90 400

　　贷：主营业务收入　　80 000

　　　　应交税费——应交增值税（销项税额）　　10 400

②计算确定应交消费税时：

借：税金及附加　　8 000

　　贷：应交税费——应交消费税　　8 000

③结转销售成本时：

借：主营业务成本　　70 000

　　贷：库存商品　　70 000

（三）委托加工应税消费品的会计处理

按照税法规定，企业委托加工的应税消费品，由受托方在向委托方交货时代收代缴税款。委托加工的应税消费品收回后，委托方用于连续生产应税消费品的，所纳税款准予按规定抵扣。委托加工的应税消费品直接出售的，所纳税款直接计入其成本，销售时不再征收消费税。

1. 委托加工应税消费品收回后，直接用于销售的，受托方应将代收代缴的消费税计入委托加工的应税消费品成本，借记“委托加工物资”“生产成本”等账户，贷记“银行存款”账户。

2. 委托加工的应税消费品收回后用于连续生产应税消费品，按规定准予抵扣的，受托方应按代收代缴的消费税款，借记“应交税费——应交消费税”账户，贷记“银行存款”账户，待用委托加工的应税消费品生产出应纳消费税的产品销售时，抵扣应缴纳消费税。

【例 4－16】 甲公司 2022 年 3 月委托外单位加工一批材料，加工前材料的成本为 100 000 元，支付的加工费为 20 000 元，支付的增值税为 2 600 元，由受托方代收代缴的消费税为 20 000 元，委托加工材料已加工完成且收回入库，各项费用也已支付。委托方收回加工后的材料继续用于生产应税消费品。对此项业务甲公司所编制的会计分录如下。

①发出材料委托加工时：

借：委托加工物资	100 000	
贷：原材料		100 000

②支付加工费及各项税金时：

借：委托加工物资	20 000	
应交税费——应交增值税（进项税额）	2 600	
——应交消费税	20 000	
贷：银行存款		42 600

③收回完工材料，验收入库时：

借：原材料	120 000	
贷：委托加工物资		120 000

如果甲公司收回的材料直接用于出售，则第二项处理将改成：

借：委托加工物资	40 000	
应交税费——应交增值税（进项税额）	2 600	
贷：银行存款		42 600

第三项处理将改成：

借：库存商品	140 000	
贷：委托加工物资		140 000

（四）进口物资应纳消费税的会计处理

企业从国外进口物资应纳消费税，应将所纳的消费税计入该项物资的成本，借记“固定资产”“原材料”等账户，贷记“银行存款”等账户。

三、城市维护建设税的处理

城市维护建设税是国家为了维护城市建设资金需要而开征的一种税。其计算方法是根据企业实际缴纳的增值税、消费税按照一定的比例计算征收。为了核算企业应交的城市维护建设税，应在“应交税费”总账下设置“应交城市维护建设税”明细账户。企业按规定计算出的城市维护建设税，借记“税金及附加”等账户，贷记“应交税费——应交城市维护建设税”账户；实际缴纳时，借记

“应交税费——应交城市维护建设税”账户，贷记“银行存款”账户。

【例4-17】甲公司2022年9月实际缴纳增值税200 000元、消费税50 000元。适用的城市维护建设税税率为7%，甲公司对城市维护建设税的会计处理如下。

①计算应交城市维护建设税时：

借：税金及附加	17 500	
贷：应交税费——应交城市维护建设税		17 500

应交的城市维护建设税 =（200 000 + 50 000）× 7% = 17 500（元）

②用银行存款缴纳城市维护建设税时：

借：应交税费——应交城市维护建设税	17 500	
贷：银行存款		17 500

四、教育费附加的处理

教育费附加是指为了加快发展地方教育事业、扩大地方教育经费资金来源而向企业征收的附加费用。教育费附加以各单位实际缴纳的增值税、消费税税额为计征依据，按其一定比率计算并分别与增值税、消费税同时缴纳。企业应在“应交税费”总账科目下设置“应交教育费附加”明细账户。企业按规定计算出的教育费附加，借记“税金及附加”等账户，贷记“应交税费——应交教育费附加”账户。实际缴纳时，借记“应交税费——应交教育费附加”账户，贷记“银行存款”账户。

五、财产类税的处理

财产类税主要指企业应缴纳的房产税、城镇土地使用税、车船税和印花税。

房产税是国家对在城市、县城、建制镇和工矿区征收的由产权所有人缴纳的一种税。房产税依照房产原值一次减除10% ~30%后的余额计算缴纳。没有房产原值作为依据的，由房产所在地税务机关参考同类房产核定；房产出租的，以房产租金收入作为房产税的计税依据。

城镇土地使用税是国家为了合理利用城镇土地、调节土地级差收入、提高土地使用效益、加强土地管理而开征的一种税，以纳税人实际占用的土地面积为计税依据，依照规定税额计算征收。

车船税由拥有并且使用车船的单位和个人缴纳。车船税按照适用税额计算缴纳。企业按规定计算应交的房产税、城镇土地使用税、车船税时，借记“税金及附加”账户，贷记“应交税费——应交房产税（或城镇土地使用税、车船税）”账户；缴纳时，借记“应交税费——应交房产税（或城镇土地使用税、车船税）”账户，贷记“银行存款”账户。

印花税是对书立、领受购销合同等凭证行为征收的税款，实行由纳税人根据规定自行计算应纳税额，购买并一次贴足印花税票的缴纳方法。应纳税凭证包括：购销、加工承揽、建设工程承包、财产租赁、货物运输、仓储保管、借款、财产保险、技术合同或者具有合同性质的凭证；产权转移书据；营业账簿；权利、许可证照等。纳税人根据应纳税凭证的性质，分别按比例税率或者按照定额计算应纳税额。

企业缴纳的印花税，是由纳税人根据规定自行计算应纳税额以购买并一次贴足印花税票的方法缴纳的税款。即：一般情况下，企业需要预先购买印花税票，待发生应税行为时，再根据凭证的性质和规定的比例税率或者按件计算应纳税额，将已购买的印花税票粘贴在应纳税凭证上，并在每枚税票的骑缝处盖戳注销或者划销，办理完税手续。企业缴纳的印花税，不会发生应付未付税款的情况，不需要预计应纳税金额，同时也不存在与税务机关结算或清算的问题，因此，企业缴纳的印花税不需要通过"应交税费"账户核算，在购买印花税票时，直接借记"税金及附加"账户，贷记"银行存款"账户。

【例 4－18】 乙公司 2022 年 6 月计算出本月应缴纳的房产税 150 000 元、车船税 50 000 元，城镇土地使用税 80 000 元。乙公司编制的会计分录如下。

①期末计算出上述税金时：

借：税金及附加	280 000	
贷：应交税费——应交房产税		150 000
——应交车船税		50 000
——应交城镇土地使用税		80 000

②用银行存款缴纳上述税金时：

借：应交税费——应交房产税	150 000	
——应交车船税	50 000	
——应交城镇土地使用税	80 000	
贷：银行存款		280 000

六、企业所得税

企业所得税是指以企业的生产经营所得和其他所得为计税对象，经调整后依税法规定税率计算的一种税金。为核算企业应交的所得税，应在"应交税费"总账下设置"应交所得税"明细账户。从会计的角度看，所得税是企业的一项费用，应计入当期损益。因此，企业按照一定方法计算出所得税时，借记"所得税费用"账户，贷记"应交税费——应交所得税"账户。

七、个人所得税的处理

企业职工按规定缴纳的个人所得税由单位代扣代缴。企业按规定计算的代扣代缴的职工个人所得税，借记"应付职工薪酬"账户，贷记"应交税费——应交个人所得税”账户。企业缴纳个人所得税时，借记“应交税费——应交个人所得税”账户，贷记“银行存款”账户。

【例4-19】丙公司结算8月份工资400 000元，按税法规定应代扣代缴的职工个人所得税为20 000元，实发380 000元。丙公司编制如下会计分录。

①发放工资并代扣个人所得税时：

借：应付职工薪酬——工资	400 000	
贷：应交税费——应交个人所得税		20 000
银行存款		380 000

②缴纳个人所得税时：

借：应交税费——应交个人所得税	20 000	
贷：银行存款		20 000

本章内容综述

企业借款业务的核算，包括短期借款与长期借款。短期借款的利息费用通常要费用化，计入财务费用。长期借款的利息费用根据用途可能资本化，也可能费用化。

企业在日常经营活动中会形成应付账款、应付票据、预收账款、其他应付款和应付股利等负债项目。应付账款主要是因为购入货物而形成，注意其入账时间与货物收付的关联性。应付票据可能为不带息票据和带息票据，如果是带息票据还需要在资产负债表日计提利息。预收账款是因为企业预收的部分订金或部分货款，在销售条件满足时转为收入。

企业职工薪酬包括货币性薪酬和非货币性薪酬，非货币性薪酬按产品的公允价值和相关税金计算。

企业进行供应、生产、销售活动过程中必然会产生各项应缴纳的税金，包括增值税、消费税、城市维护建设税、财产类税和所得税。增值税为价外税，它的发生与企业损益无关。其他流转税为价内税，它们的高低对企业的损益产生重要影响。

复习思考题

一、思考题

1. 短期借款计提利息具体如何核算？
2. 长期借款借入款项、确认利息具体如何进行账务处理？
3. 应付账款存在现金折扣时如何核算？
4. 预收账款具体如何进行核算？
5. 职工薪酬构成内容是如何规定的？
6. 增值税一般纳税人和小规模纳税人有哪些区别？

7. 委托加工应税消费品时加工环节的消费税如何进行账务处理？

8. 各种财产税如何进行核算？

二、练习题

1. 甲企业 2022 年 8 月 1 日从银行借入 6 个月期的借款 100 000 元，年利率 12%，利息到期一次支付，甲企业每月计息一次。

要求：编制借款、每月计息及到期还本付息相关会计分录。

2. 2022 年 4 月 1 日，甲公司为建造厂房借入期限为 2 年的长期专门借款 800 000 元，款项已存入银行。借款利率为 10%，每年 4 月 1 日支付利息，期满后一次还清本金。该厂房于 2023 年 7 月 1 日完工，达到预定可使用状态。假定不考虑闲置的专门借款本金存款的利息收入或投资收益，利息在每月月末确认（厂房在建设期间的利息资本化，完工后的利息费用化）。

要求：编制借款、前两个月月末计息、付息及到期还本的相关会计分录。

3. 2022 年 5 月 6 日，甲公司从乙公司购买一批原材料，材料价款 50 000 元，增值税进项税额为 6 500 元。材料验收入库，乙公司开出现金折扣条件“2/10，1/20，n/30”。假设折扣不考虑增值税。

要求：

（1）编制甲公司在 2022 年 5 月 6 日购入材料的会计分录；

（2）编制甲公司在 2022 年 5 月 10 日付款的会计分录；

（3）编制甲公司在 2022 年 5 月 20 日付款的会计分录；

（4）编制甲公司在 2022 年 6 月 20 日付款的会计分录。

4. 2022 年 4 月 17 日，甲公司根据合同规定预收乙公司 80 000 元，收到转账支票并已存入银行。2022 年 4 月 20 日，甲公司发出商品并开出增值税专用发票，注明货款 100 000 元，增值税税额 13 000 元。该批商品实际成本 90 000 元，余款尚未收到。2022 年 4 月 25 日，甲公司收到乙公司转来的剩余价款。

要求：编制相关会计分录。

5. 甲公司是增值税一般纳税人，2022 年 4 月，甲公司自产了一批应税消费品，该批产品生产成本 60 000 元，售价 80 000 元。该公司适用的增值税税率为 13%，该批产品的消费税税率为 20%。

要求：编制甲公司相应的会计分录。

6. 甲公司出售一栋厂房，厂房原价 100 000 元，已提折旧 50 000 元，出售所得收入 80 000 元，用银行存款支付清理费用 10 000 元。厂房已清理完毕，增值税税率为 9%。

要求：编制甲公司相应的会计分录。

7. 甲公司 2022 年 5 月 15 日购入一批材料，买价 10 000 元，增值税 1 300 元，开出一张商业承兑汇票，材料已验收入库。

要求：写出购入材料的会计分录。

8. 甲公司 2022 年 1 月 1 日从银行取得 3 年期借款 100 000 元，利率 6%，按月计息，每半年付息一次。

要求：写出取得借款和第一个月计息的会计分录。

9. 甲公司 2022 年 6 月工资费用分配汇总表中列明：工资总额为 200 000 元，其中，基本生产车间生产工人工资 110 000 元，车间管理人员工资 50 000 元，企业管理人员工资 40 000 元。

要求：

（1）编制计算工资薪酬的会计分录；

（2）根据上述资料的12%为职工缴纳住房公积金，编写甲公司的会计分录。

10. 甲公司委托外单位加工一批材料，加工前材料成本为30 000元，支付加工费10 000元，支付增值税1 300元，由受托方代收代缴消费税2 000元，委托加工材料完成且收回入库，各项费用已支付。委托方收回加工后的材料继续用于生产应税消费品。

要求：编制甲公司相应的会计分录。

11. 甲公司2022年3月统计应交房产税10 000元，车船税2 000元，印花税3 000元，城镇土地使用税5 000元，消费税20 000元，城市维护建设税30 000元。

要求：编制甲公司当月应缴各项税费的会计分录。

12. 甲公司2022年3月2日对外出租包装物一批，收到对方交来的保证金10 000元存入银行；6月2日收回包装物并退回押金。

要求：

（1）编制甲公司收到保证金的会计分录；

（2）编制甲公司收回包装物退回押金的会计分录。

13. 甲公司为增值税一般纳税人，2022年发生如下经济业务：

（1）3月2日采购材料一批，发票注明价款30 000元，增值税税额3 900元，材料收到，货款已付；

（2）3月7日购入一台设备，买价为60 000元，增值税税额7 800元，发生运杂费1 000元，货款尚未支付；

（3）4月6日销售一批产品，售价20 000元，增值税税率为13%，收到一张商业汇票。该批产品成本为10 000元。

要求：编制该公司2022年的会计分录。

14. 甲公司2022年4月发生如下经济业务：

（1）借入3个月期借款20 000元；

（2）购买一批材料，货款40 000元，增值税税额5 200元，材料入库，企业开出一张商业汇票；

（3）本月生产领用原材料，价值50 000元。

要求：编制甲公司2022年4月的会计分录。

第五章　所有者权益业务的会计处理

第一节　所有者权益概述

一、所有者权益的性质

所有者权益又称投资人权益，是指企业所有者对企业净资产的要求权。净资产，是企业全部资产减去负债后的余额。企业的全部资产，必须优先满足债权人的需要，剩余部分才属于所有者。因此，所有者对企业资产的要求权列在债权人之后。

负债与所有者权益是企业筹资的两条渠道，债权人和投资者都为企业提供了资产，他们都对企业的资产有要求权。但两者间又存在明显区别，主要表现在：

1. 对象不同。负债是企业对债权人承担的经济责任，而所有者权益是企业对投资者承担的经济责任。

2. 性质不同。负债是企业对债权人以其全部资产承担的责任；所有者权益是企业对投资者以剩余资产承担的责任。如果企业在偿还债务后没有剩余资产，则意味着所有者权益为零。由于我国大部分企业为有限责任公司，因此，一般情况下，所有者权益不会出现负数的情况。

3. 偿还期限不同。负债有明确的到期日，必须在一定日期偿还；所有者权益在企业的经营期内不必偿还，一般只有在企业解散清算时或在破产清算时才可能还给投资者。

4. 享受的权利不同。债权人无权过问企业的重大生产经营政策，也无权分享企业的盈利，只享有到期收回债权本金及利息的权利；而投资者有权力参与企业管理，根据持有股份的多少对企业的财务政策和经营政策施加不同的影响。

5. 风险程度不同。债权人权益列在所有者权益之前，且债权人所获得的利息一般是按固定利率计算，收不回来的可能性很小，风险较低；所有者权益列在债权人权益之后，所获得的股利并没有确定的比例，完全由企业的经营情况决定，因此，风险较高。

6. 计量方法不同。负债可在发生时按实际发生额确定，它是一个常量；而所有者权益则是一个变量，很难计量，会计上采用推定的方法计量，即用资产价值减去负债价值后的差额确定。

7. 对企业的财务影响不同。负债所产生的利息，作为一项税前费用，在计算利润总额时已被扣除，利息可起到抵减企业所得税的作用；所有者权益产生的股利，由税后净利润分配，这部分股利对企业所得税不产生影响。

二、所有者权益的构成

所有者权益按形成的来源可划分为实收资本、资本公积、其他综合收益和留存收益项目。

（一）实收资本

实收资本是投资者投入资本形成法定资本的价值，所有者向企业投入的资本，在一般情况下无须偿还，可以长期周转使用。我国实行注册资本制度，投资人投入的资本应在企业成立时向工商行政管理部门登记资本总额，这部分实收资本就成为企业的注册资本。

所有者向企业投入资本，可以一次投资，也可以分次投资。在不同的企业类型中，投入资本的表现形式也不相同。在股份公司，投入资本表现为投资者购入公司发行的股票。公司售出股票的面值总额，即为公司实收资本总额。为了将股份公司与其他企业相区分，将股份公司的实收资本称为股本。其他企业的投入资本表现为所有者在约定额度内对企业的实际出资，这种出资不能超出投资协议约束额，超出部分不能作为实收资本确认。

投入资本按照投资人的身份可以分为国家投入资本、法人投入资本、个人投入资本和外商投入资本。由于投资者身份不同，决定了受资企业的性质也不同。国有企业、国有控股企业、外商投资企业等企业类型的认定主要是由投入资本的性质决定的。

（二）资本公积和其他综合收益

资本公积是企业收到投资者的实际投资额超出其在法定投资中所占份额的那部分投资。在实际工作中，往往是后来的投资者为了取得一定份额的权益而向初始投资者支付的资本报酬。由于这部分投资额归属于投资者共有，因而称为“公积”。

其他综合收益是指企业在经济活动中产生的直接计入所有者权益的利得或损失，这种利得或损失发生后由于其价值尚未实现，不能作为利润的组成部分，而是直接计入所有者权益。如以公允价值计量且其变动计入其他综合收益的金融资产价值变动额。

（三）留存收益

留存收益是企业因经营原因产生的资产增值留存在企业的那部分，是由收益转化而形成的所有者权益。留存收益包括盈余公积和未分配利润两部分。留存收益不等于净利润。净利润是企业资产的净增值，这部分增值的资产属于所有者，构成所有者权益。但净利润反映的是动态的所有者权益，净利润中有一部分会形成股利，这部分股利会支付给所有者，已经支付的股利不能再构成所有者权益。因此，从静态看，留存收益就是净利润减去股利后的差额。

第二节　实收资本业务的会计处理

一、实收资本的性质

实收资本是指投资者按照企业章程，或合同、协议的约定，实际投入企业的资本。实收资本是投资者投资额在企业资产中的具体体现。实收资本具有两方面含义：一方面，实收资本代表企业资金的来源，表明企业创建时的规模状态；另一方面，实收资本也代表所有者对企业的初始要求权，是所有者投给企业的本钱，企业有责任对其保值和增值。我国目前实行的是注册资本制度，《企业法人登记管理条例》规定，除国家另有规定以外，企业的注册资本应当与实收资本相一致。因此，在投资者足额缴纳资本之后，企业实收资本应该等于企业的注册资本。

二、有限责任公司的实收资本

（一）有限责任公司的特点

有限责任公司是指由两个以上股东共同出资，每个股东以其所认缴的出资额对公司承担有限责任，公司以其全部资产对其债务承担责任的企业法人。

有限责任公司实行资本金制度，但公司资本不分成等额股份，股东仅以其出资额为限对公司负责；有限责任公司不公开募股，不发行股票；股东的出资不能随意转让，如需转让，应经股东会或董事会讨论通过。有限责任公司的注册资本为在公司登记机关登记的全体股东实缴的出资额，股东应当足额缴纳公司章程中规定的各自所认购的出资额。股东出资方式多样，可以以现金出资，也可以以实物或无形资产出资，出资时应办好各项财产转移手续。

（二）实收资本的核算

有限责任公司投入资本的核算通过设置“实收资本”账户进行。该账户为所有者权益类账户，反映投资人初始权益的增减变动情况。贷方登记企业收到的投资者以各种形式投入到企业的出资额；借方登记按规定减少的注册资本额。贷方余额表示企业的实有资本数额。本账户按投资人的名称设置明细账进行明细核算。

“实收资本”账户反映投资者的初始权益，为了准确反映这一权益，企业在收到投资者投入资产时，应对其投入资产的价值进行准确计量。通常情况下，非货币性资产价值需经双方协商确定，或根据评估价确定。货币性资产价值可根据其实际价值确定。

对所有者的投入资本，企业可按以下情况分别处理：

1. 投资者以现金投入的资本，企业应当以实际收到或者存入企业开户银行的金额作为实收资本入账。实际收到或者存入企业开户银行的金额超过其在该企业注册资本中所占份额的部分，计入资本公积（资本溢价）。

2. 投资者以非现金资产投入的资本，应按投资者在企业注册资本中所占份额的部分作为实收资本入账，对于投资各方确认的资产价值超过其在注册资本中所占份额的部分，应计入资本公积。

3. 投资者投入的以外币计价的资产，无论是否有合同约定汇率，均不得采用合同约定汇率和即期汇率的近似汇率折算，而是采用交易日即期汇率折算，这样，外币投入资本与相应的货币性项目的记账本位币金额相等，不产生外币资本折算差额。

【例5-1】2022年3月1日甲公司成立，收到A公司投入现金200 000元存入银行，根据存款证明，甲公司所编制的会计分录为：

借：银行存款	200 000	
贷：实收资本——A公司		200 000

【例5-2】2022年8月20日乙公司成立，投资者M公司投入材料一批，开来的专用发票标明价款为100 000元，增值税税额为13 000元。双方协商按发票价值计价，乙公司所编制的会计分录为：

借：原材料	100 000	
应交税费——应交增值税（进项税额）	13 000	
贷：实收资本——M公司		113 000

三、股份有限公司实收资本

（一）股份有限公司的特点

股份有限公司是指全部资本由等额股份构成，并通过发行股票筹集资本，股东以其所持股份对公司承担有限责任，公司以其全部资产对公司债务承担责任的企业法人。股份公司的全部资本划分为等额股份，以发行股票的方式筹集资本，股票可以交易或转让，股东人数有下限，一般情况下，发起人为 5 人，没有上限。

（二）股本的核算

股份公司与其他企业比较，最显著的特点就是将企业的全部资本划分为等额股份，并通过发行股票的方式来筹集资本。投资者投入资本的方式就是购买公司发行的股票。其购入方式可以以现金购买，也可以用非现金资产交换。公司售出股票的面值与股份总数的乘积为股本，股本应等于企业的注册资本。

为了反映股份有限公司投资者投入资本情况，公司设置“股本”账户代替“实收资本”账户。“股本”账户也属所有者权益类账户，贷方反映股本的增加，借方反映股本的减少，期末余额在贷方，表示企业股本的结存数额。为了提供公司股本的构成情况，公司应在“股本”账户下，按普通股、优先股及股东单位或姓名设置明细账。此外，还可设置股本备查簿，详细记录公司核定的股本总额、股份总数及每股面值等情况。

股份公司在发行股票时，发行收入与股本总额可能不一致，这是因为股票的发行价格往往高于面值，形成溢价发行。在溢价发行股票的情况下，应按实收金额借记“银行存款”等账户，按所发行股票面值部分贷记“股本”账户，其余部分在扣除发行手续费、佣金等发行费用后记入“资本公积（股本溢价）”账户。

【例 5－3】甲公司委托某证券公司代理发行普通股 2 000 000 股，每股面值为 1 元，发行价格为 2.5 元，根据发行协议，按发行收入的 3% 支付发行手续费，从发行收入中扣除。股票发行成功，收到的股款已存入银行。

实收的股款数 = 2 000 000 × 2.5 ×（1 − 3%）= 4 850 000（元）

甲公司应编制的会计分录为：

借：银行存款	4 850 000	
贷：股本——普通股		2 000 000
资本公积——股本溢价		2 850 000

四、实收资本（或股本）的增减变动

（一）实收资本的增加

企业在生产经营中根据发展的需要可能会有增加资本的行为发生。企业增加资本的途径有四条：

1. 将资本公积（资本溢价）转为实收资本（或股本）。这是公司常用的增加资本规模的手段。在正常的经营情况下，资本公积的主要用途就是转增资本。将资本公积转为实收资本（或股本），这种行为表明公司的股东权益已经有了明确的归属。会计处理为：借记“资本公积——资本溢价（或股本溢价）”账户，贷记“实收资本”（或“股本”）账户。

2. 将盈余公积转为实收资本（或股本）。盈余公积的主要用途是弥补亏损和转增资本。用盈余公积弥补亏损也表明所有者权益的内部变化。转增资本的会计处理为：借记“盈余公积”账户，贷记“实收资本”（或“股本”）账户。

3. 引进新投资者投资。新投资者为企业投资，会增加企业资本的规模，增强企业的资金实力。接受投资的会计处理为：借记“银行存款”等资产类账户，贷记“实收资本”（或“股本”）等账户。

4. 股份公司发放股票股利增资。股票股利的实质是以公司的净利润向股东送红股。按规定：股票股利经董事会提议，要经股东大会讨论通过，并办好增资手续时，所进行的会计处理为：借记“利润分配”账户，贷记“股本”账户。

【例5-4】因扩大经营规模需要，经批准乙有限责任公司按原出资比例将资本公积500 000元转增资本。乙有限责任公司原股东为A和B，其中，A出资1 600 000元，B出资400 000元。乙有限责任公司编制的会计分录为：

借：资本公积——资本溢价　　500 000
　　贷：实收资本——A　　400 000
　　　　　　　　——B　　100 000

（二）实收资本的减少

实收资本（或股本）的减少是指企业发生了减资行为。企业减资的原因主要有两个：一是收缩企业规模；二是企业发生重大亏损。

1. 收缩企业规模减资，一般要发还投资者股款。有限责任公司向投资者还款时，借记“实收资本”账户，贷记“银行存款”等账户。股份有限公司发还股款时，则要回购已发行的股票。回购的股票应按实际支付的金额，借记“库存股”账户，贷记“银行存款”账户。注销库存股时，先按股票面值注销股本，超出面值付出的价格，按下列原则处理：回购的股票属溢价发行的，首先冲销原有资本公积，不足部分冲销盈余公积，若盈余公积不足冲销的，冲销未分配利润。

【例5-5】甲股份有限公司在2022年8月1日经股东大会批准，决定以现金回购1 000 000股并注销。该公司股票面值为1元，公司结存的资本溢价为4 000 000元，公司历年形成的盈余公积为2 000 000元。此次回购价格为每股6元，不考虑其他因素，甲公司的会计处理如下。

①回购股票时：

借：库存股　　6 000 000
　　贷：银行存款　　6 000 000

②注销本公司股份时：

借：股本　　1 000 000
　　资本公积——股本溢价　　4 000 000

盈余公积　　　　　　　　　　　　　　1 000 000

贷：库存股　　　　　　　　　　　　　　6 000 000

2. 如果企业发生重大亏损。经股东大会研究同意，可以用实收资本（或股本）弥补亏损。会计处理方法是：借记“实收资本”（或“股本”）账户，贷记“利润分配——盈余公积补亏”账户。

第三节　资本公积和其他综合收益业务的会计处理

一、资本公积和其他综合收益的性质

资本公积是企业收到的投资者超出其在注册资本中所占份额的那部分投资，这部分投资也称资本溢价（股份公司称作股本溢价）。资本公积（资本溢价）与实收资本的区别在于权益的归属确定性。实收资本对应的是某个具体所有者的权益，而资本公积（资本溢价）对应的是全部所有者的权益，只有在条件具备时，才可以将资本公积转为实收资本。除资本溢价外，资本公积还包括其他资本公积，如企业产生的以权益结算的股份支付业务。

其他综合收益是指企业在经济活动中产生的直接计入所有者权益的利得或损失。这种利得或损失发生时，由于其所产生的业务活动尚未结束，对企业利润的影响不能加以确认，暂计入所有者权益。待其产生的业务活动结束后，再将其从其他综合收益转为当期损益，也就是说从资产负债表项目调整为利润表项目。

二、资本公积的核算

企业对资本公积进行核算通过设置“资本公积”账户进行。该账户为所有者权益类账户，用来反映资本公积的形成及使用情况。贷方登记资本公积增加额，借方登记资本公积减少额。其余额在贷方，反映资本公积结存数额。该账户按资本公积形成的内容设置明细账进行明细分类核算。资本公积总账下设置的明细账户包括资本溢价（或股本溢价）以及其他资本公积。

【例5-6】丙公司由三位股东各出资500万元发起设立，设立时的实收资本为1 500万元。经过五年的经营，该公司的所有者权益已经达到2 000万元。此时，投资者D表示愿意出资670万元而仅占该企业股份的25%。丙公司收到该投资者投入资本时所编制的会计分录为（单位：万元）：

借：银行存款　　　　　　　　　　　670

　　贷：实收资本——D　　　　　　　　　　500

　　　　资本公积——资本溢价　　　　　　　170

股本溢价是指企业发行股票，股票的发行价格高于面值的差额，核算方法见〖例5－3〗。

注意：发行股票相关的手续费、佣金等交易费用，应从溢价中抵扣，冲减资本公积（股本溢价）。无溢价发行股票或溢价金额不足以抵扣的，应将不足抵扣的部分冲减盈余公积，盈余公积不足抵扣的冲减未分配利润。

三、其他综合收益

其他综合收益的形成主要包括以下三种情况。

1. 以公允价值计量且其变动计入其他综合收益的金融资产的公允价值变动形成。以公允价值计量且其变动计入其他综合收益的金融资产在持有期间的资产负债表日应当以公允价值计量，其公允价值的变动差额要计入其他综合收益。

2. 投资性房地产用途转换导致的差额形成。自用房地产或存货转换为采用公允价值模式计量的投资性房地产时，转换日的公允价值大于原账面价值的，其差额作为其他综合收益，计入所有者权益。处置投资性房地产时，其存续期间形成的其他综合收益转入其他业务成本。

3. 金融资产的重分类形成。企业将一项以摊余成本计量的金融资产（债权投资）重分类为以公允价值计量且其变动计入其他综合收益的金融资产（其他债权投资）的，应当按照该金融资产在重分类日的公允价值计量，原资产的账面价值与新资产的公允价值之间的差额计入其他综合收益。

企业对其他综合收益进行核算通过设置“其他综合收益”账户进行，业务处理可参考〖例3－60〗。

第四节　留存收益业务的会计处理

一、留存收益的性质

留存收益是指企业从历年实现的净利润中提取或形成的留存于企业内部的积累，它来源于企业生产经营活动所实现的净利润，包括盈余公积和未分配利润。它与实收资本和资本公积的区别在于：实收资本和资本公积主要来源于企业的资本投入，而留存收益则来源于企业的资本增值。

（一）盈余公积

盈余公积是企业按照规定从税后利润中提取的各种积累资金。提取盈余公积的主要目的是限制股利的分配，即向股东和投资者表明，税后利润所代表的资产应提取一部分，以满足将来扩大企业生产规模、弥补日后发生亏损等的需要，而不能全部以股利及利润的形式分配给股东和投资者。否则，稍有盈余便分尽吃光，将会对企业的长期发展造成不利的影响。

公司制企业的盈余公积分为法定盈余公积和任意盈余公积。法定盈余公积按当期实现净利润为依据，通常按10%计提，法定盈余公积累计达到注册资本50%时可以不再提取，任意盈余公积提取不做限定。

法定盈余公积和任意盈余公积的区别在于其各自计提的依据不同，前者以国家的法律或行政规章为依据提取，后者则由企业自行决定提取。

企业提取的盈余公积其主要用途是：

1. 用于弥补亏损。企业发生亏损时，应由企业自行弥补。在用税前利润和税后利润都无法弥补时，可以用盈余公积弥补亏损。企业用盈余公积弥补亏损时，应当由公司董事会提议，并经股东大会批准。

2. 转增资本。企业将盈余公积转增资本时，必须经股东大会决议批准。在转增资本时，一是要先办理增资手续；二是要按股东原有持股比例结转；三是盈余公积转增资本时，转增后留存的盈余公积金数额不得少于转增前公司注册资本的25%。

（二）未分配利润

未分配利润是指企业留待以后年度进行分配的利润，也是企业所有者权益的组成部分。企业实现的净利润扣除提取的盈余公积和分配的股利后，剩余部分便形成本期未分配利润。由于企业生产经营活动的连续性，本期期末累计未分配利润在本期产生的未分配利润的基础上还应加上期初未分配利润。未分配利润有两层含义：一是该利润留在以后年度处理；二是该利润未指明特定用途，其灵活性较强。

二、留存收益的核算

（一）盈余公积的核算

由于留存收益包括盈余公积和未分配利润，其核算应通过设置不同的账户进行。对盈余公积进行核算，需设置“盈余公积”账户。“盈余公积”账户为所有者权益类账户，用来核算盈余公积的增减变动情况。贷方登记按规定提取的盈余公积数额，借方登记用盈余公积弥补亏损或转增资本而减少的数额，贷方余额反映盈余公积的结存数。该账户可按盈余公积的构成项目设置明细账户进行明细核算。由于盈余公积来自净利润的分配，因此，企业在提取盈余公积时，借记“利润分配”账户，贷记“盈余公积”（法定盈余公积、任意盈余公积）账户。在将盈余公积转增资本或弥补亏损时，借记“盈余公积”账户，贷记“实收资本”或“利润分配”账户。

【例5-7】甲公司本年实现税后利润4 000 000元，本年提取法定盈余公积

400 000元、任意盈余公积150 000元。甲公司为此项业务编制会计分录为：

借：利润分配——提取法定盈余公积　　400 000

　　　　　　——提取任意盈余公积　　150 000

　　贷：盈余公积——法定盈余公积　　400 000

　　　　　　　　——任意盈余公积　　150 000

【例5-8】乙公司以前年度累计未弥补亏损为200 000元，按照规定，已超过了以税前利润弥补亏损的期间。本年由公司董事会提议，并经股东大会批准，以法定盈余公积金弥补以前年度的未弥补亏损。乙公司处理此项业务应编制会计分录为：

借：盈余公积——法定盈余公积　　200 000

　　贷：利润分配——盈余公积补亏　　200 000

【例5-9】丙公司经批准同意，在本期将法定盈余公积100 000元转增资本。此时，丙公司应编制的会计分录为：

借：盈余公积——法定盈余公积　　100 000

　　贷：实收资本　　100 000

（二）未分配利润的核算

未分配利润的核算通过设置“利润分配——未分配利润”账户进行。该账户为所有者权益类账户，反映未分配利润的形成及后续调整情况。该账户的主要使用时间是在年末结算。年度终了时，企业将实现的净利润及净利润的分配数额全部转入本账户，在本账户完成配比，以确定本年度最终的经营成果是未分配利润还是未弥补亏损。本账户的贷方期末余额反映企业累计实现的未分配利润；借方余额反映企业累计发生的未弥补亏损。由于这一核算过程是每个单位在期末结账时都必做的工作，因此，企业不必对未分配利润进行单独的会计核算。具体核算过程可参见本教材第九章内容。

本章内容综述

所有者权益是指企业所有者对企业净资产的要求权。从构成上说，所有者权益包括实收资本、资本公积、其他综合收益、盈余公积、未分配利润；从数量上说，所有者权益等于资产减去负债。

实收资本是指投资者按照企业章程，或合同、协议的约定，实际投入企业的资本。有限责任公司运用“实收资本”账户核算投资者投入资本，股份有限公司运用“股本”账户核算投资者投入资本。

资本公积是企业收到投资者的超出其在企业注册资本（或股本）中所占份额的投资以及其他资本公积，其他综合收益是指企业发生的直接计入所有者权益的利得和损失。资本公积的主要用途是转增实收资本。其他综合收益是企业发生的潜在损益，待相关业务结束时，按会计准则要求转入当期损益。

留存收益是指企业从历年实现的净利润中提取或形成的留存于企业内部的积累，它来源于企业生产经营活动所实现的净利润，包括盈余公积和未分配利润。盈余公积包括法定盈余公积和任意盈余公积。盈余公积的主要用途是弥补亏损和转增资本。未分配利润是指企业经分配后剩余留待以后年度分配的利润，未分配利润不需单独核算，年终结账时自动形成。

复习思考题

一、思考题

1. 负债与所有者权益两者间有什么联系和区别？
2. 有限责任公司与股份有限公司两者对投入资本的核算有什么区别？
3. 实收资本增加或减少的原因及会计处理方法怎样？
4. 其他综合收益主要包括哪些成因？应如何进行会计处理？
5. 现金股利与股票股利在会计处理上有什么不同？
6. 一般盈余公积与法定盈余公积有什么区别？
7. 负债筹资与所有者权益筹资对企业财务状况和经营成果产生哪些影响？
8. 企业在确定利润分配方案时采用哪种分红方式？分配多少？这些问题由哪些因素决定？
9. 具备什么条件的企业会采用股票股利的分红方式？
10. 任意盈余公积在企业的利润分配中能起哪些作用？

二、练习题

1. 某有限责任公司 2022 年 9 月份发生下列业务：

（1）收到 A 企业投资现金 300 000 元存入银行。

（2）收到 B 企业投资设备一台，经双方确认的价值为 500 000 元。

（3）收到外商投资 300 000 美元。合同约定汇率为 1 美元兑换 6.50 元人民币，收到日市场汇率为 1 美元兑换 6.48 元人民币。

要求：为以上业务编制会计分录。

2. 甲公司为增值税一般纳税人，由 A、B、C 三家股东于 2022 年 12 月 31 日共同出资设立，注册资本为 800 万元。出资协议规定，A、B、C 三家股东出资比例分别为 40%、35% 和 25%。有关资料如下：

（1）2022 年 12 月 31 日三位股东的出资方式及出资额如下表所示（各位股东的出资已全部到位，并经中国注册会计师验证，有关法律手续已经办妥）。

单位：万元

出资者	货币资金	实物资产	无形资产	合计
A	270		50（专利权）	320
B	130	150（设备）		280
C	170	30（轿车）		200
合计	570	180	50	800

（2）2023 年甲公司实现净利润 400 万元，决定分配现金股利 100 万元，计划在 2024 年 2

月10日支付。

要求：做出甲公司收到投资和分配现金股利的会计处理。

3. 某股份有限公司2022年12月发生下列业务：

（1）经批准向社会发行股票1 000万股，每股面值为1元，发行价格为3元，支付发行手续费20万元，股票已发行成功。

（2）本年实现净利润300万元，公司董事会决定：提取10%法定盈余公积金、5%任意盈余公积金，向投资者分配50%的现金股利。

（3）按约定，将资本公积700 000元转为股本。

（4）将本年利润及利润分配数额转入“利润分配——未分配利润”账户。

要求：为上述业务编制会计分录。

第六章　产品成本业务的会计处理

第一节　成本核算的意义和要求

一、成本核算的意义

成本是商品生产中耗费的活劳动和物化劳动的货币表现。成本核算是对企业生产经营过程中各种经济资源价值牺牲进行对象化的处理过程。生产经营过程，也是各种经济资源的价值耗费过程。在这个过程中，要投入人、财、物资源，这些资源经过一定的转换，变换为另一种形态的资产。为了正确确定这些资产的价值，就必须以产品为对象，对制造加工过程中所耗费的各种经济资源进行系统的确认、计量和计算，求得其生产的成本。

就工业企业来说，正确组织产品成本的核算有重要意义。

1. 通过产品成本核算，能为企业生产耗费的补偿确定明确的尺度，也为盈利计算奠定了基础。另外，产品成本还是确定价格的重要依据。只有明确了产品成本，才能确定产品售价的底线。

2. 通过产品成本核算，能够反映和监督各项消耗定额及成本计划的执行情况，控制人力、物力和财务的耗费，从而促进企业增产节约、增收节支。同时，利用成本核算资料，开展对比分析，查明企业生产经营的成绩和缺点，从而采取措施改善企业经营管理，促使企业进一步降低产品成本。

3. 通过在产品的成本核算，还可以反映和监督在产品资金管理情况，提高资金周转速度，为企业资金的正常周转提供必要的参考数据。

二、成本核算的要求

为了完成成本核算的各项任务，充分发挥成本核算的作用，在成本核算工作中应该遵循以下要求。

（一）严格执行国家规定的成本开支范围和开支标准

成本开支范围是根据企业生产过程中生产费用的不同性质，根据成本内容以及经济核算要求，由国家对成本的构成内容所作的统一规定。企业在生产经营中发生的费用是多种多样的，在会计处理上，首先应按成本开支范围以及费用开支标准对企业发生的各项耗费进行审核和控制，明确其性质。对于不合法、不合理的开支要及时制止；无法制止的，要追究当事人责任。

（二）正确划分各种费用界限

为了正确核算生产成本，必须注意划分以下几个费用界限：

1. 正确划分生产经营管理费用和非生产经营管理费用的界限。企业生产经营管理费用是指用于产品生产和销售、用于组织管理生产经营活动以及用于筹集生产经营资金的各种费用，它们都是收益性支出；非生产经营管理费用是指企业购置和建造固定资产、购买无形资产以及对外投资等资本性支出等。这些资本性支出以及损失不是由于日常活动发生的，都不应计入生产经营管理费用。

2. 正确划分生产费用与经营管理费用的界限。为了正确计算产品成本和经营管理费用，正确计算企业各个月份的损益，应将生产经营管理费用划分为生产费用和经营管理费用。用于产品生产的原材料费用、生产工人的薪酬以及为制造产品发生的各种耗费，应该计入生产费用，并形成产品成本。用于产品销售、组织管理生产经营活动和筹集资金发生的费用，分别计入销售费用、管理费用和财务费用，作为期间费用直接从当期收入中扣除。

3. 正确划分各个月份的费用界限。为了按月分析、考核产品成本，正确计算各月损益，还应将计入产品成本的耗费在各个月份之间进行正确的划分。做好这方面的工作，主要是落实好权责发生制的要求。应由本月产品成本承担的耗费，即使还没有发生，也要计入本月成本；不应由本月成本承担的耗费，对已发生的支出，应该采用待摊的方法进行处理。

4. 正确划分各种产品的费用界限。产品成本计算应按产品的品种进行，为此，应该将计入本月产品成本的生产费用在各种产品之间进行划分。属于某种产品单独发生、能够直接计入该种产品成本的费用，应该直接计入该种产品成本；属于几种产品共同发生、不能直接计入某种产品成本的生产费用，则应根据成本分配的受益原则，采用适当的分配方法，分配计入各种产品成本。

5. 正确划分完工产品成本和在产品成本的费用界限。月末计算产品成本时，如果某种产品全部完工，其各项生产费用之和就是这种产品的总成本；如果某种产品都未完工，其各项生产费用之和就是这种产品的月末在产品成本；如果某种产品的一部分已经完工，另一部分尚未完工，其各项生产费用应当采用适当的分配方法在完工产品和在产品之间进行分配，分别计算完工产品成本和月末在产品成本。

（三）做好成本核算的基础工作

1. 做好定额的制定和修订工作。定额是企业根据本单位当前设备条件和技术水平，充分考虑人的积极因素，在产品生产的产量、质量以及人力、物力、财力消耗等方面规定其应该达到的标准。制定各种消耗定额，是编制成本计划、考核分析产品成本水平的重要依据。另外，随着生产的发展和技术的进步，还应不断修订定额，以保证定额的科学性和有用性。

2. 建立和健全材料物资的计量、收发、领退和盘点制度。做好材料物资的计量、收发、领退和盘点工作，是加强成本管理、正确计算产品成本的重要前提。因为材料费用是构成产品成本的主体部分，材料费用的高低决定了产品成本的高低。因此，企业应对材料收发的每个环节都制定科学的管理制度，以使成本核算的真实性得到制度上的保证。

3. 建立和健全原始记录。原始记录是反映生产经营活动的原始资料，是编制成本计划、进行成本核算、分析消耗定额和成本计划完成情况的依据。凡是工时、动力的耗费，在产品、半成品在企业内部的转移以及产品质量的检验等，都必须有真实的原始记录，这样才能使成本计算有确切的依据。

第二节　产品成本核算的一般程序

一、成本核算的一般程序

成本核算的程序是指进行成本核算工作的先后顺序。对于工业企业来说，成本核算的一般程序是：

1. 对生产经营费用进行审核和控制，确定生产经营费用应不应该开支，对开支的费用确定应计入产品成本还是计入期间费用。

2. 将计入产品成本的要素费用在各种产品之间进行分配和归集，即生产费用的横向分配，计算各种产品的生产成本。

3. 将计入某种产品成本的生产费用在其完工产品和在产品之间进行分配和归集，即生产费用的纵向分配，计算某种产品的完工成本和在产品成本。

二、成本核算应设置的账户

为了按照经济用途归集生产费用，进行产品成本核算，企业需设置“生产成本”账户和“制造费用”账户。

“生产成本”账户是计算产品成本的核心账户，该账户用来反映和监督企业进行工业性生产包括生产各种产品（产成品、自制半成品、提供劳务等）、自制材料、自制工具、自制设备等所发生的各项生产费用。在该总账下，企业可根据需要设置“基本生产成本”“辅助生产成本”两个二级账户。

“基本生产成本”二级账户用来反映和监督企业基本生产车间为进行产品生产而发生的费用。该账户的借方登记产品生产发生的各项费用，贷方登记完工产品的成本。月末借方余额，反映基本生产车间月末在产品的成本。该二级账户下应按生产产品的品种设置生产成本明细账，进行产品成本的明细核算。

“辅助生产成本”二级账户用来反映和监督企业辅助生产车间为进行生产而发生的费用。该账户的借方登记为提供辅助生产服务而发生的各项费用，贷方登记分配的辅助生产费用。月末如有借方余额，即为辅助生产车间的在产品成本。该二级账户下，应按辅助车间及费用项目设置明细账进行明细核算。

“制造费用”账户用来反映和监督为生产产品和提供劳务而发生的各项制造费用。该账户的借方登记实际发生的制造费用；贷方登记分配转出的制造费用。除季节性生产企业外，该账户月末无余额。该账户应按车间种类设置明细账进行明细核算。为了简化核算，辅助车间可以不设“制造费用”账户，将其发生的各项间接费用直接记入“辅助生产成本”二级账户内。

三、成本核算的账务处理程序

（一）生产费用的横向分配和归集

生产费用的横向分配是指将生产产品所消耗的各项费用在所生产的各种产品间进行分配。这一工作的完成可分为平时归集和月末分配两个环节。

1. 生产费用分配的平时归集。企业在生产经营过程中会发生各种费用支出，如耗用材料、分配职工薪酬、计提折旧、发生其他费用等。经过审核的耗费要依据其用途分别进行如下处理：凡直接用于基本生产车间产品生产的材料费、生产工人薪酬等，应直接记入“生产成本——基本生产成本”二级账户及按产品品种开设的生产成本明细账户，基本生产车间耗费的间接费用记入“制造费用”账户；辅助生产车间发生的各种耗费，记入“生产成本——辅助生产成本”账户。

2. 生产费用分配的月末处理。（1）根据“生产成本——辅助生产成本”账户归集的辅助生产费用和辅助生产车间提供产品、劳务的数量，将辅助生产车间发生的费用分配给各受益对象，将费用分别转入“制造费用”和有关的期间费用账户。（2）将“制造费用”账户中归集的费用结转至“生产成本——基本生产成本”账户及其明细账，并在各产品间进行分配。

（二）生产费用的纵向分配和归集

生产费用的纵向分配是指月末时将“生产成本——基本生产成本”明细账户中归集的某产品的生产费用在各种产品内部的完工产品与在产品之间分配，计算各种产品的完工产品成本和月末在产品成本。同时，将基本生产车间完工产品的成本自“生产成本——基本生产成本”账户结转至“库存商品”账户。

成本核算的主要账务处理程序如图 6 – 1 所示。

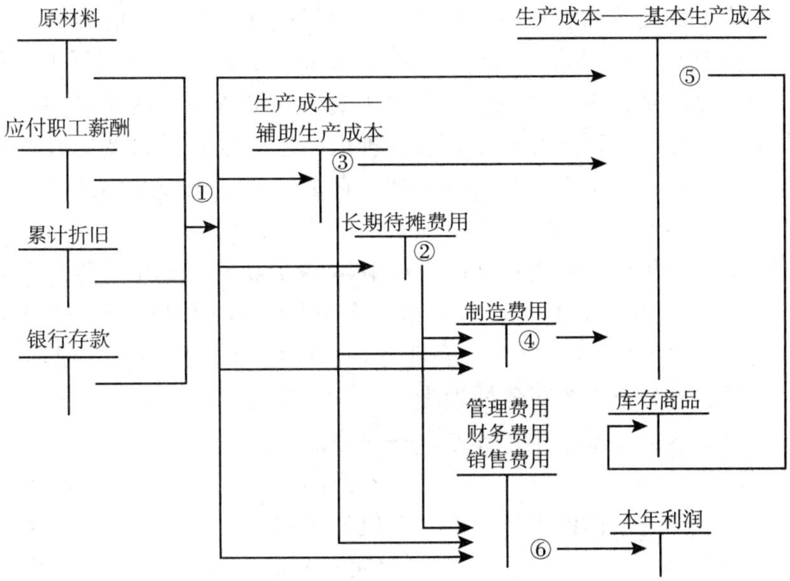

图 6 – 1 产品成本核算主要账务处理程序

说明：①分配各项生产费用；②分配长期待摊费用；③分配辅助生产费用；④分配制造费用；⑤结转产成品成本；⑥结转期间费用。

第三节 生产费用在各种产品之间的分配与归集

在各项耗费的性质确定之后，对于生产产品的耗费应首先在所生产的各种产品之间进行分配，这种分配工作，主要经历以下过程。

一、要素费用的分配

要素费用是指在生产产品过程中，生产要素发挥作用所产生的各项耗费。包括的主要内容是劳动对象耗费、活劳动耗费和劳动手段或劳动条件耗费。

（一）外购材料和燃料费用的分配

企业进行生产经营活动，会消耗各种原材料、辅助材料和燃料。它们有的用于产品生产；有的用于维护生产设备和管理组织生产；还有的用于非工业生产。其中，应计入产品成本并构成产品实体的原料及主要材料费用和有助于产品形成的辅助材料费用，应记入“生产成本——基本生产成本”账户，同时记入其明细账的“直接材料”项目；用于维护生产设备和管理生产消耗的各种材料费用，记入“制造费用”账户。不应计入产品成本而属于期间费用的材料耗费则应按其用途分别记入“管理费用”“销售费用”等账户。

直接用于产品生产并构成产品实体的原料及主要材料。如果是按照产品分别领用的，则属于直接费用，可在领用时根据领料凭证将其耗费的金额直接计入各种产品成本明细账中的“直接材料”项目；如果是几种产品共同耗用一种材料并在领用时没能分产品区别，则此项材料费用属于间接费用，需要采用合理简便的分配方法，分别计入各种产品成本。在各种产品之间分配材料费用时，可以选用产品的重量、体积、产量等作为分配标准。在消耗定额比较准确的情况下，可以采用按产品的材料消耗定额或材料定额费用的比例进行分配。

【例6－1】 A企业本月消耗材料总费用为19 750元，其中，生产甲产品耗用9 500元，乙产品耗用4 250元，基本生产车间管理耗用500元，机修车间耗用1 200元，供汽车间耗用1 800元，企业管理部门耗用2 500元。根据领料凭证及材料费用分配表，A企业的账务处理为：

借：生产成本——基本生产成本——甲产品　　9 500
　　　　　　　　　　　　　　——乙产品　　4 250
　　　　　　——辅助生产成本——机修车间　　1 200
　　　　　　　　　　　　　　——供汽车间　　1 800
　　制造费用　　500
　　管理费用　　2 500
　　贷：原材料　　19 750

（二）外购动力费的分配

外购动力包括外购电力、蒸汽等。这些动力有的直接用于产品生产，有的用于照明、取暖等其他用途，动力费用应按用途和使用部门进行分配。在有仪表记录的情况下，应根据仪表所示动力耗用数量和单价直接计算分配；在没有仪表配备的情况下，可按各产品、劳务耗用的生产工时、机器工时、机器马力时数（马力×时数）的比例或定额消耗量的比例进行分配。对直接用于生产的动力费，应记入“生产成本”账户及其所属明细账中的“直接材料”项目内（企业也可以单独设置“燃料动力”成本项目）；对用于照明、取暖消耗的动力费用，则应按使用部门分别记入“制造费用”“管理费用”等账户。

【例6－2】 经计算，A企业本月消耗的电费总额为14 150元，其中，甲产品生产耗电6 690元，乙产品耗电4 460元，基本车间管理耗电480元，机修车间耗电1 080元，供汽车间耗电1 200元，企业管理部门耗电240元。根据用电记录和动力费用分配表，A企业的账务处理为：

借：生产成本——基本生产成本——甲产品　　6 690
　　　　　　　　　　　　　　——乙产品　　4 460
　　　　　　——辅助生产成本——机修车间　　1 080
　　　　　　　　　　　　　　——供汽车间　　1 200

　　制造费用　　480
　　管理费用　　240
　　贷：银行存款　　14 150

（三）职工薪酬的分配

职工薪酬的分配去向，应根据职工薪酬的用途确定。凡基本生产车间直接从事产品生产的工人薪酬，应记入“生产成本——基本生产成本”账户及其明细账中的“直接人工”项目；基本生产车间为组织和管理生产发生的管理人员薪酬应记入“制造费用”账户；辅助生产车间人员的薪酬记入“生产成本——辅助生产成本”账户；企业行政管理部门人员的薪酬，作为期间费用记入“管理费用”账户。

直接进行产品生产的生产工人薪酬，由于薪酬制度不同，其计入产品成本的方法也不同。如果采用计件工资形式支付，生产工人薪酬通常可以根据产量记录计算并可直接计入产品成本。如果采用计时工资形式支付，如果只生产一种产品，生产工人薪酬仍属直接费用，应直接计入该种产品成本；但在生产多种产品时，生产工人薪酬则属间接费用，应采用适当的分配方法，如按生产工时比例在各种产品之间进行分配。

【例6－3】A企业本月发生的工资总费用为41 630元，其中，生产甲产品的生产工人工资14 000元，乙产品的生产工人工资8 000元，基本生产车间管理人员工资600元，辅助生产机修车间人员工资6 320元，供汽车间人员工资9 110元，企业管理部门人员工资3 600元。本月的福利费为5 828.20元，其中，生产甲产品的生产工人福利费1 960元，乙产品的生产工人福利费1 120元，基本生产车间管理人员福利费84元，机修车间人员福利费884.8元，供汽车间人员福利费1 275.4元，企业管理部门人员福利费504元。根据上述资料，A企业的账务处理如下。

①工资费用分配：

借：生产成本——基本生产成本——甲产品　　14 000
　　　　　　　　　　　　　——乙产品　　8 000
　　　　　——辅助生产成本——机修车间　　6 320
　　　　　　　　　　　　　——供汽车间　　9 110
　　制造费用　　600
　　管理费用　　3 600
　　贷：应付职工薪酬——工资　　41 630

②职工就餐的福利费分配：

借：生产成本——基本生产成本——甲产品　　1 960
　　　　　　　　　　　　　——乙产品　　1 120
　　　　　——辅助生产成本——机修车间　　884.8
　　　　　　　　　　　　　——供汽车间　　1 275.4

制造费用　　84
管理费用　　504
贷：应付职工薪酬——职工福利费　　5 828.20

（四）固定资产折旧费的分配

计入产品成本的车间使用固定资产的折旧费，作为间接费用一般不单独设置成本项目，而是将其先记入“制造费用”账户，然后再分配转入“生产成本——基本生产成本”账户。辅助生产车间的折旧费可直接记入“生产成本——辅助生产成本”账户。企业行政管理部门的固定资产折旧费应记入“管理费用”账户。

【例6-4】经计算，A企业本月固定资产发生的折旧费总额为27 500元，其中，基本生产车间折旧13 300元，机修车间折旧2 300元，供汽车间折旧2 300元，企业管理部门折旧9 600元。A企业根据固定资产折旧计算表进行的账务处理为：

借：制造费用　　13 300
　　生产成本——辅助生产成本——机修车间　　2 300
　　　　　　　　　　　　　　——供汽车间　　2 300
　　管理费用　　9 600
　　贷：累计折旧　　27 500

（五）其他支出的分配

在企业的生产经营中，除发生上述各项费用支出外，还会发生其他生产费用，如差旅费、邮电费、办公费、劳动保护费、排污费等，这些支出应按其发生的用途和地点分别记入“制造费用”和“管理费用”账户。

根据上述会计处理，已将本期发生应由本期产品成本承担的各项费用分别记入“生产成本”和“制造费用”账户；将应计入期间费用的各项支出记入“管理费用”“财务费用”“销售费用”账户。至此，企业发生的各项要素费用分配完毕。

二、辅助生产费用的归集和分配

（一）辅助生产的特点

辅助生产是指为企业的基本生产和管理部门提供服务而进行的产品生产和劳务供应。辅助生产中有的以一种产品或劳务服务于基本生产车间和管理部门，如供电、供水、供汽等车间；有的则是提供多种产品或劳务服务于基本生产车间和管理部门，如工具、模具、运输和修理等车间。各辅助生产车间的产品和劳务，虽有时也对外销售一部分，但其根本任务是服务于产品生产和管理工作。辅助生产这一特点，决定了辅助生产车间发生的生产费用必须单独进行归集与核算，并分配计入各受益对象，成为产品成本的组成部分。显然，辅助生产产品和劳务成本的高低，对企业产品成本的水平有很大的影响；同时，也只有在辅助生产产品和劳务成本确定之后，才能计算企业的产品成本。因此，正确及时地组织辅助生产费用的归集和分配，对于正确及时地计算企业的产品成本有着重要意义。

（二）辅助生产费用的归集

辅助生产费用的归集和分配是通过“生产成本——辅助生产成本”账户完成的。辅助生产车间发生的各项费用应在本账户借方归集。其中，直接为辅助生产产品和劳务发生并单独设置成本项目的费用，如材料费、人工费等，应在发生时直接计入本账户借方及有关成本项目。为管理和组织辅助生产发生的制造费用，可以有不同的处理方法。在企业规模较大、辅助生产车间制造费用数额较多的情况下，可将这些费用先归集在“制造费用——辅助车间”账户的借方，月终时再转入“生产成本——辅助生产成本”账户的借方；如果企业规模较小、辅助生产车间制造费用数额较少，这些费用可不必通过“制造费用——辅助车间”账户进行归集，而是在发生时直接记入“生产成本——辅助生产成本”账户中。本章举例就是按这种方法进行会计处理。

（三）辅助生产费用的分配

归集在“生产成本——辅助生产成本”账户借方的辅助生产费用，在月末时，应根据辅助生产车间提供产品和劳务种类的不同采用相应的方法分配转出。

工具、模具车间为生产工具、模具、修理用备件等产品发生的费用，应在所提供的产品完工入库时，从“生产成本——辅助生产成本”账户的贷方分别转入“周转材料——低值易耗品”“原材料”账户的借方。然后根据这些产品的使用情况将其费用分配给相应的受益对象。

动力、供水、运输和机修车间等提供的电、汽、水、运输、修理等产品和劳务所发生的费用，要在各受益单位之间按所耗数量或其他比例分配。分配时，应从“生产成本——辅助生产成本”账户的贷方转入“制造费用”“管理费用”等账户的借方。具体分配时，可通过编制辅助生产费用分配表来进行。

对辅助生产费用进行分配，需计算各受益单位应承担的金额。解决此问题的关键在于计算该项辅助生产费用的单位劳务成本，辅助生产费用分配常用的方法主要有直接分配法和交互分配法。

1. 直接分配法。直接分配法是将各种辅助生产费用直接分配给辅助生产以外的各受益单位，而不考虑各辅助生产车间互相提供产品和劳务的情况。在这种分配方法下，辅助生产所提供单位劳务成本的计算公式为：

$$\text{某项辅助生产单位劳务成本}=\frac{\text{该项辅助生产发生的总成本}}{\text{该项辅助生产对外提供的劳务量}}$$

$$\text{某部门分配的辅助生产费用}=\text{该部门耗用的辅助生产劳务量}\times\text{单位劳务成本}$$

【例6-5】A企业除设有基本生产车间外，还配有供水和供电两个辅助生产车间，这两个车间不但为基本生产车间和企业管理部门提供服务，而且互相提供服务。2022 年 9 月份进行费用分配时，在“生产成本——辅助生产成本”的明细账上归集的费用分别为供水车间1 200元，供电车间 1 440 元。这两个车间本月提供劳务的数量如表 6－1 所示。

表 6－1　　辅助生产车间提供劳务情况表

用途		用水量（立方米）	用电量（度）
辅助车间	供水车间		2 000
	供电车间	4 000	
基本车间	甲产品		3 000
	乙产品		4 000
	车间消耗	17 000	2 000
管理部门		3 000	1 000
合　计		24 000	12 000

按直接分配法编制辅助生产费用分配表，如表 6－2 所示。

表 6－2　　辅助生产费用分配表（直接分配法）　　金额单位：元

辅助生产车间	待分配费用	劳务数量	单位成本	基本生产车间						管理部门		金额合计
				甲产品		乙产品		制造费用				
				数量	金额	数量	金额	数量	金额	数量	金额	
供水车间	1 200	20 000	0.060					17 000	1 020	3 000	180	1 200
供电车间	1 440	10 000	0.144	3 000	432	4 000	576	2 000	288	1 000	144	1 440
合　计	2 640	—	—	—	432	—	576	—	1 308	—	324	2 640

根据表 6－2 中的计算结果，编制的会计分录为：

借：生产成本——基本生产成本——甲产品　　432
　　　　　　　　　　　　　——乙产品　　576
　　制造费用　　1 308
　　管理费用　　324
　　贷：生产成本——辅助生产成本——供水车间　　1 200
　　　　　　　　　　　　　　　　——供电车间　　1 440

采用这种分配方法，各辅助生产费用只进行对外分配，分配一次，计算工作最简便。但由于这样计算的辅助生产产品和劳务的成本没有考虑辅助生产车间互相提供产品和劳务的影响，因而分配的结果不正确，故只宜在辅助生产内部互相提供产品或劳务不多、不进行费用的交互分配，对辅助生产成本和企业产品成本影响不大的情况下采用。

2. 交互分配法。交互分配法是将辅助生产费用的分配分两步来进行。首先，将各辅助生产车间各自发生的费用，在辅助生产车间之间进行交互分配（即互相分配）；其次，再将各辅助生产车间的实际费用（原来发生的费用 + 分配进来的费用 - 分配出去的费用）直接分配给除辅助生产车间以外的各受益单位。在这种分配方法下，辅助生产所提供的单位劳务成本的计算公式如下。

对内分配时：

$$\text{辅助生产单位劳务成本} = \frac{\text{该项辅助生产发生的费用（原费用）}}{\text{该项辅助生产提供的劳务量（原数量）}}$$

对外分配时：

$$\text{辅助生产单位劳务成本} = \frac{\text{该项辅助生产对外分配费用}}{\text{该项辅助生产对外提供的劳务量}}$$

【例6-6】仍以〖例6-5〗中资料为例，按照交互分配法编制辅助生产费用分配表，如表6-3所示。

表6-3　辅助生产费用分配（交互分配法）　　金额单位：元

项目			交互分配			对外分配		
辅助生产车间名称			供水	供电	合计	供水	供电	合计
待分配辅助生产费用			1 200	1 440	2 640	1 240[a]	1 400[b]	2 640
供应劳务数量			24 000	12 000		20 000	10 000	
费用分配率（单位成本）			0.05	0.12		0.062	0.14	
辅助生产车间耗用	供水车间	数量		2 000				
辅助生产车间耗用	供水车间	金额		240	240			
辅助生产车间耗用	供电车间	数量	4 000					
辅助生产车间耗用	供电车间	金额	200		200			
辅助生产车间耗用	分配金额小计		200	240	440			
基本生产车间耗用	甲产品	数量					3 000	
基本生产车间耗用	甲产品	金额					420	420
基本生产车间耗用	乙产品	数量					4 000	
基本生产车间耗用	乙产品	金额					560	560
基本生产车间耗用	分配金额小计						980	980
基本生产车间耗用	制造费用	数量				17 000	2 000	
基本生产车间耗用	制造费用	金额				1 054	280	1 334
管理部门耗用		数量				3 000	1 000	
管理部门耗用		金额				186	140	326
分配金额合计						1 240	1 400	2 640

注：a. 1 240 = 1 200 + 240 - 200；b. 1 400 = 1 440 + 200 - 240。

根据表6－3，A企业的账务处理如下。

①交互分配：

借：生产成本——辅助生产成本——供水车间　240

　　　　　　　　　　　　　　——供电车间　200

　贷：生产成本——辅助生产成本——供电车间　240

　　　　　　　　　　　　　　　——供水车间　200

②对外分配：

借：生产成本——基本生产成本——甲产品　420

　　　　　　　　　　　　　　——乙产品　560

　制造费用　1 334

　管理费用　326

　贷：生产成本——辅助生产成本——供水车间　1 240

　　　　　　　　　　　　　　　——供电车间　1 400

采用这种分配方法，由于辅助生产内部互相提供的劳务全部进行了交互分配，因而提高了分配结果的正确性，但由于各种辅助生产费用都要计算两个费用分配率，进行两次分配，因而计算工作量有所增加。

三、制造费用的归集和分配

制造费用是指企业各生产车间为组织和管理生产而发生的各项间接费用。包括车间管理人员薪酬、车间固定资产折旧费、修理费、办公费、水电费、取暖费、租赁费、机物料消耗、保险费、低值易耗品摊销、劳动保护费、在产品盘亏毁损以及其他制造费用。

企业发生的各项制造费用，通过设置"制造费用"账户进行归集和分配。该账户为成本类账户，借方登记某车间发生的全部制造费用，即制造费用的归集数，贷方登记制造费用的分配数。一般情况下，该账户无余额；若有余额，表示制造费用发生数与分配数的差异，该差异在年末应调整记入"生产成本——基本生产成本"账户中。"制造费用"账户可根据管理需要，按生产车间开设明细账，账内按照费用项目开设专栏，进行明细核算。某项费用发生时，根据支出凭证借记"制造费用"账户及其所属有关明细账。

制造费用的分配方法可根据产品的生产情况确定。在生产一种产品的车间里，制造费用可直接计入该种产品的成本，不需要进行分配；在生产多种产品的车间里，制造费用属于间接费用，应采用既合理又简便的分配方法分配计入各种产品的成本。

制造费用分配计入产品成本，可采用生产工时比例法和生产工人薪酬比例法。

1. 按产品生产工时比例分配，其计算公式为：

$$\text{制造费用分配率}=\frac{\text{制造费用总额}}{\text{各种产品实用总工时}}$$

某种产品应分配的制造费用 = 某种产品实用总工时 × 制造费用分配率

采用这种分配方法，使劳动生产率同产品负担的制造费用水平联系起来，分配结果既合理又能用于考核耗费水平，是分配制造费用常用的方法。

2. 按生产工人薪酬比例分配，其计算公式为：

$$\text{制造费用分配率}=\frac{\text{制造费用总额}}{\text{各种产品本月发生生产工人薪酬总和}}$$

$$\text{某种产品应分配的制造费用}=\text{该种产品本月发生的生产工人薪酬}\times\text{制造费用分配率}$$

由于每种产品的成本明细账中有现成的薪酬资料，因此，采用这一分配方法，核算工作较简便。但是，采用这一方法，各种产品的生产机械化程度应大致相同，否则会影响费用分配的合理性。

制造费用的分配，可通过编制制造费用分配表进行。

【例 6－7】 A 企业 2022 年 9 月份发生的制造费用总数为 200 000 元，生产甲、乙两种产品的总工时为 50 000 小时。该企业按工时比例进行制造费用的分配，分配结果如表 6－4 所示。

根据该分配表，A 企业所编制的会计分录为：

借：生产成本——基本生产成本——甲产品　　120 000

　　　　　　　　　　　　　　——乙产品　　80 000

　贷：制造费用　　200 000

表 6－4　　**制造费用分配表**　　金额单位：元

产品名称	生产工时	分配率	分配金额
甲产品	30 000		120 000
乙产品	20 000		80 000
合计	50 000	4	200 000

通过上述各环节的工作，已将应计入本月产品成本的各项费用都汇集在“生产成本——基本生产成本”账户中，并在各种产品之间进行了合理划分，而且按成本项目分别登记在各自的生产成本明细账中，生产费用的横向分配至此结束。

第四节　生产费用在完工产品与在产品之间的分配

生产费用在完工产品与在产品之间的分配，又称为生产费用的纵向分配，这种分配工作通常是在月末进行，目的是计算完工产品成本。生产费用的横向分配工作完成以后，在每一种产品的生产成本明细账中都已归集了生产该种产品的生产费用。月末，如果所生产的该种产品全部完工，则这些费用构成了该种完工产品的总成本；如果所生产的产品全部未完工，则这些费用构成该种产品的在产品成本；如果既有完工产品又有在产品，就要将该种产品本月发生的生产费用和月初在产品的费用汇总起来，采用适当的方法，将其在完工产品和月末在产品之间进行划分，以求得本月完工产品成本和月末在产品成本。

由于月初在产品成本＋本月发生的费用＝本月完工产品成本＋月末在产品成本，因此，将生产费用在完工产品与在产品之间进行分配可考虑两种方法：一是将前两项费用之和在后两项之间按一定的分配比例进行分配，同时算出完工产品和月末在产品成本；二是先确定月末在产品成本，再计算完工产品成本。解决这个问题常用的方法主要有约当产量比例法、在产品成本按定额计算法、定额比例法等。

一、约当产量比例法

约当产量是指在产品数量大约相当于完工产品产量的多少。采用这种分配方法，首先，将月末在产品数量按照完工程度折算为相当于完工产品的产量，即约当产量；其次，按照完工产品产量和月末在产品约当产量的比例计算分配完工产品费用和月末在产品费用。这种方法适用于月末在产品数量较多，各月末在产品数量变化较大，产品成本中材料费用、人工费用和制造费用等各项费用所占比重相差不多的情况。

在采用约当产量比例法分配费用时，应注意材料费用的特殊性。在很多产品的生产中，原材料是在生产开始时一次投入的。在这种投料方式下，不论产品是否完工，每件产品的材料费用总是相等的，因而在对材料费用分配时，应按完工产品数量和在产品数量的比例分配材料费用，不必将在产品数量折算为约当产量。

在分配其他费用时，由于完工产品和在产品的加工程度不同，其分配的各项加工费用也就不相等，所以在分配直接人工、制造费用等项目时，应按完工产品数量和月末在产品约当产量比例进行分配。其计算公式如下：

$$在产品约当产量=在产品数量\times在产品完工率$$

$$某项费用分配率=\frac{该项费用总额}{完工产品产量+在产品约当产量}$$

$$完工产品该项费用=完工产品产量\times该项费用分配率$$

$$\begin{aligned}在产品该项费用&=在产品约当产量\times该项费用分配率\\&=该项费用总额-完工产品该项费用\end{aligned}$$

为了计算在产品的约当产量，需要计算在产品的完工率。在产品的完工率是指在产品已完工程度占应完工程度的比例。如果各工序在产品的数量和加工量相差不多，前面工序多计算的加工量可以抵补后面工序少计算的加工量，可以把全部在产品的完工程度估计为50%；如果不具备这样的计算条件，各工序在产品的完工程度就要按工序分别测定。测定在产品完工率，可以根据各工序的累计工时定额占完工产品工时定额的比率来计算。其计算公式为：

$$\text{某工序在产品完工率}=\frac{\text{上道工序累计工时定额}+\text{本道工序工时定额}\times 50\%}{\text{完工产品工时定额}}\times 100\%$$

【例 6－8】 A 企业生产的乙产品经两道工序制成，工时定额为 30 小时。第一工序工时定额为 12 小时，第二工序工时定额为 18 小时。第一工序有在产品 30 件；第二工序有在产品 50 件。A 企业各工序在产品完工率和约当产量的计算如下：

$$\text{第一工序在产品完工率}=\frac{12\times 50\%}{30}\times 100\%=20\%$$

$$\text{第二工序在产品完工率}=\frac{12+18\times 50\%}{30}\times 100\%=70\%$$

约当产量 $=20\%\times 30+70\%\times 50=41$（件）

【例 6－9】 A 企业生产丙产品。其月初在产品为 20 件，本月投产 80 件，本月完工 90 件，月末在产品 10 件，在产品平均完工程度为 50%。生产该产品的材料在生产开始时一次投入。该产品月初在产品成本分别为：直接材料 6 000 元，直接人工 6 000 元，制造费用 300 元。本月发生费用分别为：直接材料 23 000 元，直接人工 22 500 元，制造费用 2 550 元。该企业采用约当产量比例法分配完工产品与在产品费用，计算分配结果如表 6－5 所示。

表 6－5　　丙产品生产成本明细账　　单位：元

成本项目	直接材料	直接人工	制造费用	合计
月初在产品成本	6 000	6 000	300	12 300
本月发生费用	23 000	22 500	2 550	48 050
生产费用合计	29 000	28 500	2 850	60 350
约当产量	100	95	95	
分配率	290	300	30	620
完工产品成本	26 100	27 000	2 700	55 800
月末在产品成本	2 900	1 500	150	4 550

$$\text{直接材料分配率}=\frac{29\ 000}{90+10}=290\text{（元/件）}$$

完工产品分配的直接材料 $=290\times 90=26\ 100$（元）

月末在产品分配的直接材料 $=290\times 10=2\ 900$（元）

$$\text{直接人工分配率}=\frac{28\ 500}{90+5}=300\text{（元/件）}$$

完工产品分配的直接人工 $=300\times 90=27\ 000$（元）

月末在产品分配的直接人工 $=300\times 5=1\ 500$（元）

制造费用分配率 $=\frac{2\ 850}{90+5}=30$（元/件）

完工产品分配的制造费用 $=30\times90=2\ 700$（元）

月末在产品分配制造费用 $=30\times5=150$（元）

二、在产品成本按定额计算

这种分配方法是指，事先确定在产品各项费用的定额，然后根据月末在产品数量和确定的单位定额成本计算出月末在产品定额成本，最后用某种产品的全部生产费用减去按单位定额成本计算的月末在产品成本，其差额作为完工产品成本；月末在产品成本脱离定额的节约或超支额均由当月完工产品负担。这种方法适合于定额管理基础较好，各项消耗定额或费用定额比较准确、稳定，而且各月末在产品数量变化不大的产品。

【例6-10】 A企业丁产品的月初在产品成本和本月生产费用合计为：直接材料6 000元，直接人工350元，制造费用800元；每件月末在产品直接材料费定额100元，工时定额20小时，直接人工费定额0.30元/小时，制造费用定额1.20元/小时。本月末共有在产品10件。其计算分配结果如表6-6所示。

表6-6　丁产品生产成本明细账　单位：元

项　目	月初在产品成本和本月发生费用合计	月末在产品定额成本	完工产品成本
直接材料	6 000	100×10=1 000	6 000-1 000=5 000
直接人工	350	0.30×20×10=60	350-60=290
制造费用	800	1.20×20×10=240	800-240=560
合　计	7 150	1 300	5 850

三、按定额比例分配完工产品和在产品费用

这种分配方法是指将全部生产费用按照完工产品和在产品定额消耗量或定额费用的比例进行分配。其中，对原材料费用可按材料定额消耗量或定额费用比例分配，其他费用可按定额工时比例分配。这种方法适合于定额管理基础较好，各项消耗定额和费用定额比较准确、稳定，各月末在产品数量变化较大的产品。

按定额比例法进行生产费用分配的计算公式为：

$$某项费用分配率=\frac{本月该项生产费用合计}{本月完工产品定额成本+月末在产品定额成本}$$

完工产品分配的某项实际费用 = 完工产品定额成本 × 该项费用分配率

月末在产品分配的某项实际费用 = 月末在产品定额成本 × 该项费用分配率

【例 6－11】A 企业生产甲产品，其月初在产品费用分别为：直接材料 750 元，直接人工 300 元，制造费用 75 元。本月发生费用分别为：直接材料 4 000 元，直接人工 1 200 元，制造费用 425 元。完工产品的材料定额费用为 4 500 元，定额工时为 2 100 小时；月末在产品的材料定额费用为 500 元，定额工时为 400 小时。采用定额比例法进行费用分配，其分配结果如表 6－7 所示。

表 6－7　　甲产品生产成本明细账　　金额单位：元

项目	月初在产品成本	本月费用	生产费用合计	费用分配率	完工产品成本		月末在产品成本	
					定额	实际	定额	实际
直接材料	750	4 000	4 750	0.95	4 500	4 275	500	475
直接人工	300	1 200	1 500	0.60	2 100	1 260	400	240
制造费用	75	425	500	0.20	2 100	420	400	80
合计	1 125	5 625	5 750			5 955		795

经过上述分配，就可将本月完工产品与在产品成本分别计算出来，完成生产费用的纵向分配工作。对于所计算出的完工产品实际成本，应从“生产成本——基本生产成本”账户中转出，转入“库存商品”账户，其账务处理为：

借：库存商品　　5 955

　　贷：生产成本——基本生产成本　　5 955

“生产成本——基本生产成本”账户的月末余额就是基本生产车间月末在产品的成本。

第五节　成本核算的具体方法

一、成本核算的主要方法

在工业企业生产中，由于生产类型不同，生产组织方式不同，企业管理要求不同，成本计算方法也各不相同。根据企业生产类型和管理要求对成本核算的影响，企业成本计算的具体方法主要有品种法、分批法、分步法。

（一）品种法

品种法是指以产品品种为成本对象计算产品生产成本的一种方法。该方法主要适用于大批、大量、单步骤生产的企业，如发电、采掘企业；对于连续生产、管理上不要求分步骤计算产品成本的多步骤企业也适用。

品种法的特点是：

1. 以产品的品种为成本计算对象，按产品的品种设置生产成本明细账。如果企业只生产一种产品，则生产该产品所发生的生产费用全都属于直接费用，可直接计入该种产品生产成本明细账；如果生产多种产品，则应为每种产品开设相应的生产成本明细账，对于发生的直接费用可直接记入该种产品明细账，所发生的间接费用需分配记入该种产品明细账。

2. 成本计算期按月进行。成本计算期是指两次成本计算相隔的期间。成本计算期有时与生产周期一致，有时与会计周期一致。由于品种法适用于大量、大批生产，长时间生产单一产品，各月月末完工产品的数量较大且较均衡，为了及时计算产品成本，品种法选择按月份作为成本计算期。

3. 月末需将生产费用在完工产品和在产品间进行分配。在大量、大批生产的情况下，各月份是否都需要进行生产费用的纵向分配，需视产品的完工情况而定。如果企业月末在产品数量较少，可不计算在产品成本，而由完工产品负担全部生产费用。如果在产品数量较大，应将产品生产成本明细账中所归集的生产费用采用适当的标准在当月完工产品与在产品之间进行分配。

（二）分批法

分批法是指按照产品的批别来归集生产费用并计算产品成本的一种方法。该方法适用于小批、单件的单步骤生产或多步骤生产企业，在成本管理方面不要求按步骤进行考核，适用单位主要有船舶、机械、专用设备、精密仪器、服装等企业。

分批法的特点是：

1. 以产品生产的批别作为成本计算对象，成本计算单按批别设置。由于企业生产产品的批次由用户的订单决定，所以也可将分批法称为订单法。在用户的订单中，所订产品可能不是单一的，这会造成产品批次与产品品种的不同步。企业应尽量按产品的品种组织生产，将一批产品设定为一个品种。如果在一批产品中含有不同的品种，在设置成本计算单时，除考虑批别因素外，还要附带产品品种。

2. 成本计算期与产品生产周期相一致。在分批法下，由于其生产以批别来组织，各月月末，如果有完工产品，还是要计算其完工产品成本的。但为了综合考察该批产品的最终成本，在该批产品完工时，还要重新计算一次该批产品的成本。因此，在分批法下，最终产品的成本计算期与生产周期相一致。

3. 月末生产费用原则上不需要进行纵向分配。对于分批法来说，如果生产是按单件组织的，产品完工前，产品成本明细账上归集的生产费用均属于在产品；而产品完工时，生产费用均属于完工产品，因此，不需要进行在产品与完工产品的分配。如果生产是按小批量组织的，跨月完工的情况比较少，一般情况下不存在将生产费用在完工产品与在产品间进行纵向分配的问题。

（三）分步法

分步法是指按照产品生产步骤作为成本计算对象，分步骤归集生产费用，计算产品成本的一种方法。分步法适用于大量大批的多步骤生产企业，如纺织、造纸、化工、冶金、机械制造企业等。分步法中的“步骤”与产品生产中的“步骤”可能一致也可能不一致，这取决于企业管理的需要。

分步法的特点是：

1. 以产品生产的步骤作为成本计算对象，成本计算单按生产步骤和产品的品种结合开设。在采用分步法计算产品成本时，可根据管理的需要分别采用逐步结转分步法和平行结转分步法计算产品成本。在逐步结转分步法下，各步骤都需计算出本步骤的完工产品成本，并转至下一步骤，以最终计算出完工产品成本。在平行结转分步法下，各步骤都需计算出完工产品在本步骤加工所需的费用份额，并将这些份额平行汇总，计算出完工产品成本。

2. 成本计算期按月进行。在大量大批的多步骤生产企业中，各月月末完工产品的数量很大，生产周期也难以确定，因此，为了及时提供成本信息，满足管理的需要，成本计算期一般按月进行，同会计报告期相一致。

3. 月末生产费用需要在完工产品和在产品间进行分配。在大量大批的多步骤生产企业中，月末经常存在大量的完工产品，为了保证完工产品成本计算的正确性，分步法应对成本明细账中归集的生产费用在完工产品与在产品间进行合理的分配。

二、成本核算的品种法举例

由于品种法是产品成本计算的最基本方法，品种法的计算程序也就是各种成本计算方法的一般程序，本节以品种法为例来说明成本计算的一般过程。

【例6－12】 丁公司有一个基本生产车间和一个辅助生产车间——机修车间，大量生产甲、乙两种产品，其生产工艺过程属于单步骤生产。机修车间为基本生产车间提供修理。辅助生产车间不设“制造费用”账户。本月应计入产品成本的各项生产费用已经分别确定，有关成本计算资料如下。

1. 根据原始凭证及其他有关资料编制各项生产费用分配表，并登记生产成本、制造费用明细账。

（1）根据银行存款付款凭证编制费用支出汇总表，如表6－8所示。

表6－8　　费用支出汇总表　　单位：元

应借账户			金额
生产成本	辅助生产成本	办公费	10
		其他	65
		小计	75
制造费用		办公费	30
		其他	120
		小计	150
合计			225

账务处理为：

借：生产成本——辅助生产成本　　75

　　制造费用　　150

　　贷：银行存款　　225

（2）根据领料凭证编制材料费用分配表，如表6－9所示。

账务处理为：

借：生产成本——基本生产成本——甲产品　　17 250

　　　　　　　　　　　　　　——乙产品　　15 000

　　生产成本——辅助生产成本——机修车间　　1 225

　　制造费用　　850

　　贷：原材料　　34 325

表6－9　　材料费用分配汇总表　　金额单位：元

材料类别	用途									合计
	基本生产车间领用						辅助生产车间领用			
	直接材料		直接燃料		消耗材料	取暖耗料	材料	燃料	消耗材料	
	甲产品	乙产品	甲产品	乙产品						
原料及主要材料	16 000	14 500								30 500
辅助材料					750				375	1 125
修理用备件							600			600
燃料			1 250	500		100		250		2 100
合　计	16 000	14 500	1 250	500	750	100	600	250	375	34 325

（3）分配外购电费。本月份各部门耗电总量为17 050度，单价为0.20元，电费已支付。电费分配方法是：各部门电费按耗电量分配，各产品耗电按工时分配。编制外购动力费分配表，如表6－10所示。

表6－10　　外购动力费分配表　　金额单位：元

应借账户					数量		金额
总账		二级账	明细账	成本费用项目	生产工时	分配率	
生产成本	15 925度	基本生产成本	甲产品	动力费	25 000	0.07	1 750
			乙产品	动力费	20 500	0.07	1 435
	625度	辅助生产成本		动力费			100
				水电费			25
	16 550度	小计					3 310
制造费用500度				水电费			100
合　计							3 410

账务处理为：

借：生产成本——基本生产成本——甲产品　　1 750
　　　　　　　　　　　　　　——乙产品　　1 435
　　生产成本——辅助生产成本——机修车间　　125
　　制造费用　　100
　　贷：银行存款　　3 410

（4）根据各种工资记录编制职工薪酬分配表，如表 6－11 所示。

账务处理为：

借：生产成本——基本生产成本——甲产品　　7 830
　　　　　　　　　　　　　　——乙产品　　6 420
　　生产成本——辅助生产成本——机修车间　　4 959
　　制造费用　　1 140
　　贷：应付职工薪酬——工资　　17 850
　　　　　　　　　　——职工福利　　2 499

表 6－11　　**职工薪酬分配表**　　单位：元

项　目		基本生产车间			辅助生产车间		合计
		甲产品	乙产品	制造费用	直接工资	制造费用	
工资	生产工人	6 868	5 632		3 600		16 100
	管理人员			1 000		750	1 750
福利费		962	788	140	504	105	2 499
合　计		7 830	6 420	1 140	4 104	855	20 349

（5）根据提取的固定资产折旧费，编制折旧费用分配表，如表 6－12 所示。

表 6－12　　**折旧费用分配表**　　单位：元

项　目	基本生产车间	辅助生产车间	合计
本月折旧额	18 000	700	18 700

账务处理为：

借：制造费用　　18 000
　　生产成本——辅助生产成本——机修车间　　700
　　贷：累计折旧　　18 700

2. 根据本月长期待摊费用明细账的记录情况，编制长期待摊费用分配表，如表 6－13 所示。

表6-13　　　　长期待摊费用分配表　　　　单位：元

项　目	基本车间	辅助车间	合计
摊销长期待摊费用	350	250	600

账务处理为：

借：制造费用　　350

　　生产成本——辅助生产成本　　250

　　贷：长期待摊费用　　600

3. 归集辅助生产费用，将各项费用发生数登记在辅助生产成本明细账中。记录结果如表6-14所示。

表6-14　　　　辅助生产成本——机修车间明细账　　　　单位：元

年		摘　要	原材料	燃料和动力	工资福利费	制造费用								合计
月	日					办公费	机物料	水电费	职工薪酬	折旧	保险费	修理费	其他	
6	×	根据表6-8				10							65	75
	30	根据表6-9	600	250			375							1 225
	30	根据表6-10		100				25						125
	30	根据表6-11			4 104				855					4 959
	30	根据表6-12								700				700
	30	根据表6-13									250			250
	30	本月合计	600	350	4 104	10	375	25	855	700	250	0	65	7 334
	30	转出	-600	-350	-4 104	-10	-375	-25	-855	-700	-250	0	-65	-7 334

编制辅助生产费用分配表。机修车间本月的修理对象为基本生产车间与厂部，为基本生产车间修理的工时为3 000小时，为厂部修理的工时为667小时，分配结果如表6-15所示。

表6-15　　　　辅助生产费用分配表　　　　金额单位：元

部　门	修理工时	分配率	分配金额
基本车间	3 000		6 000
管理部门	667		1 334
合　计	3 667	2	7 334

账务处理为：

借：制造费用　　6 000

管理费用　　　　　　　　　　　　　　　　　　　　1 334

贷：生产成本——辅助生产成本　　　　　　　　　　　　7 334

4. 归集制造费用，归集的结果如表6－16所示。编制制造费用分配表，制造费用按产品的生产工时比例进行分配，其中，甲产品耗用工时3 000小时，乙产品耗用工时2 318小时，分配结果如表6－17所示。

表6－16　　制造费用明细账　　单位：元

年		摘　要	办公费	机物料	取暖费	水电费	职工薪酬	折旧	保险费	修理费	其他	合计
月	日											
6	30	根据表6－8	30								120	150
	30	根据表6－9		750	100							850
	30	根据表6－10				100						100
	30	根据表6－11					1 140					1 140
	30	根据表6－12						18 000				18 000
	30	根据表6－13							350			350
	30	根据表6－15								6 000		6 000
	30	本月合计	30	750	100	100	1 140	18 000	350	6 000	120	26 590
	30	转出	－30	－750	－100	－100	－1 140	－18 000	－350	－6 000	－120	－26 590

表6－17　　制造费用分配表　　金额单位：元

产　品	生产工时	分配率（元/时）	分配金额
甲产品	3 000		15 000
乙产品	2 318		11 590
合　计	5 318	5	26 590

账务处理为：

借：生产成本——基本生产成本——甲产品　　　　　　15 000

　　　　　　　　　　　　　　——乙产品　　　　　　11 590

　贷：制造费用　　　　　　　　　　　　　　　　　　26 590

5. 计算完工产品和月末在产品成本。根据各种费用分配表及所附原始凭证，将本月发生的全部与成本有关的费用登记“生产成本——基本生产成本”明细账，并计算分配完工产品和月末在产品成本。本企业根据需要在“生产成本”明细账中单独设置“燃料动力”成本项目。

本月份甲、乙两种产品有关的产量记录及在产品完工情况如表6－18所示。

表6－18　　产品产量及完工情况

产品	月初结存数量	本月投产数量	本月完工数量	月末在产品数量	在产品完工率
甲产品	50件	60件	90件	20件	50%
乙产品	30件	30件	40件	20件	50%

生产甲、乙产品的原材料均在生产开始时一次投入。采用约当产量比例法将生产费用在完工产品和在产品间进行分配的情况分别如表6－19和表6－20所示。

表6－19　　甲产品生产成本明细账　　金额单位：元

项　目	产量	直接材料	燃料动力	直接人工	制造费用	合计
月初在产品合计	50	15 050	1 500	7 682	22 340	46 572
本月生产费用	60	16 000	1 250燃 1 750电	7 830	15 000	41 830
合　计	110	31 050	4 500	15 512	37 340	88 402
单位产品成本		282.27	45	155.12	373.40	855.80
完工产品成本	90	25 405	4 050	13 961	33 606	77 022
月末在产品成本	20	5 645	450	1 551	3 734	11 380

表6－20　　乙产品成本明细账　　金额单位：元

项　目	产量	直接材料	燃料动力	直接人工	制造费用	合计
月初在产品合计	30	15 000	2 000	6 050	1 678	24 728
本月生产费用	30	14 500	500燃 1 435电	6 420	11 590	34 445
合　计	60	29 500	3 935	12 470	13 268	59 173
单位产品成本		491.67	78.70	249.40	265.36	1 085.13
完工产品成本	40	19 667	3 148	9 976	10 614	43 405
月末在产品成本	20	9 833	787	2 494	2 654	15 768

6. 将完工产品成本进行汇总并予以结转。账务处理为：

借：库存商品——甲产品　　77 022

　　　　　　——乙产品　　43 405

　　贷：生产成本　　120 427

本章内容综述

成本核算是对企业生产经营过程中各种经济资源价值牺牲进行对象化的处理过程，产品成本核算主要包括两个环节：一是进行生产费用的横向分配，即将生产费用在各产品间进行分配；二是进行生产费用的纵向分配，即将生产费用在完工产品和在产品间进行分配。产品成本的核算通过设置“生产成本”和“制造费用”两个账户完成。生产中发生的直接费用可直接记入“生产成本”总账及其明细账，生产中发生的间接费用先记入“制造费用”总账及其明细账，月末将“制造费用”账户余额转入“生产成本”总账及明细账，并在各产品间进行分配。对于有完工产品的品种，还应将生产费用按成本项目在完工产品和在产品间进行分配，以求得完工产品成本和月末在产品成本。

复习思考题

一、思考题

1. 成本核算的要求是什么？
2. 成本核算的一般程序是什么？
3. 怎样进行辅助生产费用的交互分配？
4. 采用约当产量比例法怎样进行生产费用的纵向分配？
5. 品种法的特点是什么？
6. 产品成本与期间费用有什么联系和区别？错误划分会对当期损益产生什么影响？
7. 辅助生产费用的归集有哪些方法？它们之间有什么不同？
8. 费用、成本、损失三者之间是什么关系？

二、练习题

1. 某企业生产甲、乙两种产品，共同耗用材料 10 500 元，单件产品原材料消耗定额为：甲产品 15 千克，乙产品 12 千克。产量：甲产品 100 件，乙产品 50 件。

要求：按原材料定额消耗量比例分配甲、乙产品应负担的材料费用。

2. 某企业本月发生生产工人薪酬 48 000 元，车间管理人员薪酬 10 000 元，厂部管理人员薪酬 6 000 元。本月生产甲产品 600 件，每件产品的生产工时为 20 小时；乙产品 200 件，每件产品的生产工时为 40 小时。

要求：按工时比例分配生产工人薪酬，编制职工薪酬分配的会计分录。

3. 某企业设有两个辅助生产车间：供电车间和锅炉车间。供电车间本月发生费用 101 500 元，供电数量 507 500 度，其中，为锅炉车间供电 50 000 度，为基本生产车间供电 407 500 度，为行政管理部门供电 50 000 度。锅炉车间本月发生费用 28 600 元，供汽数量 286 000 立方米，其中，为供电车间供汽 39 000 立方米，为基本生产车间供汽 220 000 立方米，为行政管理部门供汽 27 000 立方米。

要求：

（1）采用直接分配法分配上述辅助生产车间的费用。

（2）采用交互分配法分配上述辅助生产车间的费用。

（3）编制辅助生产费用分配的会计分录。

4. 某企业有一个生产车间，生产甲、乙两种产品，按生产工时比例分配制造费用。本月份车间制造费用3 381元，甲产品生产工时为830小时，乙产品生产工时为780小时。

要求：按生产工时分配甲、乙产品应负担的制造费用并编制相应的会计分录。

5. 甲产品由三道工序制造完成，完工产品工时定额为80小时，第一道工序工时定额30小时，第二道工序工时定额40小时，第三道工序工时定额10小时。

要求：计算各道工序的在产品完工率。

6. 某企业生产甲产品，材料在生产开始时一次投入，当月入库的完工产品1 400件，月末在产品200件，在产品的完工率为50%。月初在产品成本合计为8 500元，其中，直接材料6 000元，直接人工1 500元，制造费用1 000元；本月发生费用为37 000元，其中，直接材料26 000元，直接人工6 000元，制造费用5 000元。

要求：采用约当产量比例法，分配计算甲产品的完工成本和月末在产品成本并完成成本明细账的填列。

甲产品生产成本明细账

产品名称：甲产品　　　　　　　　　　　　　　　　　　　　　　　　单位：元

项　目	直接材料	直接人工	制造费用	合计
月初在产品成本				
本月生产费用				
合　计				
完工产品成本				
月末在产品成本				

7. 某企业大量生产甲、乙两种产品，本月份发生的费用如下：

（1）甲产品耗料40 000元，乙产品耗料60 000元，车间管理耗料20 000元，厂部管理耗料10 000元。

（2）生产甲、乙两种产品共发生生产工人薪酬57 000元，车间管理人员薪酬22 800元，厂部人员薪酬9 120元，薪酬尚未支付。本月甲产品耗用工时200小时，乙产品耗用工时300小时。

（3）本月车间发生固定资产折旧费20 000元，厂部折旧费15 000元。

（4）计算本月应支付的短期借款利息3 000元。

（5）摊销以前已支付的长期待摊费用，其中，车间4 000元，厂部3 000元。

（6）以银行存款支付招待费50 000元，广告费80 000元。

（7）企业有一个辅助车间——机修车间，为基本生产车间提供修理劳务发生的修理费3 000元，为厂部提供修理劳务发生的修理费2 000元。

（8）结转制造费用，并按生产工时的比例将其在甲、乙两种产品间进行分配。

（9）甲、乙两种产品月初均没有在产品，本月甲产品投产60件，完工50件，在产品的完工率为40%，本月乙产品投产30件，本月全部完工。两种产品的原材料均为生产开始时一次投入。

要求：

（1）为上述业务编制会计分录。

（2）开设生产成本明细账，将上述结果填入账内，求出完工产品成本和月末在产品成本。

（3）编制结转完工产品成本的会计分录。

（4）将期间费用结转至“本年利润”账户。

第七章　收入与利得业务的会计处理

第一节　收 入 概 述

一、收入的概念及特征

收入是指企业在日常活动中形成的、会导致所有者权益增加的、与所有者投入资本无关的经济利益的总流入。从收入的概念中，可以总结出收入具有以下特征。

1. 收入是从企业日常经营活动中产生的，而不是从偶发的交易或事项中产生的。日常经营活动是指列入企业营业范围的主营和兼营活动，企业性质不同，其日常经营活动内容也不相同。收入这一特征是会计区分“收入”与“利得”的重要标准。利得是指由企业非日常活动所形成的、会导致所有者权益增加的、与所有者投入资本无关的经济利益的流入。它不属于经营过程，它不是企业利润的形成主体。在会计实务处理中，如企业接受政府的非经常性补助、接受企业外部有关部门或个人的捐赠、收取的违约金等都作为利得处理。收入与利得共同形成收益，收益会导致所有者权益增加。

2. 收入可能表现为企业资产的增加，如增加银行存款；也可能表现为企业负债的减少，如减少合同负债；或者两者兼而有之。

3. 收入能引起所有者权益的增加。这一特征与第二个特征密切相关。根据会计等式，在资产增加或负债减少的情况下，所有者权益一定能够增加。当然，这里是仅就收入项目本身而言的。会计上在确认收入的同时需要确认费用，如果确认的收入小于费用，则取得收入时还会减少所有者权益。

4. 收入只包括本企业经济利益的流入，而不包括为第三方或客户代收的款项。例如，企业在销售商品时，所收取的款项包括商品的价款和税款，企业只能将所收取的价款确认为收入，所收取的税款应作为负债处理。

二、收入的分类

收入可分为广义收入和狭义收入。广义收入是指能导致企业利润增加的所有的经济利益流入；狭义收入是指企业在销售商品、提供劳务等日常活动中所形成的经济利益的总流入。本章所讲的收入是就狭义收入而言的，通常又可称为营业收入。

按照企业从事经营活动所取得收入的性质，可将收入分为销售商品取得收入、提供劳务取得收入、让渡资产使用权取得收入。让渡资产使用权主要表现为对外贷款、对外出租资产等。

按照企业经营业务的主次，可将收入分为主营业务收入和其他业务收入。主营业务收入是企业为完成其经营目标而从事的日常经营活动收入，不同行业的主营业务收入构成内容也不相同，如制造业企业的主营业务收入主要包括销售商品、自制半成品、代制品、代修品、提供工业性作业等所取得的收入。其他业务收入是主营业务以外的其他日常活动所取得的收入，如制造业企业销售材料、转让技术、提供非工业性劳务所取得的收入。一个企业营业收入的主次地位通常从营业执照上可以区分出来，营业执照上的主营业务和兼营业务为会计核算收入类型的确认提供了可靠的依据。

第二节 收入的确认与计量

一、收入的确认

按照《企业会计准则第 14 号——收入》的要求，企业收入的确认与计量可分五步骤进行：第一步，识别与客户订立的合同；第二步，识别合同中的单项履约义务；第三步，确定交易价格；第四步，将交易价格分摊至各单项履约义务；第五步，履行各单项履约义务时确认收入。

（一）收入的确认原则

企业应当在履行了合同中的履约义务，即在客户取得相关商品控制权时，确认收入。

合同，是指双方或多方订立的具有法律约束力的权利义务的协议，包括书面形式、口头形式以及其他可验证的形式。合同的存在是企业确认客户合同收入的前提，企业与客户之间的合同一经签订，企业即享有从客户取得与转移商品和服务相关对价的权利，同时负有向客户转移商品和服务的履约义务。取得商品控制权，是指客户能够主导商品的使用并从中获得几乎全部的经济利益，即客户通过使用、消耗、出售、处置、抵押或持有等多种方式直接或间接地获得商品的经济利益。商品的经济利益是指该商品未来的现金流入量。

（二）收入的确认条件

企业与客户之间的合同同时满足下列条件时，企业应当在客户取得相关商品控制权时确认收入：

1. 合同各方已批准该合同并承诺将履行各自义务；

2. 该合同明确了合同各方与所转让商品（或提供的服务）相关的权利和义务；

3. 该合同有明确的与所转让商品相关的支付条款；

4. 该合同具有商业实质，即履行该合同将改变企业未来现金流量的风险、时间分布或金额；

5. 企业因向客户转让商品有权而取得的对价很可能收回。

对于不能同时满足上述五个收入确认条件的合同，如果事先已收取合同对价，应当将已收取的对价作为负债进行会计处理。

（三）合同中单项履约义务的识别

合同开始日，企业应当对合同进行评估，识别该合同所包含的各单项履约义务，并确定各单项履约义务是在某一时段内履行还是在某一时点履行。然后，在履行各单项履约义务时分别确认收入。收入的确认方法包括时点法和时段法两种。如果某单项履约义务是在某一个时点履行，则收入应在该时点确认；如果某单项履约义务是在一个时段内履行，则收入应在这个时段内的每个资产负债表日按履约进度确认。

履约义务是指合同中企业向客户转让可明确区分商品的承诺。履约义务既包括合同中明确的承诺，也包括由于企业已公开宣布的政策、特定声明或以往的习惯做法等导致合同订立时客户预期企业将履行的承诺。在收入合同中对单项履约义务的认定要同时满足下列两个条件：

1. 企业向客户转让该商品的承诺与合同中其他承诺可单独区分；

2. 客户能够从该商品本身或从该商品与其他易于获得资源一起使用中受益。

企业应当将向客户转让可明确区分商品的承诺以及向客户转让一系列实质相同且转让模式相同的可明确区分商品的承诺作为单项履约义务。例如，企业与客户签订合同向其销售商品并提供安装服务。该安装服务简单，其他企业可以操作，则应将该合同中销售商品和提供安装服务确认为两项单项履约义务。若该安装服务复杂且商品需要在安装过程中按客户定制要求修改，则合同中销售商品和提供安装服务确认为一项单项履约义务。

二、收入的计量

（一）收入计量的一般原则

企业应当按照分摊至各单项履约义务的交易价格计量收入。

交易价格，是指企业因向客户转让商品而预期有权收取的对价金额。企业代第三方收取的款项及企业预期将退还给客户的款项，应当作为负债进行会计处理，不计入交易价格。企业应当根据合同条款，并结合以往的习惯做法确定交易价格。

（二）交易价格的确定

在确定交易价格时，企业应当考虑可变对价、合同中存在的重大融资成分等因素的影响。

1. 可变对价。销售方向客户提供了商品或者劳务，从对方获得的补偿就是对价。这种补偿金额如果是变动的，称为可变对价。可变对价的表现形式包括折扣、价格折让、返利、奖励积分等，或者根据一项或多项或有事项的发生而引起金额不同的对价。合同中存在可变对价的，企业应当对计入交易价格的可变对价进行估计。可变对价最佳估计数的确定方法就是按照期望值或者最可能发生的金额确定。

当存在多个不确定事项均会影响可变对价金额时，期望值就是按各种可能发生的对价金额及相关概率计算确定。当合同仅有两个可能结果时，期望值按照最可能发生的可变金额确定。

【例7-1】2022年1月1日，甲公司与乙公司签订合同，为乙公司建造一项大型设备。合同约定工期为半年，完工日为2022年6月30日。合同规定，如果按时完工，合同收入为30万元，每提前1天，乙公司会提供奖励收入1万元；每延后1天，乙公司会被处罚1万元。1月31日，甲公司经测算的履约进度为20%。甲公司预计工期提前完工1天的概率为50%，提前2天完工的概率为30%，提前3天完工的概率为20%。

要求：计算2022年1月份应确认的收入金额。

本例中，由于工期完工时间不确定导致收入的金额也不能确定，此收入为可变对价。同时，完工时间有多个可能，收入的期望值应该按照各种可能发生的对价金额及相关概率确定。因此，1月份应确认的收入额为：

$(310\,000\times50\%+320\,000\times30\%+330\,000\times20\%)\times20\%=63\,400$（元）

2. 重大融资成分。合同中由于付款的时间影响使得交易中的一方或双方获得融资利益，导致合同中包含了融资成分，如企业以赊销方式销售商品且收款时间超过1年就属于这种情况。合同中存在重大融资成分的，企业应当按照假定客户在取得商品控制权时即以现金支付的应付金额（现销价格）确定交易价格。该交易价格与合同对价之间的差额，应当在合同期间内采用实际利率法摊销。

为简化会计处理，如果在合同开始日企业预计客户取得商品控制权与客户支付价款间隔不超过一年，可以不考虑合同中存在的重大融资成分。另外，如果这项差额是来自时间因素之外的一些原因，如出于某种相关业务的连带原因或者保护目的所引起的都可不必考虑。

【例7-2】甲公司向乙公司销售一批商品，售价为50万元。甲公司已于本月确认了销售收入。3个月后，乙公司将该批商品出售给丙公司，丙公司发现该批商品存在质量问题，要求乙公司赔偿10万元。乙公司经与甲公司协商，要求甲公司赔偿6万元，甲公司同意赔偿，甲公司应冲减当期收入6万元。

（三）交易价格的分摊

当合同中包含两项或多项履约义务时，企业应当在合同开始日将交易价格按照各单项履约义务所承诺商品的单独售价的相对比例进行分摊。

商品的单独售价是进行收入分摊的主要依据。单独售价是指企业向客户单独销售商品的价格。单独售价无法直接观察的，企业应当综合考虑其能够取得的全部相关信息，采用市场调整法、成本加成法、余值法等方法合理估计单独售价。

【例7－3】 2022年9月5日，甲公司与乙公司签订合同，向其销售A、B两种商品。合同价格为96万元。A商品的单独售价为60万元，B商品的单独售价为40万元，上述商品在2022年10月8日交货，货款在10月15日支付，不考虑相关税费。

本题中，销售A商品和销售B商品是两项履约义务，交易价格总额为96万元，应当将交易价格在A商品和B商品间进行分摊。分摊至A商品的交易价格 = 600 000 ÷ 1 000 000 × 960 000 = 576 000（元）；分摊至B商品的交易价格 = 400 000 ÷ 1 000 000 × 960 000 = 384 000（元）。

第三节　按时点确认收入的会计处理

一、按时点确认收入的条件

对于在某一时点履行的履约义务，企业应在客户取得相关商品控制权时点确认收入。在判断客户是否已取得商品控制权时，企业应当考虑下列迹象：

1. 企业就该商品享有现时收款权利，即客户就该商品负有现时付款义务。
2. 企业已将该商品的法定所有权转移给客户，即客户已拥有该商品的法定所有权。
3. 企业已将该商品实物转移给客户，即客户已实物占有该商品。
4. 企业已将该商品所有权上的主要风险和报酬转移给客户，即客户已取得该商品所有权上的主要风险和报酬。
5. 客户已接受该商品。通常的认定标准是客户已经做了验收工作。

二、收入业务的会计处理

（一）收入业务会计处理需设置的主要账户

为了反映企业销售收入、销售成本以及销售费用的发生等情况，企业应设置如下会计账户。

1. “主营业务收入”账户。该账户属于损益类账户，用来核算企业确认的销售商品、提供劳务等主营业务收入的发生与结转情况。贷方登记本期销售商品确认的收入增加数，借方登记发生销售退回、折让等情况冲减本期的收入数。贷方余额期末从借方结转至“本年利润”账户，结转后本账户期末无余额。本账户应按销售商品的类别设置明细账进行明细核算。

2. “主营业务成本”账户。该账户属于损益类账户，用来核算企业确认销售商品、提供劳务等主营业务收入时应结转的成本。借方登记本月销售商品或提供劳务在确认收入的同时所确认的实际成本，贷方登记本月发生的销售退回冲减的成本。借方余额期末从贷方结转至“本年利润”账户，结转后本账户期末无余额。本账户应按销售商品类别设置明细账进行明细核算。

3. “税金及附加”账户。该账户属于损益类账户，用来核算企业经营活动发生的消费税、城市维护建设税、资源税和教育费附加等相关税费。借方登记企业按照规定计算出的各种价内税及附加，贷方登记期末结转至“本年利润”账户的余额数，结转后本账户期末无余额。本账户应按税种设置明细账进行明细核算。

4. “其他业务收入”账户。该账户属于损益类账户，用来核算企业确认的除主营业务活动以外的其他经营活动实现的收入。如出租固定资产、出租无形资产、出租包装物和销售材料等收入。贷方登记本月确认取得的其他业务收入；借方登记期末结转至“本年利润”的数额，结转后本账户期末无余额。

5. “其他业务成本”账户。该账户属于损益类账户，用来核算企业确认的除主营业务活动以外的其他经营活动所发生的支出。如销售材料的成本、出租固定资产的折旧额、出租无形资产的摊销额、出租包装物的成本或摊销额等。借方登记确认发生的其他业务成本；贷方登记期末结转至“本年利润”的数额，结转后本账户期末无余额。

6. “合同资产”账户。该账户核算企业已向客户转让商品而有权收取对价的权利，且该权利取决于时间流逝之外的其他因素。借方登记因已转让商品而有权收取的对价金额；贷方登记取得无条件收款权的金额；期末借方余额反映企业已向客户转让商品而有权收取的对价金额。该账户按合同进行明细核算。

7. “合同负债”账户。该账户核算企业已收或应收客户对价而应向客户转让商品的义务。贷方登记企业在向客户转让商品之前，已经收到或已经取得无条件收取合同对价权利的金额；借方登记企业向客户转让商品时冲销的金额；期末贷方余额反映企业在向客户转让商品之前，已经收到的合同对价或已经取得的无条件收取合同对价权利的金额。该账户按合同进行明细核算。

（二）收入业务的一般会计处理

1. 满足商品销售收入按时点确认条件的会计处理。企业在销售商品时，如果满足按时点确认收入的条件，则在客户取得商品控制权的时点确认收入，同时结转相应的商品销售成本。

【例7-4】甲公司为增值税一般纳税人，2022年5月6日销售产品50件，每件售价300元（不含增值税），单位成本200元。甲公司已经按合同发货，并开出增值税专用发票，货款尚未收到。该产品适用的增值税税率为13%，消费税率10%。该项销售为单项履约义务且属于按时点履行的履约义务。甲公司对此项业务所做的会计分录如下。

①确认收入实现时：

借：应收账款	16 950	
贷：主营业务收入		15 000
应交税费——应交增值税（销项税额）		1 950

②确认销售成本时：

借：主营业务成本	10 000	
贷：库存商品		10 000

③计算消费税时：

借：税金及附加	1 500	
贷：应交税费——应交消费税		1 500

【例7-5】2022年5月10日甲公司将多余的一批材料出售。该批材料的成本为3 000元，售价为4 000元，增值税税率为13%，货款已收到，符合按时点确认收入的条件。甲公司对此项业务编制的会计分录为：

借：银行存款	4 520	
贷：其他业务收入		4 000
应交税费——应交增值税（销项税额）		520
借：其他业务成本	3 000	
贷：原材料		3 000

2. 不满足商品销售收入确认条件的会计处理。企业在销售商品时，如果不能满足商品销售收入的确认的条件，则在发出商品时不能确认收入，当然也不能结转相应的商品销售成本。为了反映企业商品已发出、库存商品已经减少，应将库存商品的减少记入“发出商品”账户，待满足商品销售收入确认条件时确认收入，并将已售商品的成本由“发出商品”账户转入“主营业务成本”账户。

【例7-6】2022年8月20日，甲公司向丁公司销售一批B产品。B产品生产成本60 000元，销售价格80 000元，增值税税额10 400元。甲公司在销售时已知悉丁公司资金周转发生困难，近期内难以收回货款，但为了减少存货积压以及考虑到与丁公司长期的业务往来关系，仍将B产品发运给丁公司并开出发票账单。2022年12月1日，丁公司给甲公司开出、承兑一张面值90 400元、为期6个月的不带息银行承兑汇票。2023年6月1日，甲公司收回汇票款。甲公司的会计处理如下。

①2022年8月20日，发出商品时：

借：发出商品	60 000	
贷：库存商品		60 000

借：应收账款　　10 400

　　贷：应交税费——应交增值税（销项税额）　　10 400

②2022 年 12 月 1 日，收到丁公司开来的不带息银行承兑汇票，可以确认收入时：

借：应收票据　　90 400

　　贷：主营业务收入　　80 000

　　　　应收账款　　10 400

借：主营业务成本　　60 000

　　贷：发出商品　　60 000

③2023 年 6 月 1 日，收回票款时：

借：银行存款　　90 400

　　贷：应收票据　　90 400

（三）发生销售折扣、折让与退回的会计处理

1. 销售折扣的会计处理。销售折扣，是指企业在销售商品时，为鼓励购货方多购商品和尽早付款而给予的价款折扣，包括商业折扣和现金折扣。

商业折扣，是指企业为促进商品销售在商品标价上给予的价格折扣。商业折扣的目的是鼓励购货方多购商品，通常根据购货方不同的购货数量而给予不同的折扣比率。对于商业折扣，应按扣除折扣后的金额确认收入。现金折扣对于销售方来说是一种可变对价，对于购货方来说是债务扣除，现金折扣的会计处理参见本教材第三章第一节应收账款业务的处理。

2. 销售折让的会计处理。销售折让是指企业因售出商品质量不合格等原因在售价上给予的减让。

（1）销售折让发生在销货方确认收入之前，销货方应按扣除销售折让后的实际销售价格确认收入。

（2）销售折让发生在销货方确认收入之后，销货方应按实际给予的销售折让，冲减销售收入。

【例 7－7】2022 年 7 月 6 日甲公司销售一批商品，增值税专用发票注明售价为 40 000 元，增值税税额为 5 200 元，该批产品的成本为 35 000 元。该项业务属于在某一时点履行的履约义务。货到后买方发现商品质量与合同要求不一致，要求给予价款 5% 的折让，甲公司同意折让。为此甲公司编制的会计分录如下。

①7 月 6 日销售实现时：

借：应收账款　　45 200

　　贷：主营业务收入　　40 000

　　　　应交税费——应交增值税（销项税额）　　5 200

借：主营业务成本　　35 000

　　贷：库存商品　　35 000

② 发生销售折让时：

借：主营业务收入　　2 000

应交税费——应交增值税（销项税额）　260
贷：应收账款　2 260

③实际收款时：

借：银行存款　42 940
贷：应收账款　42 940

3. 销售退回的会计处理。销售退回是指企业售出的商品由于质量、品种不符合要求等情况而发生的退货。销售退回应根据企业是否已确认销售收入、是否已结转销售成本等具体情况，分别进行会计处理。

（1）发生销售退回时，企业尚未确认销售收入。销售退回如果发生在企业确认收入之前，需将已记入“发出商品”等科目的商品成本转回“库存商品”科目。

（2）发生销售退回时，企业已经确认销售收入。销售退回如果发生在企业确认收入之后，则不论是本年销售本年退回还是以前年度销售本年退回，均应冲减退回当月的销售收入；如果已经结转了销售成本，还应同时冲减退回当月的销售成本。

【例7-8】 2022年12月18日甲公司向乙公司销售一批商品，开出的增值税专用发票上注明的销售价款为50 000元，增值税税额为6 500元。该批商品成本为26 000元。该项业务属于在某一时点履行的履约义务，企业认为符合条件当日确认收入。乙公司在2022年12月27日支付货款。2023年4月5日，该批商品因质量问题被乙公司退回，甲公司当日支付有关款项。甲公司的账务处理如下。

①2022年12月18日满足收入确认条件按销售总价确认收入时：

借：应收账款　56 500
贷：主营业务收入　50 000
应交税费——应交增值税（销项税额）　6 500

借：主营业务成本　26 000
贷：库存商品　26 000

②2022年12月27日收到货款时：

借：银行存款　56 500
贷：应收账款　56 500

③2023年4月5日发生销售退回时：

借：主营业务收入　50 000
应交税费——应交增值税（销项税额）　6 500
贷：银行存款　56 500

借：库存商品　26 000
贷：主营业务成本　26 000

第四节　按时段确认收入的会计处理

一、按时段确认收入的条件

满足下列条件之一的，属于在某一时段内履行的履约义务，相关收入应当在该履约义务履行的期间内确认。

1. 客户在企业履约的同时即取得并消耗企业履约所带来的经济利益。企业在履约过程中是持续地向客户转移该服务控制权的，该履约义务属于在某一时段内履行的履约义务，企业应当在提供该服务的期间内确认收入。如保洁公司为客户提供保洁服务，在保洁公司履行约定提供相关服务时，客户也就取得了该项成果并消耗了履约所带来的经济利益。

2. 客户能够控制企业履约过程中在建的商品。企业在履约过程中创建的商品包括在产品、在建工程等，如果客户在企业创建该商品的过程中就能够控制这些商品，应当认为企业提供该商品的履约义务属于在某一时段内履行的履约义务。

3. 企业在履约过程中所产出的商品具有不可替代用途，且该企业在整个合同期间内有权就累计至今已完成的履约部分收取款项。具有不可替代用途，是指因合同限制或实际可行性限制，企业不能轻易地将商品用于其他用途。有权就累计至今已完成的履约部分收取款项，是指在由于客户或其他方原因终止合同的情况下，企业有权就累计至今已完成的履约部分收取能够补偿其已发生成本和合理利润的款项，并且该权利具有法律约束力。如造船厂应客户要求为其建造一艘远洋货轮，造船厂不能将该艘货轮出售给其他客户。如果因为客户原因使得合同终止，客户应向造船厂支付其已发生的成本和合理的利润。在这种情况下，造船厂建造的船舶就属于在某一时段内履约的义务。

为反映时段法下为获取收入而发生的各种耗费，企业应设置“合同履约成本”账户。该账户为资产类账户，用来反映企业为履行当前或预期取得的合同所发生的、不属于其他企业会计准则规范范围且按照收入准则应当确认为一项资产的成本。账户的借方登记发生的合同履约成本，贷方登记摊销的合同履约成本，期末借方余额反映企业尚未结转的合同履约成本。该账户可按合同分别“服务成本”“工程施工”等进行明细核算。

二、按时段确认收入计量方法

对于某一时段内履行的履约义务，企业应当在该段时间内按照履约进度确认收入，履约进度不能合理确定的除外。企业应当考虑商品的性质，采用产出法或投入法确定恰当的履约进度。

资产负债表日，企业应当按照合同的交易价格乘以履约进度扣除以前会计期间累计已确认的收入后的金额，确认为当期收入。当履约进度不能合理确定时，企业已经发生的成本预计能够得到补偿的，应当按照已发生的成本金额确认收入，直到履约进度能够合理确定为止。每一资产负债表日，企业应当对履约进度进行重新估计。履约进度发生变化的，该变化应当作为会计估计变更处理。

【例7-9】甲公司于2022年12月1日接受一项设备安装任务，安装期为3个月，合同总收入600 000元，至年底已预收安装费440 000元，实际发生安装费用280 000元（假定均为安装人员薪酬），估计还会发生120 000元。假定甲公司按实际发生的成本占估计总成本的比例确定劳务的履约进度。

①2022年12月31日确认履约进度及本月收入。实际发生的成本占估计总成本的比例为：

280 000/(280 000 + 120 000) = 70%

2022年12月31日确认的提供劳务收入为：

600 000 × 70% - 0 = 420 000（元）

2022年12月31日结转的劳务成本为：

(280 000 + 120 000) × 70% - 0 = 280 000（元）

②账务处理。

2022年12月实际发生劳务成本时：

借：合同履约成本	280 000	
贷：应付职工薪酬		280 000

预收劳务款时：

借：银行存款	440 000	
贷：合同负债		440 000

③2022年12月31日确认提供劳务的收入并结转劳务成本。

借：合同负债	440 000	
合同资产	17 800	
贷：主营业务收入		420 000
应交税费——应交增值税（销项税额）		37 800
借：主营业务成本	280 000	
贷：合同履约成本		280 000

第五节 利得业务的会计处理

利得是指由企业非日常活动所形成的、会导致所有者权益增加的、与所有者投入资本无关的经济利益的流入。它不属于经营过程，它不是企业利润的形成主体。利得包括直接计入所有者权益的利得和直接计入当期利润的利得，本节所指的利得，是指直接计入当期利润的利得。

一、利得的主要构成

利得主要包括非流动资产报废收益、罚没利得、捐赠利得、盘盈利得等。

非流动资产报废收益，是指发生毁损，已丧失使用功能而报废的非流动资产所产生的清理收益。

罚没利得，是指交易对方因违反合同约定或法律约定而给予本企业的补偿。

捐赠利得，是指企业接受资产捐赠产生的利得。

盘盈利得，是指企业对于现金等资产清查盘点中盘盈的资产。

二、利得的会计处理

企业设置“营业外收入”账户，核算由于各种原因产生的利得。该账户属于损益类账户，账户的贷方登记营业外收入的本期发生额，借方登记期末转入“本年利润”账户的营业外收入发生额，期末一般无余额。为了详细反映营业外收入的构成情况，应按收入的具体项目设置明细账进行明细核算。

【例 7 –10】 甲公司于 2022 年 6 月 1 日收到乙企业的违约金 5 000 元，款项存入银行。会计处理为：

借：银行存款　　5 000

　　贷：营业外收入　　5 000

【例 17 –11】 甲公司 2022 年 12 月 15 日遭受重大自然灾害，并于 2023 年 3 月 10 日收到政府补助资金 1 400 000 元。收到补助时的会计处理为：

借：银行存款　　1 400 000

　　贷：营业外收入　　1 400 000

本章内容综述

收入是指企业在日常活动中形成的、会导致所有者权益增加的、与所有者投入资本无关的经济利益的总流入。按收入在企业经营中的主次程度，可将收入分为主营业务收入和其他业务收入两个层次。

收入是从企业日常经营活动中产生的，而不是从偶发的交易或事项中产生的。收入可能表现为企业资产的增加，也可能表现为企业负债的减少，收入能引起所有者权益的增加。收入只包括本企业经济利益的流入，而不包括为第三方或客户代收的款项。

企业与客户之间的合同同时满足下列条件时，企业应当在客户取得相关商品控制权时确认收入：合同各方已批准该合同并承诺将履行各自义务；该合同明确了合同各方与所转让商品（或提供的服务）相关的权利和义务；该合同有明确的与所转让商品相关的支付条款；该合同具有商业实质，即履行该合同将改变企业未来现金流量的风险、时间分布或金额；企业因向客户转让商品有权取得的对价很可能收回。

利得是指由企业非日常活动所形成的、会导致所有者权益增加的、与所有者投入资本无关的经济利益的流入。它不属于经营过程，它不是企业利润的形成主体，但它会影响利润总额。

复习思考题

一、思考题

1. 收入有哪些特征？
2. 收入如何分类？
3. 收入的确认条件包括哪些内容？
4. 收入的计量应考虑哪些因素？
5. 如何进行交易价格的分摊？
6. 按时点确认收入应考虑的迹象包括哪些？
7. 按时段确认收入应具备的条件包括哪些？
8. 利得包含哪些内容？

二、练习题

1. 为甲公司下述业务编制会计分录：

（1）甲公司2022年6月10日销售一批商品给乙公司，开出的增值税专用发票上注明的售价为100 000元，增值税税额为13 000元。该批商品的成本为70 000元。货到后乙公司发现商品质量不合格，要求在价格上给予5%的折让。乙公司提出的销售折让要求符合原合同的约定，甲公司同意并办妥了相关手续，开具了增值税专用发票（红字）。假定此前甲公司已确认该批商品的销售收入，销售款项尚未收到，发生的销售折让允许扣减当期增值税销项税额。

（2）甲公司2022年9月5日收到乙公司因质量问题而退回的商品10件，每件商品成本为210元。该批商品系甲公司2022年6月2日出售给乙公司，每件商品售价为300元，适用的增值税税率为13%，货款尚未收到，甲公司尚未确认销售商品收入。因乙公司提出的退货要求符合销售合同约定，甲公司同意退货，并按规定向乙公司开具了增值税专用发票（红字）。

2. 甲股份有限公司（以下简称甲公司）系增值税一般纳税人，适用的增值税税率为13%，适用的所得税税率为25%。销售单价除标明为含税价格外，均为不含增值税价格。甲公司2022年12月发生如下业务：

（1）12月2日，向乙企业赊销A产品10件，单价为2 000元，单位销售成本为1 000元，符合时点收入确认条件。

（2）12月8日，乙企业支付货款。

（3）12月15日，向丙企业销售材料一批，价款为20 000元，增值税税额2 600元。该材料成本为16 000元。当日收取面值为22 600元的银行承兑汇票一张。

要求：为以上业务编制会计分录。

3. 甲公司2022年12月1日接受一项设备安装任务，安装期3个月，合同总收入500 000元，至年底已预收420 000元。实际发生的安装费用为250 000元，这些安装费用包括安装人员工资200 000元和设备折旧费50 000元，预计还会发生安装费用150 000元。甲公司按实际发生的成本占估计总成本的比例确定履约进度，不考虑增值税等其他因素。

要求：编制甲公司实际成本发生时、预收劳务款时、期末确认收入时的会计分录。

4. 乙公司在现金清查中发现盘盈 500 元，后经查明有 300 元系多收行政部门款，其余原因不明。

要求：编制现金盘盈时和处理时的会计分录。

第八章　费用与损失业务的会计处理

第一节　费用概述

一、费用的特征

费用是企业在日常活动中发生的、会导致所有者权益减少的、与向所有者分配利润无关的经济利益的总流出。费用是与收入相对应而存在的会计要素。

费用有狭义和广义之分。广义的费用泛指企业各种活动发生的所有耗费；狭义的费用仅指与本期营业收入相配比的那部分耗费。费用和成本是两个经常使用的概念，两者之间既有联系也有区别。成本是指企业为生产产品、提供劳务而发生的各种耗费，是按一定对象所归集的费用，是对象化了的费用。也就是说，生产成本是相对于一定的产品而言所发生的费用，是按照产品品种等成本计算对象对当期发生的费用进行归集而形成的。两者之间也是有所区别的，费用强调的是资产的耗费，它与一定的会计期间相联系，而不去与所生产的产品挂钩；成本与一定种类和数量的产品相联系，而不论发生在哪一个会计期间。

费用具有以下两个基本特征：

1. 费用会减少企业的资源。费用的发生是以资产的耗费为前提的，资产的使用使其价值转化为企业的费用。因此，费用的发生会引起企业资产的减少。

2. 费用会减少企业的所有者权益。从费用与收入的关系看，收入会引起资产的增加，进而会引起所有者权益的增加；费用会引起资产的减少，进而会引起所有者权益的减少。

二、费用的确认和计量

（一）费用确认的方法

在确认费用时，可采取以下三种方法。

1. 按费用与收入的因果关系加以确认。凡是与本期收入有直接因果关系的耗费，就应当确认为本期的费用。这种因果关系具体表现在以下两个方面：一是经济性质上的因果性，即应予以确认的费用与该项收入具有必然的因果关系。二是时间上的一致性，即应予以确认的费用与某项收入在同一期内产生。例如，企业销售出去的商品是直接与所产生的营业收入相联系的，那么，该项销售商品的成本就可以随同本期实现的销售收入的确认而作为该期的费用加以确认。

2. 在耗费发生时直接作为当期费用确认。在企业的经济活动中，有些耗费不能与收入产生直接联系，其受益期也难以估计，在这种情况下，对这些耗费硬性分摊也没有太大的意义。这时，对这些费用就可采用这一方法，将所发生的耗费直接作为当期费用予以确认，例如，企业发生的各项管理费用、财务费用、销售费用等。当期费用又称期间费用。

3. 按系统、合理的分摊方式确认。如果某项支出所产生的经济效益涉及若干个会计期间，而且每个会计期间所发生的耗费与所产生的收入能够进行配比，该项耗费就应当按照合理的分配程序在相关的若干个会计期间内确认为一项费用。如固定资产的折旧费用和无形资产的摊销费用就属于这种情况。

（二）费用的计量

费用的计量是伴随费用的确认同时进行的，费用的确认过程也就是费用计量过程。如果某项耗费的发生只能使本期受益，则该项耗费在发生时应全部作为当期费用，金额就是资产全部耗费之合计，计量依据视耗费内容确定。企业在生产经营过程中所耗用的各项材料，应按实际耗用数量和账面单价计算，计入费用；职工薪酬，应当根据规定的标准、工时、产量记录等资料计算，并将其计入费用。

如果资产的耗费会使几个会计期间受益，那么，费用就应通过系统、合理的分摊方法进行计量，计量的依据就是所耗用资产的实际成本以及该项耗费所发挥作用的时间。例如，固定资产的折旧要按固定资产原始价值和规定使用年限来计算。无形资产的摊销、长期待摊费用的摊销都按其支出额和受益期间确定。由此我们可知，资产计价准确与否对成本费用计量会产生很大影响。

三、费用的分类

为了更好地理解费用，加强对费用的管理，需要对企业在生产经营中发生的费用根据不同的标准进行恰当的分类。

（一）费用按经济内容进行分类

经济内容是指企业进行经济活动应具备的要素内容，费用按经济内容进行分类，首先可以分为劳动对象方面的耗费、劳动手段方面的耗费和活劳动方面的耗费三大类。在实际工作中，为了具体反映各种生产费用的构成和水平，还应在这一划分的基础上，将生产费用进一步划分为下列各种要素，也可称为要素费用。

1. 外购材料，指企业为进行生产经营而耗用的一切从外部购入的原料及主要材料、半成品、辅助材料、包装物、修理用备件和低值易耗品等。

2. 外购燃料，指企业为进行生产经营而耗用的一切从外部购入的各种燃料，包括固体、液体、气体燃料。

3. 外购动力，指企业为进行生产经营而耗用的从外部购入的动力。

4. 职工薪酬，指企业应计入生产经营费用的职工薪酬。

5. 折旧费，指企业按规定计算并计入当期生产经营费用的固定资产折旧费。

6. 利息支出，指企业应计入财务费用的银行借款利息支出减去利息收入后的净额。

7. 税金支出，指企业应计入当期费用的各种税金，如房产税、车船税、城镇土地使用税、印花税等。

8. 其他支出，指不属于以上各要素项目的费用支出，例如邮电费、差旅费、租赁费、外部加工费等。

生产费用按经济内容分类，可以反映和监督企业在一定时期生产经营耗费的构成内容及其数额，考核分析各个时期的各种生产耗费水平。

（二）费用按经济用途进行分类

经济用途是指费用在生产经营中发挥的作用。费用按经济用途可分为计入生产成本的费用和期间费用两大类。

1. 生产成本。生产成本是指企业在生产产品过程中所发生的各项耗费总和，是企业费用中能够对象化的部分。形成成本的费用按其在成本中发挥作用的不同，可分为若干个项目，通常也被称为成本项目。成本项目通常包括：

（1）直接材料，是指直接用于产品生产，构成产品实体的各种原料、主要材料、外购半成品费用和有助于产品形成的辅助材料以及其他直接材料费用。

（2）直接人工，是指直接参加产品生产的工人薪酬。

（3）制造费用，是指企业各生产单位为组织和管理生产而发生的各项费用。制造费用是车间生产中所发生的全部费用扣除上述费用的集合体，它由若干费用项目组成，包括车间使用设备的折旧费、车间的办公费、车间劳保用品费用等。

为了使产品成本项目能够反映企业生产的特点，满足成本管理的要求，各企业可以根据自己的生产特点和管理要求对以上成本项目进行适当的调整。在计算产品成本时，有些项目能够直接计入产品成本，例如材料费、人工费用等，这些项目称为直接费用；有些项目发生后，不能直接计入成本，需经分配后才能计入成本，例如制造费用项目，这些项目称为间接费用。

将计入产品成本的生产费用划分为若干成本项目，可以按照费用的用途考核各项费用定额和计划的执行情况，分析费用支出是否合理、节约，为成本管理提供依据。

2. 期间费用。期间费用是指不能直接归属于某个特定产品成本而应计入其发生期间损益的费用，它可分为以下三项：

（1）管理费用，是指企业行政管理部门为组织和管理生产经营活动而发生的各项费用。

（2）财务费用，是指企业为筹集生产经营所需资金而发生的费用。

（3）销售费用，是指企业在销售过程中为销售产品而发生的应由企业负担的各项费用。

期间费用在发生的当期全部计入损益，不计入产品成本。

第二节 存货销售形成费用业务的会计处理

一、产品销售形成费用的会计处理

企业在产品销售过程中从客户处取得的商品的价款，会计上称为主营业务收入。同时，作为取得主营业务收入的一种代价，企业要将产品提供给顾客，这种产品的成本就构成了企业销售过程中的一项费用，会计上将其称为主营业务成本。除此之外，产品销售过程中的费用还包括企业在销售过程中缴纳的包括在售价内的消费税、资源税、城市维护建设税和教育费附加等，会计上将其称为税金及附加。

（一）主营业务成本的核算

企业在销售过程中销售商品，一方面减少了库存的存货，另一方面作为取得主营业务收入而垫支成本得以实现，表明企业发生了费用，把这项费用称为主营业务成本。将销售实现所确认的商品成本转为主营业务成本，应遵循配比的要求，也就是说，不仅主营业务成本的结转与主营业务收入的确认要在同一会计期间进行，而且应与主营业务收入在销售数量上保持一致。主营业务成本的计算公式如下：

本期应结转的主营业务成本 = 本期销售商品的数量 × 单位商品的生产成本

上式中单位商品生产成本的确定，应考虑期初库存的商品成本和本期入库的商品成本情况，可以分别采用先进先出法、一次加权平均法、移动加权平均法和个别计价法来确定，方法一经确定，不得随意变动。

为了核算主营业务成本，企业应设置“主营业务成本”账户。该账户属于损益类账户，借方登记主营业务发生的实际成本，贷方登记期末转入“本年利润”账户的主营业务成本。经过结转之后，该账户期末没有余额。为了详细反映主营业务成本的构成情况，企业应按主营业务的种类设置明细账进行明细核算。

【例 8-1】甲公司月末结转本月已销售的 A、B 产品的销售成本。其中，A 产品的总成本为 700 000 元，B 产品的总成本为 800 000 元。甲公司此项业务编制的会计分录为：

借：主营业务成本　　　　1 500 000
　　贷：库存商品——A产品　　　　700 000
　　　　　　　　——B产品　　　　800 000

（二）税金及附加的核算

企业在销售商品过程中实现了商品的销售额，就应该向国家税务机关缴纳各种销售税金及附加，包括消费税、城市维护建设税、资源税以及教育费附加等相关税费。这些税金及附加一般根据当月销售额或计税价格，按照规定的税率计算，于下月初缴纳。这些税金及附加的特点是，它们都包含在存货的售价内，是本年利润的减项，因此，从会计角度看是企业的一项费用。

为了核算企业销售商品的税金及附加情况，企业应设置“税金及附加”账户。该账户属于损益类账户，借方登记按照有关的计税依据和规定税率计算出的各种税金及附加额，贷方登记期末转入“本年利润”账户的税金及附加额。经过结转之后，该账户期末没有余额。为了详细反映税金及附加的构成情况，企业应按税金及附加的种类设置明细账进行明细核算。

【例8-2】甲公司经计算，本月销售A、B产品应缴纳的城建税为13 000元，教育费附加为5 800元，另外，A产品应缴纳的消费税为34 000元（假设A产品是应税消费品）。甲公司此项业务编制的会计分录为：

借：税金及附加　　　　52 800
　　贷：应交税费——应交消费税　　　　34 000
　　　　　　　　——应交城建税　　　　13 000
　　　　　　　　——应交教育费附加　　　　5 800

二、材料销售形成费用的会计处理

企业除了销售产品之外，还会发生将多余材料进行对外销售的情况。在材料销售过程中同样会取得相应的收入，也同样会发生相关的费用。由于材料销售不是企业的主营业务，通常将取得的收入称为“其他业务收入”，将材料本身成本转化成的费用称为“其他业务成本”，对于材料销售需要缴纳的消费税、资源税、城市维护建设税和教育费附加等仍作为“税金及附加”处理。

为了核算其他业务成本，企业应设置“其他业务成本”账户。该账户属于损益类账户，借方登记其他业务发生的实际成本，贷方登记期末转入“本年利润”账户的其他业务成本。经过结转之后，该账户期末没有余额。为了详细反映其他业务成本的构成情况，企业应按其他业务的种类设置明细账进行明细核算。

【例8-3】甲公司本月销售一批材料，月末结转本月销售材料的成本20 000元。甲公司此项业务编制的会计分录为：

借：其他业务成本　　　　20 000
　　贷：原材料　　　　20 000

【例8-4】甲公司按消费税税法计算本月销售材料应缴纳的消费税为6 000元，对此项业务编制的会计分录为：

借：税金及附加　　6 000

　　贷：应交税费——应交消费税　　6 000

其他业务成本核算的内容除结转的材料销售成本外，还包括出租固定资产的折旧额、出租无形资产的摊销额、出租包装物的成本或摊销额以及采用成本模式计量的投资性房地产的折旧额或摊销额。

第三节　期间费用业务的会计处理

期间费用是指不能直接归属于某个特定产品成本而应计入其发生期间损益的费用。期间费用容易确定其发生的期间，难以判别其所应归属的产品，因而在发生的当期就从损益中扣除。期间费用包括管理费用、财务费用和销售费用。

一、管理费用的处理

管理费用是指企业行政管理部门为组织和管理生产经营活动而发生的各种费用。具体包括：企业在筹建期间内发生的开办费、公司经费、折旧费、工会经费、董事会费、聘请中介机构费、咨询费、诉讼费、业务招待费、技术转让费、矿产资源补偿费、研究费用、排污费等。

公司经费是董事会和行政管理部门在企业的经营管理中发生的或者由企业统一负担的费用，包括行政管理部门职工工资和福利费、物料消耗、低值易耗品摊销、办公费和差旅费等。

董事会费是指企业最高权力机构及其成员为执行职能而发生的各项费用，包括董事会成员津贴、差旅费、会议费等。

业务招待费是指企业为业务经营需要而支付的招待费用。企业在支付业务招待费时，要严格依据财务制度规定的标准，尽可能压缩开支。

为了反映和监督管理费用的发生和结转情况，企业应设置“管理费用”账户进行核算。该账户属于损益类账户，借方归集发生的各项管理费用，月终，将本账户借方归集的管理费用全部由贷方转入“本年利润”账户的借方，计入当期损益。该账户月末一般无余额。为了详细反映管理费用的构成情况，企业应按费用项目设置管理费用明细账进行明细核算。

管理费用核算举例如下。

【例8-5】甲公司本月计算出公司行政管理部门人员薪酬38 760元，此项业务编制的会计分录为：

借：管理费用　　38 760

　　贷：应付职工薪酬　　38 760

【例8－6】甲公司本月提取公司行政管理部门固定资产折旧费2 400元，此项业务编制的会计分录为：

借：管理费用　　2 400

　　贷：累计折旧　　2 400

【例8－7】甲公司本月发生业务招待费1 200元，用转账支票付讫，此项业务编制的会计分录为：

借：管理费用　　1 200

　　贷：银行存款　　1 200

二、财务费用的处理

财务费用是指企业筹集生产经营所需资金而发生的筹资费用。具体包括：利息支出（减利息收入）、汇兑损益及相关的手续费等。

为了反映和监督财务费用的发生和结转情况，企业应设置“财务费用”账户进行核算。该账户属于损益类账户，借方归集发生的各项财务费用支出，贷方登记取得的利息收入、汇兑收益等财务收益，月终，应将该账户借贷方相抵之后的净额自该账户余额存在的反向转入“本年利润”账户，计入当期损益。该账户月末一般无余额。为了详细反映财务费用的具体构成情况，应按财务费用的构成项目设置明细账进行明细核算。

财务费用核算举例如下。

【例8－8】甲公司向银行借入一笔短期借款，因利息数额较大，决定分月计算应付利息，并计入借款期间各月的财务费用。经计算本月应付借款利息12 000元，此项业务编制的会计分录为：

借：财务费用　　12 000

　　贷：应付利息　　12 000

【例8－9】甲公司本月收到银行通知，公司在银行中的存款应得利息1 000元，已收入公司账户，此项业务编制的会计分录为：

借：银行存款　　1 000

　　贷：财务费用　　1 000

三、销售费用的处理

销售费用指企业在销售商品和材料、提供劳务过程中发生的各种费用。具体包括：保险费、包装费、展览费和广告费、商品维修费、预计产品质量保证损失、运输费、装卸费等以及为销售本企业商品而专设的销售机构（含销售网点、售后服务网点等）的职工薪酬、业务费、折旧费等经营费用。

为了反映和监督销售费用的发生和结转情况，企业应设置“销售费用”账户进行核算。该账户属于损益类账户，借方归集发生的销售费用，月终，将借方归集的全部销售费用自本账户的贷方转入"本年利润"账户的借方。该账户月末一般无余额。为了详细反映销售费用的构成情况，应按费用的项目设置明细账进行明细核算。

销售费用核算举例如下。

【例 8－10】甲公司本月以银行存款支付广告费 20 000 元，增值税专用发票上标明的税额为 1 200 元。编制的会计分录为：

借：销售费用　　20 000
　　应交税费——应交增值税（进项税额）　　1 200
　　贷：银行存款　　21 200

【例 8－11】甲公司本月计提驻外专设销售机构的固定资产折旧费 2 500 元，编制的会计分录为：

借：销售费用　　2 500
　　贷：累计折旧　　2 500

第四节 所得税费用业务的会计处理

企业实现利润后，按照税法的规定需要缴纳所得税，所得税费用就是因企业缴纳所得税而导致的资产耗费。由于会计准则和税法对收入和费用的确认方法及确认时间有差异，导致了会计利润与应纳税所得额存在差异，从而使得所得税费用和应交所得税也会产生差异。

从会计的角度看，会计利润＝会计收入－会计费用；从纳税角度看，应纳税所得额＝税法收入－税法费用。两者的差异有些是因确认时间造成的，这种差异会因时间的变化而转回，因此称为暂时性差异；有些是因为确认方法不同造成的，一经产生就不能转回，因此称为永久性差异。

所得税会计的处理顺序是：首先，将会计利润按税法的规定调整为应纳税所得额，即应纳税所得额＝会计利润 ± 永久性差异 ± 暂时性差异。其次，计算应缴纳的所得税，即应交所得税＝应纳税所得额 × 所得税税率。再次，计算暂时性差异所引起的本期多缴的所得税或少缴的所得税，即递延所得税资产或递延所得税负债＝暂时性差异 × 所得税税率。递延所得税资产或递延所得税负债从会计角度看就是本期因暂时性差异的存在导致本期多缴或者少缴的所得税。但这种差异并不会永久存在，在未来就会发生反向行为，称为转回。对于暂时性差异的核算，现在的主流方法是资产负债表债务法。最后，计算所得税费用，即所得税费用＝应交所得税＋[（递延所得税负债的期末余额－递延所得税负债的期初余额）－（递延所得税资产的期末余额－递延所得税资产的期初余额）]。

在所得税会计处理上，设置"所得税费用"账户，核算企业因经营所得和其他所得应当缴纳的所得税而确认的一项费用。该账户为损益类账户，账户的借方登记本期发生的所得税费用，贷方登记期末转入本年利润的所得税费用，结转后本账户期末无余额。设置“递延所得税资产”账户和“递延所得税负债”账户，核算本期因暂时性差异形成的预交税款和欠交税款。两个账户分别为资产和负债账户，由于该账户记录的是暂时性差异的纳税影响，因此将来会反向转回。

第五节　损失业务的会计处理

损失是指企业非日常活动所发生的、会导致所有者权益减少的、与向所有者分配利润无关的经济利益的流出。损失包括直接计入所有者权益的损失和直接计入当期利润的损失，本节所述的损失是指直接计入当期利润的损失。

一、损失的主要构成

计入当期利润的损失包括的项目有：非流动资产报废损失、盘亏损失、罚款支出、公益性捐赠支出、非常损失和资产减值损失等。

非流动资产报废损失是指发生毁损，已丧失使用功能而报废的非流动资产所产生的清理损失。包括固定资产报废损失和无形资产报废损失。

盘亏损失包括固定资产盘亏损失和存货因非常原因造成的盘亏损失。

罚款支出是指企业由于违反合同、违法经营、偷税漏税、拖欠税款等原因而支付的违约金、罚款、滞纳金等。

捐赠支出是指企业对外进行捐赠而发生的支出。

非常损失是指企业对于因客观因素（如自然灾害等）造成的损失在扣除保险公司赔偿后计入营业外支出的净损失。

资产的主要特征是预期能为企业带来经济利益。出于谨慎性要求的考虑，每个重要的会计期末都需要对资产的价值进行检查，当发现其账面价值高于未来可能产生的经济利益时，就称为资产减值，其减值金额即为资产减值损失。

资产减值损失金额的计量方法并不完全相同，这由资产的性质决定。债权类资产减值额是指未来可能的违约事件造成损失的期望值；存货类资产的减值额是由其期末的成本与可变现净值进行比较得出；固定资产、无形资产以及成本模式计量的投资性房地产是由账面价值与可收回金额进行比较得出。

从会计的角度看，资产减值意味着资产的价值下降，其价值的减少额应作为一项损失处理。由于资产减值受多种因素影响，并不完全归咎于管理水平。因此，将减值额计入管理费用不合适，为了系统反映资产的减值情况，会计上设置了“信用减值损失”和“资产减值损失”账户，用来反映企业各种资产减值所产生的费用。上述账户为损益账户，期末将其发生额转入“本年利润”账户。

资产减值意味着资产的价值减少，进行账务处理时，应该直接冲减该项资产的账面价值。但资产减值是会计基于该资产的目前状态所做出的判断，减值能否真正发生还存在一定的不确定性。因此，实务处理上，设置了相应的资产类的备抵账户来反映资产减值情况，如设置“坏账准备”账户反映应收项目的减值情况、设置“存货跌价准备”账户反映存货项目的减值情况、设置“固定资产减值准备”“无形资产减值准备”“投资性房地产减值准备”账户反映固定资产、无形资产和投资性房地产的减值情况。

在会计期末，如果某种资产发生了减值，企业应借记“资产减值损失”账户，贷记“某资产减值准备”账户；待处置该项资产时，须将其资产减值准备同时结转。具体账务处理见本教材第三章中的相应内容。

二、损失的会计处理

企业设置“营业外支出”账户，核算直接计入当期利润的损失发生及结转情况。该账户属于损益类账户，账户借方登记营业外支出的发生额（即营业外支出的增加额），贷方登记期末转入“本年利润”账户的营业外支出发生额，期末一般无余额。为了详细反映营业外支出的构成情况，应按支出的具体项目设置明细账进行明细核算。

【例 8 –12】甲公司用银行存款支付税款滞纳金 30 000 元，编制的会计分录如下。

借：营业外支出　　30 000

　　贷：银行存款　　30 000

【例 8 –13】甲公司用银行存款 20 000 元支付一项公益性捐赠，编制的会计分录如下。

借：营业外支出　　20 000

　　贷：银行存款　　20 000

本章内容综述

费用是企业在日常活动中发生的、会导致所有者权益减少的、与向所有者分配利润无关的经济利益的总流出。费用按经济内容进行分类，称为要素费用。按经济用途分类，作为计入产品成本的费用，称为成本项目；不计入产品成本的费用，称为期间费用。

存货销售形成的费用主要包括产品销售形成的费用和材料销售形成的费用。产品销售形成的费用是指提供给顾客产品本身的成本以及企业在销售过程中缴纳的消费税、资源税、城市维护建设税和教育费附加等，我们分别将其作为主营业务成本和税金及附加两项费用来处理。材料销售形成的费用同样是指提供给顾客材料本身的成本以及企业在销售过程中缴纳的消费税、资源税、城市维护建设税和教育费附加等，我们分别将其作为其他业务成本和税金及附加两项费用来处理。

期间费用是指不能直接归属于某个特定产品成本而应计入其发生期间损益的

费用。期间费用包括管理费用、财务费用和销售费用三个项目。期间费用核算包括两个环节：一是进行费用的归集，即将所发生的期间费用计入各账户的借方；二是期间费用的结转，即将归集的期间费用从各自账户的贷方转入“本年利润”账户。结转后，各期间费用账户期末无余额。资产减值损失是基于谨慎性要求，在会计期末对各类资产的账面价值进行检查，如果其账面价值高于未来经济利益流入额，则应将该部分损失确认为资产减值损失。需注意的问题是该项费用并不是已经发生，而是一项潜在损失的提前确认。所得税费用是企业因经营所得和其他所得应当缴纳的所得税而确认的一项费用。

损失是指由企业非日常活动所发生的、会导致所有者权益减少的、与向所有者分配利润无关的经济利益的流出。损失包括直接计入所有者权益的损失和直接计入当期损益的损失。

复习思考题

一、思考题

1. 费用的确认方法有哪些?
2. 费用按经济内容是如何分类的?
3. 费用按经济用途是如何分类的?
4. 存货销售形成的费用包括哪些?
5. 损失包括哪些内容?
6. 产品成本与期间费用有什么联系和区别?错误划分会对当期损益产生什么影响?
7. 生产费用按经济内容的分类与按经济用途的分类之间有什么联系?
8. 费用、损失两者间是什么关系?
9. 不同类型的资产其减值损失如何衡量?
10. 会计利润与应纳税所得额的差异体现在哪些方面?

二、练习题

1. 甲公司本月发生下列业务：

（1）销售A产品一批，成本为100万元，售价为140万元，增值税税率为13%，货款尚未收到。根据计算应缴的城市维护建设税为2万元，尚未缴纳。

（2）销售多余材料一批，材料的成本为20万元，售价为25万元，增值税税率为13%，款项已收到并存入银行。

（3）本月购买公司管理用办公用品支付现金500元，增值税税额65元。

（4）用银行存款支付广告费50 000元，增值税税额3 000元。

（5）计算出本月车间设备折旧费60 000元，厂部设备折旧费40 000元，销售部门设备折旧费30 000元。

（6）计算出本月应承担的短期借款利息10 000元。

（7）前期销售货物形成应收账款200万元本月收回。

（8）计算出本月应缴的房产税20 000元，车船税10 000元，尚未缴纳。

（9）计算出本月生产产品工人的薪酬为80 000元，车间管理人员的薪酬为30 000元，厂部管理者的薪酬为20 000元，对外提供劳务人员的薪酬为10 000元，尚未支付。

（10）本月银行存款的利息收入为 20 000 元，已收到并存入银行。

要求：编制上述业务的会计分录。

2. 乙公司本月发生下列业务：

（1）出售房屋一栋，原价为 1 000 万元，已提折旧 200 万元，计提的减值准备为 20 万元。房屋的售价为 800 万元，增值税税率为 9%，款项已收到。支付清理费 10 万元，增值税税率为 9%。

（2）出售一项专利技术，该技术的成本为 1 000 万元，累计摊销 300 万元，售价为 800 万元（含税）已收到，增值税税率为 6%。

（3）本月对外捐赠现金 30 万元。

要求：编制上述业务的会计分录。

第九章　利润及其分配业务的会计处理

第一节　利润形成业务的会计处理

一、利润的组成内容

利润是企业在一定期间内实现的经营成果。在我国，利润的概念是广义的，它不仅包括企业收入减去费用后的净额，还包括直接计入当期利润的利得和损失。利润指标能反映企业在一定会计期间取得的经营业绩和获利能力、投入产出效率和经济效益，是投资者最关心的财务指标。

利润可分为营业利润、利润总额和净利润三个层次，它们的计算公式如下。

（一）营业利润

营业利润＝营业收入－营业成本－税金及附加－销售费用－管理费用－研发费用－财务费用－信用减值损失－资产减值损失±公允价值变动损益±投资损益±资产处置损益＋其他收益

其中，营业收入是指企业在生产经营活动中取得的主营业务收入和其他业务收入。营业成本是指企业在生产经营活动中发生的主营业务成本和其他业务成本。税金及附加是指企业在生产经营活动中发生的消费税、城市维护建设税和教育费附加等相关税费。公允价值变动收益（或损失）是指企业交易性金融资产等公允价值变动形成的应计入当期损益的利得（或损失）。投资收益（或损失）是指企业以各种方式对外投资取得的收益（或发生的损失）。资产处置损益是指企业处置固定资产、在建工程、无形资产等所产生的利得或损失。其他收益是指企业收到的具有经营性质的政府补助。

（二）利润总额

利润总额＝营业利润＋营业外收入－营业外支出

营业外收入是指企业发生的与其生产经营活动无直接关系的各项利得。营业外收入不是企业的一项收入，不需要同某项费用进行配比，可直接单独形成当期利润的增加额。

营业外支出是指企业发生的与其生产经营活动无直接关系的各项损失。营业外支出不是企业的一项费用，不需要同某项收入进行配比，可直接单独形成当期利润的减少额。

（三）净利润

净利润 = 利润总额 − 所得税费用

所得税费用是指企业按税法规定上缴所得税形成的、应当从当期利润总额中扣除的一项费用。缴纳所得税，会导致资产流出企业。利润总额减去所得税费用后形成的净利润，才是属于企业可支配的利润。

【例 9－1】 甲股份有限公司 2022 年度取得主营业务收入 4 000 万元，其他业务收入 1 600 万元，投资净收益 690 万元，营业外收入 270 万元；发生主营业务成本 2 800 万元，其他业务成本 1 300 万元，税金及附加 80 万元，销售费用 390 万元，管理费用 270 万元，财务费用 150 万元，资产减值损失 160 万元，公允价值变动净损失 110 万元，营业外支出 180 万元。本年度确认的所得税费用为 370 万元。

甲股份有限公司各利润指标计算如下：

营业利润 =（4 000 + 1 600）−（2 800 + 1 300）− 80 − 390 − 270 − 150 − 160 − 110 + 690 = 1 030（万元）

利润总额 = 1 030 + 270 − 180 = 1 120（万元）

净利润 = 1 120 − 370 = 750（万元）

二、利润形成的核算

对企业利润的实现情况进行核算，可通过设置“本年利润”账户进行。该账户属于所有者权益类账户，用来反映企业累计净利润的实现或亏损的发生情况。贷方登记期末从各收入类账户转入的本期发生的各项收入，借方登记期末从各费用类账户转入的本期发生的与本期收入相配比的各项费用数。期末如为贷方余额，表示至本期末本年累计实现的净利润；若出现借方余额，表示至本期末本年累计发生的未弥补亏损。在年度中间，该账户的余额保留在本账户，不转账，目的是提供截至本期末本年度累计实现的净利润或发生的亏损。年度终了时，应将该账户余额转入“利润分配”账户，结转后，该账户无余额。

每期期末，企业应当将“主营业务收入”“其他业务收入”“营业外收入”“公允价值变动损益”“投资收益”“资产处置损益”“其他收益”等收入类账户的贷方余额，从各自账户的借方分别转入“本年利润”账户的贷方；将“主营业务成本”“税金及附加”“其他业务成本”“销售费用”“管理费用”“财务费用”“信用减值损失”“资产减值损失”“公允价值变动损益”“投资收益”“营业外支出”“所得税费用”等费用类账户的借方余额，从各自账户的贷方分别转入“本年利润”账户的借方。“本年利润”账户通过自身的配比，计算出实现的净利润或发生的净亏损。

年度终了，若“本年利润”账户为贷方余额，则将其从借方转出，转入“利润分配——未分配利润”账户的贷方；若“本年利润”账户为借方余额，则将其从贷方转出，转入“利润分配——未分配利润”账户的借方。结转后，“本年利润”账户无余额。

【例9－2】沿用〖例9－1〗的资料，甲股份有限公司利润形成过程核算如下：

①结转各项收入：

借：主营业务收入	40 000 000	
其他业务收入	16 000 000	
投资收益	6 900 000	
营业外收入	2 700 000	
贷：本年利润		65 600 000

②结转各项费用：

借：本年利润	58 100 000	
贷：主营业务成本		28 000 000
其他业务成本		13 000 000
税金及附加		800 000
销售费用		3 900 000
管理费用		2 700 000
财务费用		1 500 000
资产减值损失		1 600 000
公允价值变动损益		1 100 000
营业外支出		1 800 000
所得税费用		3 700 000

③年终结转：

借：本年利润	7 500 000	
贷：利润分配——未分配利润		7 500 000

第二节　利润分配业务的会计处理

一、利润分配的内容

利润分配是指企业根据国家有关规定和企业章程、投资协议等对企业当年可供分配利润进行的分配。企业实现的利润应按国家规定缴纳所得税，税后净利润按下列顺序进行分配：

1. 弥补以前年度的亏损，这是指以税后利润补亏部分。

2. 提取法定盈余公积金。法定盈余公积金按照当年实现税后利润的 10% 提取，如果以前年度有亏损，以补亏后剩余部分提取。法定盈余公积金累积提取额达到注册资本的 50% 时可以不再提取。

3. 提取任意盈余公积金。公司在提取法定盈余公积金后，经股东大会决议，可以提取任意盈余公积金。

4. 向投资者分配利润或股利。股利的支付方式有现金股利和股票股利两种。

二、利润分配的核算

企业对利润分配进行核算，通过设置“利润分配”账户进行。该账户属于所有者权益类账户，专门用来核算利润的分配（或亏损的弥补）及历年分配后利润的结存数额，它是“本年利润”账户的调整账户。借方登记实际分配的利润数额；贷方登记从“本年利润”账户转来的本年净利润和弥补以前年度亏损额。期末余额表示本年已分配利润与累计实现利润的差额。

为了详细地反映企业的利润分配情况，“利润分配”账户应设置“提取法定盈余公积”“提取任意盈余公积”“应付现金股利”“转作股本的股利”“盈余公积补亏”“未分配利润”等明细分类账户，进行明细分类核算。

“利润分配——提取法定盈余公积”和“利润分配——提取任意盈余公积”账户用来核算公司法定盈余公积和任意盈余公积的提取情况。提取时，借记“利润分配——提取法定盈余公积”和“利润分配——提取任意盈余公积”账户，贷记“盈余公积——法定盈余公积”和“盈余公积——任意盈余公积”账户。年末，将本账户下的两个明细账户转入“利润分配——未分配利润”账户。

“利润分配——应付现金股利”账户用来核算企业经股东大会批准的以现金形式支付给股东的股利情况。企业根据股东大会的决议计提现金股利时，借记“利润分配——应付现金股利”账户，贷记“应付股利”账户。实际发放时，借记“应付股利”账户，贷记“银行存款”账户。年末，将“利润分配——应付现金股利”账户转入“利润分配——未分配”账户。

“利润分配——转作股本的股利”用来核算企业按股东大会或类似权力机构决议向股东分配股票股利的情况。在办理完增资手续时，借记“利润分配——转作股本的股利”账户，贷记“股本”账户。年末，将“利润分配——转作股本的股利”账户余额转入“利润分配——未分配利润”账户。

“利润分配——盈余公积补亏”账户用来核算企业用盈余公积弥补亏损的情况。用盈余公积补亏时，借记“盈余公积——法定盈余公积或任意盈余公积”账户，贷记“利润分配——盈余公积补亏”账户。年末，本账户的期末余额转入“利润分配——未分配利润”账户。

“利润分配——未分配利润”账户用来核算企业全年实现利润的分配和历年

利润分配后的结余情况。年度终了时，“本年利润”及“利润分配”其他明细账的余额要全部转入本明细账户。结转后，本账户若为贷方余额，则是历年积存的未分配利润；若为借方余额，则是历年形成的未弥补亏损。

【例9-3】 甲股份有限公司的股本为200 000 000元，每股面值1元。2022年初未分配利润为贷方100 000 000元，2022年实现净利润80 000 000元。

假定公司经股东大会批准的2022年度利润分配方案为：按照2022年实现净利润的10%提取法定盈余公积，5%提取任意盈余公积，同时向股东按每股0.4元派发现金股利，按每10股送3股的比例派发股票股利。2023年3月15日，公司以银行存款支付了全部现金股利，新增股本也已经办理完股权登记和相关增资手续。

甲公司的会计处理如下。

①2022年度终了时，企业结转本年实现的净利润：

借：本年利润	80 000 000	
贷：利润分配——未分配利润		80 000 000

②提取法定盈余公积和任意盈余公积：

借：利润分配——提取法定盈余公积	8 000 000	
——提取任意盈余公积	4 000 000	
贷：盈余公积——法定盈余公积		8 000 000
——任意盈余公积		4 000 000

③结转“利润分配”账户的明细账户：

借：利润分配——未分配利润	12 000 000	
贷：利润分配——提取法定盈余公积		8 000 000
——提取任意盈余公积		4 000 000

甲公司2022年底“利润分配——未分配利润”账户的余额为：

100 000 000 + 80 000 000 - 12 000 000 = 168 000 000（元）

即贷方余额168 000 000元，反映企业的累计未分配利润为168 000 000元。

④批准发放现金股利：

200 000 000 × 0.4 = 80 000 000（元）

借：利润分配——应付现金股利	80 000 000	
贷：应付股利		80 000 000

2023年3月15日，实际发放现金股利：

借：应付股利	80 000 000	
贷：银行存款		80 000 000

⑤2023年3月15日，发放股票股利：

200 000 000 × 30% = 60 000 000（元）

借：利润分配——转作股本的股利	60 000 000	
贷：股本		60 000 000

本章内容综述

利润是企业在一定期间内实现的经营成果。利润总额是由企业的收入减去费用后的净额以及直接计入当期利润的利得和损失构成。其中，营业利润是企业利润的构成主体，它的高低代表企业利润质量的好坏。利润总额减去所得税费用形成企业净利润。

企业实现净利润的分配可分为三个部分：一是提取盈余公积；二是向股东分配股利；三是形成未分配利润。盈余公积和未分配利润体现为企业的留存收益。利润分配的结果最终体现在“利润分配——未分配利润”账户上。

复习思考题

一、思考题

1. 利润是怎样组成的?
2. 怎样进行利润的核算?
3. 怎样进行利润分配?
4. 试述利润分配各明细账户间的内在联系。

二、练习题

1. 某企业12月初“本年利润”账户的贷方余额为400 000元，12月份有关损益类账户本月发生额如下表所示。

账　　户	金额	账　　户	金额
主营业务收入（贷方）	90 000	主营业务成本（借方）	50 000
其他业务收入（贷方）	60 000	税金及附加（借方）	3 000
投资收益（贷方）	30 000	其他业务成本（借方）	40 000
营业外收入（贷方）	10 000	管理费用（借方）	6 000
财务费用（贷方）	5 000	销售费用（借方）	3 000
		资产减值损失（借方）	1 000
		公允价值变动损益（借方）	1 000

该企业所得税年终统一汇算清缴，所得税税率为25%，假定会计利润与应纳税所得额相等（且无暂时性差异）。

要求：

（1）计算营业利润、利润总额。

（2）计算本年应交所得税，并求出净利润。

（3）编制年终结转损益账户的会计分录。

2. 某企业本年会计利润为300 000元，经查明，本年内发生下列事项：

（1）业务招待费比税法规定超支40 000元。

（2）非公益性捐赠支出60 000元。

（3）违约罚款支出20 000元。

（4）购买国债利息收入50 000元。

（5）税法计算折旧为60 000元，会计计算折旧为70 000元。

（6）会计计提坏账准备20 000元。

本企业的所得税税率为25%。

要求：计算当期所得税并对其进行会计处理。

3. 某企业2022年全年实现的利润总额为500 000元，所得税为150 000元。企业的董事会对净利润的分配方案为：

（1）按净利润的10%提取法定盈余公积；

（2）按净利润的5%提取任意盈余公积；

（3）按净利润的40%分配现金股利。

要求：为上述业务编制会计分录，并做出年终结转的会计处理。

第十章　财务会计报告

第一节　财务会计报告概述

一、财务会计报告的作用

财务会计报告是指企业对外提供的反映企业某一特定日期的财务状况和某一期间的经营成果、现金流量等会计信息的文件。

财务会计报告将企业的会计信息汇总起来，使得企业会计信息的提供呈现多样性、丰富性和实用性的特点。这不仅满足了信息使用者的不同需求，也使得财务会计报告的作用得以充分发挥。

（一）财务会计报告有助于揭示企业管理当局的受托经管责任

现代企业的两权分离使投资者和企业管理当局之间形成委托与受托关系。投资者把资本投入企业，委托管理者管理，其目的是获得更大收益。为了解所投资本的保值、增值情况，管理当局对受托经济资源的管理状况，投资者就必须借助于企业提供的财务会计报告，了解相关的会计信息。由于企业编制的财务会计报告经审计后，能够保证真实地反映企业的财务状况和经营成果，因而有利于投资人正确评估检查企业的管理当局对受托责任的履行情况。

（二）财务会计报告有助于企业管理当局改善内部管理

企业内部管理者借助财务会计报告可以全面、系统、总括地了解企业的财务状况和经营成果，分析财务计划和有关方针、政策的执行情况，及时发现经营管理中存在的问题和不足，并有针对性地提出切实可行的改进措施，加强内部控制，提高经济效益。同时，企业管理者还可以运用会计报表所提供的信息，进行经济预测，为企业经营决策提供可靠的证据。

（三）财务会计报告有助于投资人和债权人进行合理的决策

投资人和债权人的利益与企业的发展趋势密切相关。在激烈的市场竞争中，投资者和债权人对企业进行投资，都非常谨慎。他们在投资之前往往都需要对企业的业绩和未来的发展前景进行仔细的研讨，财务会计报告是他们不可缺少的重要依据，企业的过去，现在的会计资料能为他们的投资决策发挥重要的参考作用。

（四）财务报告有助于财政、税务、审计等部门了解各自职能任务的完成情况

这些部门通过阅读和分析企业的财务会计报告，可以了解企业资金的来源及其变动情况，经营成果的实现和分配情况，信贷资金的取得、使用及归还情况，利税计划和上交任务的完成情况，审查企业财经纪律、结算纪律的执行情况。促使企业合法、高效、有序地经营，保证国家的财经方针政策得到贯彻执行，财政收入得到稳定增长。

（五）财务会计报告有助于企业内部职工了解相关信息

企业内部职工利用财务会计报告提供的会计信息，可以分析企业的经营状况和利润分配情况，评价企业对职工薪酬的支付能力及就业条件的稳定程度，对与职工利益相关的问题做出正确的判断。

由于信息使用者对信息要求的目的不同，要求程度的不同，决定了财务会计报告信息无法满足所有使用者的要求。在编制财务会计报告时，应根据重要性原则，首先考虑主要信息使用者的需要，在此基础上，去兼顾其他信息使用者的需要。

二、财务会计报告的内容

财务会计报告由会计报表及其他应当在财务会计报告中披露的相关信息和资料组成。企业对外提供的财务会计报告内容、会计报表种类和格式、会计报表附注的主要内容等由《企业会计准则》规定，企业内部管理需要的会计报表内容由企业自行规定。

会计报表是财务会计报告的主干部分，是对企业财务状况、经营成果和现金流量的结构性描述。它是以企业的会计凭证、会计账簿和其他会计资料为依据，按照规定的格式、内容和填报要求定期编制并对外报送，以货币作为主要计量单位，总括地反映企业的财务状况、经营成果和现金流量的变化情况。企业向外提供的会计报表至少包括：（1）资产负债表；（2）利润表；（3）现金流量表；（4）所有者权益变动表；（5）会计报表附注。

会计报表附注是对在资产负债表、利润表、现金流量表和所有者权益变动表等报表列示项目的文字描述或明细资料，以及对未能在这些报表中列示项目的说明。会计报表附注应当按下列顺序披露相关内容：（1）企业的基本情况：包括企业注册地、组织形式和总部地址，企业的业务性质和主要经营活动，母公司以及

集团最终母公司的名称，财务报告的批准报出者和财务报告批准报出日；(2) 财务报表编制基础，即是在持续经营条件下编制的还是非持续经营条件下编制的；(3) 遵循企业会计准则的声明；(4) 重要会计政策和重要会计估计的说明；(5) 会计政策和会计估计变更以及差错更正的说明；(6) 对报表中列示的重要项目的进一步说明；(7) 或有和承诺事项、资产负债表日后非调整事项、关联方关系及其交易等需要说明的事项。

企业的财务会计报告分为年度、半年度、季度和月度财务会计报告。半年度、季度和月度财务会计报告称为中期财务会计报告。

三、财务会计报告的编制要求

《企业会计准则第30号——财务报表列报》规定，企业在编制财务会计报告时，应遵循以下要求。

（一）会计报表的编制以持续经营为列报基础

企业应当以持续经营为基础，根据实际发生的交易和事项，按照《企业会计准则——基本准则》和其他各项准则的规定进行确认和计量，在此基础上编制会计报表。以持续经营为基础编制财务报表不再是合理的，企业应当采用其他基础编制财务报表，并在附注中披露这一事实。

（二）会计报表编制应遵循可比性要求

企业会计报表项目的列报应当在各个会计期间保持一致，不得随意变更。除非会计准则要求改变财务报表项目的列报，或者企业经营业务的性质发生重大变化后，变更财务报表项目的列报能够提供更可靠、更相关的会计信息。

（三）会计报表项目的确定遵循重要性要求

重要性，是指财务报表某项目的省略或错报会影响使用者据此作出经济决策的，该项目具有重要性。重要性应当根据企业所处环境，从项目的性质和金额大小两方面予以判断。对性质或功能不同的项目，应当在财务报表中单独列报，但不具有重要性的项目除外。性质或功能类似的项目，其所属类别具有重要性的，应当按其类别在财务报表中单独列报。

（四）会计报表提供比较数据的要求

当期会计报表的列报，至少应当提供所有列报项目上一可比会计期间的比较数据，以及与理解当期财务报表相关的说明。会计报表项目的列报发生变更的，应当对上期比较数据按照当期的列报要求进行调整，并在附注中披露调整的原因和性质以及调整的各项目金额。

第二节　资产负债表

一、资产负债表的内容及结构

资产负债表是反映企业在某一特定日期财务状况的会计报表。由于它反映的是企业某一时点的资产、负债和所有者权益的情况，所以是一张静态报表。

资产负债表根据资产、负债、所有者权益之间的关系，按照一定的分类标准和顺序，把企业在一定日期的资产、负债和所有者权益项目进行适当排列。资产项目按流动性进行排列，分为流动资产和非流动资产两大类；负债项目也按流动性进行排列，分为流动负债、非流动负债；所有者权益项目则按重要性排列，具体分为实收资本、其他权益工具、资本公积、其他综合收益、盈余公积、未分配利润等项目。

资产负债表包括表首、正表两部分。表首概括地说明了报表的名称、编制单位、编制日期、报表编号、货币名称、计量单位等。正表是资产负债表的主体，列示了表明企业财务状况的具体项目。我国资产负债表正表的格式采用账户式结构，分左、右两部分，左边列示资产，右边列示负债和所有者权益。从整体上体现“资产＝负债＋所有者权益”这一会计等式的平衡关系。

资产负债表往往采用对照式填列，即各项目均应对比填列“年初余额”和“期末余额”。这样处理，有利于进行纵向的对比分析，也有利于考察各项目在本期增减变动的情况，便于年末编制现金流量表时数据的取得。资产负债表的格式如表10－3所示。

二、资产负债表的编制方法

资产负债表“年初余额”栏内各项数字，应根据上年年末资产负债表“期末余额”栏内所列数字填列。如果本年度资产负债表规定的各个项目的名称和内容同上年度不相一致，应对上年年末资产负债表各项目的名称和数字按照本年度的规定进行调整，填入本表“年初余额”栏内。

由于资产负债表是静态会计报表，因而它的“期末余额”填列依据主要是各账户的期末余额。有些项目可以根据相关账户的期末余额直接填列；有些项目需要根据相关账户的期末余额计算填列；还有的项目则需要分析填列。填列的原则是：资产项目按净额填列，一些备抵项目需扣除。非流动项目中如果有一年内到期的，也需从该项目中扣除，列示在一年内到期的非流动性项目中。

资产负债表“期末余额”各主要项目的填列方法如下。

（一）根据总账账户余额直接填列

资产负债表中很多项目都是根据总账账户余额直接填列的，这些项目包括："交易性金融资产""递延所得税资产""短期借款""应付职工薪酬""应交税费""预计负债""实收资本""资本公积"等。

（二）根据总账账户余额计算填列

资产负债表中有些项目的填列方法是根据总账账户的余额相加或相减求得表上项目数字，这些项目主要包括：

1. "货币资金"项目。根据"库存现金""银行存款""其他货币资金"账户的期末余额合计数填列。

2. "其他应收款"项目，根据"应收利息""应收股利""其他应收款"账户的期末余额合计数，减去"坏账准备"账户中相关坏账准备期末余额后的金额填列。

3. "存货"项目。根据"材料采购""原材料""周转材料""在途物资""库存商品""发出商品""委托加工物资""委托代销商品"等账户的期末余额合计，减去"存货跌价准备"账户期末余额后的金额填列。

4. "持有待售资产"项目，根据"持有待售资产"账户的期末余额，减去"持有待售资产减值准备"账户的期末余额后的金额填列。

5. "长期股权投资"项目。根据"长期股权投资"账户的期末余额，减去"长期股权投资减值准备"账户期末余额后的金额填列。

6. "债权投资"项目。根据"债权投资"账户的期末余额，减去"债权投资减值准备"账户期末余额以及 1 年内到期的金额填列。

7. "固定资产"项目。本项目反映资产负债表日企业固定资产的期末账面价值和企业尚未清理完毕的固定资产清理净损益。该项目根据"固定资产"账户的期末余额，减去"累计折旧""固定资产减值准备"账户期末余额后的金额，以及"固定资产清理"账户的期末余额填列。

8. "在建工程"项目。根据"在建工程"账户的期末余额，减去"在建工程减值准备"账户的期末余额后的金额，以及"工程物资"账户的期末余额，减去"工程物资减值准备"账户的期末余额后的金额填列。

9. "无形资产"项目。根据"无形资产"账户的期末余额，减去"累计摊销""无形资产减值准备"账户期末余额后的金额填列。

10. "其他应付款"项目。根据"应付利息""应付股利""其他应付款"账户的期末余额合计数填列。

11. "长期应付款"项目。根据"长期应付款"账户的期末余额，减去相关的"未确认融资费用"账户的期末余额，以及"专项应付款"账户的期末余额填列。

（三）根据明细账户余额计算填列

资产负债表中有些项目应根据其明细账余额计算填列，这些项目主要包括：

（1）“应收账款”项目。应根据“应收账款”账户所属各明细账户的期末借方余额，减去“坏账准备”账户中有关应收账款计提坏账准备期末余额后的余额填列。

（2）“预付款项”项目。根据“预付账款”账户所属各明细账户的借方余额与“应付账款”账户所属明细账户的借方余额合计减去预付账款坏账准备填列。例如，“预付账款”账户所属有关明细账户期末有贷方余额的，应在本表“应付账款”项目内填列。

（3）“应付账款”项目。根据“应付账款”账户所属各有关明细账户的期末贷方余额与“预付账款”账户所属各有关明细账户的期末贷方余额合计填列。如“应付账款”账户所属各明细账户期末有借方余额，应在本表“预付账款”项目内填列。

（4）“预收账款”项目。根据“预收账款”账户所属各有关明细账户的期末贷方余额与“应收账款”账户所属明细账户的期末贷方余额合计填列。如“预收账款”账户所属有关明细账户有借方余额的，应在本表“应收账款”项目内填列。

三、资产负债表编制举例

【例10-1】

（一）资料

1. 甲公司是增值税一般纳税人，所得税税率为25%，存货采用实际成本核算。2022年1月1日有关账户的余额如表10-1所示。

表10-1　　　　甲公司2022年1月1日账户余额表

账户名称	借方余额	账户名称	贷方余额
库存现金	2 000	短期借款	300 000
银行存款	1 280 000	应付票据	200 000
其他货币资金	124 300	应付账款	953 800
交易性金融资产	25 000	其他应付款	50 000
应收票据	246 000	应付职工薪酬	110 000
应收账款	300 000	应交税费	36 600
坏账准备（应收账款计提）	-900	应付利息	231 000

续表

账户名称	借方余额	账户名称	贷方余额
预付账款	100 000	长期借款	1 600 000
其他应收款	5 000	其中：一年内到期的长期借款	1 200 000
		实收资本	5 000 000
原材料	1 011 950	盈余公积	100 000
周转材料——包装物	38 050	未分配利润	50 000
周转材料——低值易耗品	70 000		
库存商品	1 680 000		
其他债权投资	100 000		
长期股权投资	250 000		
固定资产	1 500 000		
累计折旧	-400 000		
在建工程	1 500 000		
无形资产	600 000		
长期待摊费用	200 000		
合计	8 631 400	合计	8 631 400

2. 该公司2022年发生的业务如下：

（1）收到原材料一批，实际成本120 000元，材料已验收入库，货款已于上月支付。

（2）企业采购材料一批，货款50 000元，增值税6 500元，用银行存款支付。材料已验收入库。

（3）收到银行通知，用银行存款支付到期的商业汇票150 000元。

（4）购入材料一批，用银行存款支付货款200 000元以及购入材料支付的增值税26 000元，材料月末尚未到货。

（5）销售商品一批，销售价款400 000元，增值税52 000元，该批产品实际成本250 000元，产品已发出，货款尚未收到。

（6）从银行借入5年期借款500 000元，已存入银行存款账户，该借款用于购建固定资产。

（7）购入不需要安装的设备一台，价款90 000元，增值税税率为13%，支付的包装费、运杂费5 000元，价款及包装费均已支付，设备交付使用。

（8）公司将已到期的一张面值为200 000元，利息为5 000元的银行承兑汇票交给银行，已办妥收款手续，该汇票未曾计息。

（9）收到现金股利40 000元，公司对此项投资采用成本法进行核算。

（10）购入工程用物资一批，价款250 000元（含增值税），已用银行存款支付。

（11）工程建设发生应付工资200 000元，应付职工福利费28 000元，其他应付款100 000元。

（12）工程完工前，计算应负担的长期借款利息180 000元。该项借款利息尚未支付。

（13）单项工程完工，交付使用，已办妥竣工手续，固定资产价值为1 500 000元。

（14）销售产品一批，销售价款700 000元，应收的增值税91 000元，销售产品的实际成本500 000元，货款银行已收妥。

（15）生产车间的一台设备报废，原价300 000元，已提折旧200 000元，清理费用1 000元，残值收入2 000元，款项均通过银行收支，该项固定资产已清理完毕。

（16）公司将交易性金融资产中的20 000元转让，收到本金20 000元，投资收益3 000元，已存入银行。

（17）公司出售不需用设备，收到价款400 000元，该设备原值500 000元，已提折旧200 000元，已处理完毕。

（18）归还短期借款本金200 000元，利息50 000元（已预计）。

（19）计提固定资产折旧150 000元，其中计入制造费用100 000元，计入管理费用50 000元。

（20）摊销无形资产80 000元。

（21）基本生产车间领用原材料，实际成本840 000元，领用低值易耗品，实际成本为63 000元，采用一次摊销法摊销。

（22）提取现金600 000元，准备发工资。

（23）支付工资600 000元，其中包括支付给在建工程人员的工资200 000元。

（24）分配生产经营职工的工资400 000元。其中生产人员工资280 000元，车间管理人员工资100 000元，行政管理人员工资20 000元。

（25）按上述工资总额的14%提取职工食堂就餐补助费。

（26）提取短期借款利息20 000元，长期借款利息50 000元。以上借款利息计入财务费用。

（27）收到应收账款60 000元，存入银行。

（28）用银行存款支付产品的广告费10 000元，展览费15 000元。

（29）结转制造费用277 000元，结转完工产品成本1 436 200元。

（30）公司采用商业汇票销售产品一批，价款300 000元，增值税39 000元，收到商业汇票一张，该产品的实际成本为200 000元。

（31）公司将上述汇票贴现，贴现利息为30 000元。

（32）计算出公司本期应纳的教育费附加为5 000元。

（33）用银行存款缴纳增值税150 000元，教育费附加5 000元。

（34）提取长期股权投资减值准备10 000元，固定资产中的房屋减值准备

20 000 元，存货中的库存商品跌价准备 5 000 元。

（35）公司与债权人达成协议，以 40 000 元银行存款偿还其应付账款 50 000 元。

（36）提取坏账准备 2 000 元。

（37）偿还长期借款 1 200 000 元。

（38）将各损益账户结转至本年利润。

（39）计算并结转应交所得税 63 360 元。

（40）按税后利润的 10% 提取法定盈余公积，20% 分配现金股利。

（41）结转利润分配的明细账户。

（二）根据上述资料经记账后，整理编制的 2022 年末的账户余额表如表 10－2 所示。

表 10－2　　　　甲公司 2022 年 12 月 31 日账户余额表

科目	借方余额	科目	贷方余额
库存现金	2 000	短期借款	100 000
银行存款	560 200	应付票据	50 000
其他货币资金	124 300	应付账款	903 800
交易性金融资产	5 000	其他应付款	150 000
应收票据	46 000	应付职工薪酬	194 000
应收账款	708 000	应交税费	129 400
坏账准备（应收账款计提）	－2 900	应付股利	25 168
预付账款	100 000	应付利息	201 000
其他应收款	5 000	长期借款	1 130 000
原材料	405 000	实收资本	5 000 000
包装物	38 050	盈余公积	112 584
低值易耗品	10 000	未分配利润	138 088
库存商品	2 166 200		
材料成本差异	13 950		
存货跌价准备	－5 000		
可供出售金融资产	100 000		
长期股权投资	250 000		
长期股权投资减值准备	－10 000		
固定资产	2 310 300		
累计折旧	－150 000		

续表

科目	借方余额	科目	贷方余额
固定资产减值准备	-20 000		
工程物资	250 000		
在建工程	508 000		
无形资产	600 000		
累计摊销	-80 000		
长期待摊费用	200 000		
合　计	8 134 100	合　计	8 134 100

（三）根据账簿记录及账户余额表编制资产负债表，如表10-3所示。

表10-3　　资产负债表

编制单位：甲公司　　2022年12月31日　　单位：元

资产	期末余额	年初余额	负债和所有者权益	期末余额	年初余额
流动资产：			流动负债：		
货币资金	686 500	1 406 300	短期借款	100 000	300 000
交易性金融资产	5 000	25 000	交易性金融负债		
衍生金融资产			衍生金融负债		
应收票据	46 000	246 000	应付票据	50 000	200 000
应收账款	705 100	299 100	应付账款	903 800	953 800
预付款项	100 000	100 000	预收款项		
其他应收款	5 000	5 000	合同负债		
存货	2 628 200	2 800 000	应付职工薪酬	194 000	110 000
合同资产			应交税费	145 460	36 600
一年内到期的非流动资产			其他应付款	376 168	281 000
其他流动资产			持有待售负债		
流动资产合计	4 175 800	4 881 400	一年内到期的非流动负债		1 200 000
非流动资产：			其他流动负债		
债权投资			流动负债合计	1 753 428	3 081 400
其他债权投资	100 000	100 000	非流动负债：		
长期应收款			长期借款	1 130 000	400 000
长期股权投资	240 000	250 000	应付债券		
投资性房地产			其中：优先股		
固定资产	2 140 300	1 100 000	永续债		

续表

资产	期末余额	年初余额	负债和所有者权益	期末余额	年初余额
在建工程	758 000	1 500 000	长期应付款		
生产性生物资产			预计负债		
油气资产			递延收益		
无形资产	520 000	600 000	递延所得税负债		
开发支出			其他非流动负债		
商誉			非流动负债合计	1 130 000	400 000
长期待摊费用	200 000	200 000	负债合计	2 883 428	3 481 400
递延所得税资产			所有者权益：		
其他非流动资产			实收资本（股本）	5 000 000	5 000 000
非流动资产合计	3 958 300	3 750 000	其他权益工具		
			资本公积		
			其他综合收益		
			盈余公积	112 584	100 000
			未分配利润	138 088	50 000
			所有和权益合计	5 250 672	5 150 000
资产总计	8 134 100	8 631 400	负债和所有者权益总计	8 134 100	8 631 400

四、资产负债表的作用

资产负债表主要提供了有关企业财务状况方面的信息。通过阅读资产负债表，可以了解企业在一定日期的资产总额及其结构，负债总额及其结构，所有者权益的构成情况及其保值增值情况。资产负债表还可以提供进行财务分析所需的基本资料，运用这些资料能判断企业的偿债能力、资产变现能力、资金周转能力等，为投资者的投资决策提供帮助。

第三节　利　润　表

一、利润表的结构和内容

利润表是反映企业在一定会计期间经营成果的报表，是一张动态报表。利润表也称损益表、收益表。

利润表包含表首、正表两部分。其中，表首说明报表名称、编制单位、编制日期、报表编号、货币名称、计量单位等；正表是利润表的主体，反映形成企业经营成果的各个损益项目名称和计算过程。

在我国，利润表采用多步式，在项目的排列顺序上反映净利润的形成过程，这一过程包括六个步骤，即：

第一步，计算营业利润。由营业收入减去营业成本、税金及附加、销售费用、管理费用、研发费用、财务费用、资产减值损失，加上其他收益、投资收益、公允价值变动收益、资产处置收益，即为营业利润。

第二步，计算利润总额。由营业利润加上营业外收入减去营业外支出即为利润总额。

第三步，计算净利润。利润总额减去所得税费用，即为净利润。

第四步，计算其他综合收益的税后净额。包括不能重分类进损益的其他综合收益和将重分类进损益的其他综合收益。

第五步，计算综合收益总额。包括净利润和其他综合收益的税后净额。

第六步，计算每股收益。普通股或潜在普通股已公开交易的企业，还应当在利润表中列示每股收益信息，包括基本每股收益和稀释每股收益两项指标。

利润表的格式如表10－5所示。

二、利润表的编制方法

为了使报表数据能够表达不同时期的对比情况，判断企业经营成果的变化趋势，利润表分为“本期金额”和“上期金额”两栏并分别填列。“本期金额”栏反映利润表各项目的本期实际发生数；“上期金额”栏内各项数字，应根据上年该期利润表“本期金额”栏内所列数字填列。如果上年该期利润表规定的各个项目的名称和内容同本期不相一致，应对上年该期利润表各项目的名称和数字按本期的规定进行调整，填入利润表“上期金额”栏内。

利润表各项目的内容及其填列方法：

1. “营业收入”项目，反映企业经营主要业务和其他业务所确认的收入总额。本项目应根据“主营业务收入”和“其他业务收入”账户的发生额分析填列。

2. “营业成本”项目，反映企业经营主要业务和其他业务发生的实际成本。本项目应根据“主营业务成本”和“其他业务成本”账户的发生额分析填列。

3. “税金及附加”项目，反映企业经营业务应负担的消费税、城市维护建设税、资源税、城镇土地使用税和教育费附加等。本项目应根据“税金及附加”账户的发生额分析填列。

4. “销售费用”项目，反映企业在销售商品过程中发生的包装费、广告费和为销售本企业商品而专设的销售机构的职工薪酬、业务费等经营费用。本项目应根据“销售费用”账户的发生额分析填列。

5. “管理费用”项目，反映企业为组织和管理生产经营发生的管理费用。本项目应根据“管理费用”账户的发生额分析填列。

6. “研发费用”项目，反映企业进行研究与开发过程中发生的费用化支出。该项目应根据“管理费用”账户下的“研发费用”明细账户发生额以及“管理费用”账户下“无形资产摊销”明细科目的发生额分析填列。

7. “财务费用”项目，反映企业筹集生产经营所需资金等而发生的筹资费用及存款收益。本项目应根据“财务费用”账户的发生额分析填列，其中，“利息费用”项目，反映企业为筹集生产经营所需资金等而发生的应予费用化的利息支出，本项目应根据“财务费用”账户的相关明细账户的发生额分析填列；“利息收入”项目，反映企业确认的利息收入，本项目应根据“财务费用”账户的相关明细账户的发生额分析填列。

8. “资产减值损失”项目，反映企业各项资产发生的减值损失。本项目应根据“资产减值损失”账户的发生额分析填列。信用减值损失同理。

9. “其他收益”项目，反映计入其他收益的政府补助等。本项目应根据“其他收益”账户的发生额分析填列。

10. “投资收益”项目，反映企业以各种方式对外投资所取得的收益。本项目应根据“投资收益”账户的发生额分析填列；如为投资损失，以“-”号填列。

11. “公允价值变动收益”项目，反映企业应当计入当期损益的资产或负债公允价值变动收益。本项目应根据“公允价值变动损益”账户的发生额分析填列，如为净损失，本项目以“-”号填列。

12. “资产处置损益”项目，反映企业出售固定资产、已建工程、生产性生物资产及无形资产而产生的利得或损失。本项目应根据“资产处置损益”账户的发生额分析填列；如为处置损失，以“-”号填列。

13. “营业外收入”项目，反映企业发生的除营业利润以外的收益，主要包括与企业日常活动无关的政府补助、盘盈利得、捐赠利得等。本项目应根据“营业外收入”账户的发生额分析填列。

14“营业外支出”项目，反映企业发生的除营业利润以外的支出，主要包括捐赠支出、非常损失、盘亏损失、非流动资产毁损报废损失等。本项目应根据“营业外支出”账户的发生额分析填列。

15. “所得税费用”项目，反映企业按规定从本期损益中减去的所得税费用。本项目应根据“所得税费用”账户的发生额分析填列。

16. “净利润”项目，反映企业实现的净利润。如为净亏损，以“-”号填列。“（一）持续经营净利润”和“（二）终止经营净利润”项目，分别反映净利润中与持续经营相关的净利润和与终止经营相关的净利润；如为净亏损，以“-”号填列。该两个项目应按照《企业会计准则42号——持有待售的非流动资产、处置组和终止经营》的相关规定分别列报。

17. “其他综合收益的税后净额”项目，反映企业的潜在收益，本项目根据“其他综合收益”的贷方余额填列，如为借方余额，以“-”号填列。

18. “每股收益”项目，反映普通股股东每持有一股所能享有的企业利润或需要承担的企业亏损。每股收益包括基本每股收益和稀释每股收益，基本每股收益用当期实现的净利润除以当期实际发行在外普通股的加权平均数；稀释每股收益是以基本每股收益为基础，假设企业所有发行在外的稀释性潜在普通股均已转换为普通股，从而分别调整归属于普通股股东的当期净利润以及发生在外普通股的加权平均数计算而得的每股收益。

三、利润表编制举例

【例10－2】根据例10－1资料，甲公司2022年度有关损益账户的发生额如表10－4所示。

表10－4　　　　损益类账户发生额

科目名称	借方发生额	贷方发生额	科目名称	借方发生额	贷方发生额
主营业务收入		1 400 000	财务费用	95 000	
主营业务成本	950 000		投资收益		43 000
税金及附加	5 000		资产处置损益		100 000
销售费用	25 000		营业外收入		10 000
管理费用	152 800		营业外支出	99 000	
资产减值损失	37 000		所得税费用	63 360	

根据上述资料，编制利润表如表10－5所示。

表10－5　　　　利润表

编制单位：甲公司　　　　2022年　　　　单位：元

项　目	本期金额	上期金额（略）
一、营业收入	1 400 000	
减：营业成本	950 000	
税金及附加	5 000	
销售费用	25 000	
管理费用	152 800	
研发费用		
财务费用	95 000	
其中：利息费用	95 000	
利息收入		
信用减值损失	2 000	
资产减值损失	35 000	
加：其他收益		

续表

项　　目	本期金额	上期金额（略）
投资收益（损失以“－”号填列）	43 000	
其中：对联营企业和合营企业的投资收益		
公允价值变动收益（损失以“－”号填列）		
资产处置收益（损失以“－”号填列）	100 000	
二、营业利润（亏损以“－”号填列）	278 200	
加：营业外收入	10 000	
减：营业外支出	99 000	
三、利润总额（亏损总额以“－”号填列）	189 200	
减：所得税费用	63 360	
四、净利润（净亏损以“－”号填列）	125 840	
（一）持续经营净利润（净亏损以“－”号填列）	125 840	
（二）终止经营净利润（净亏损以“－”号填列）		
五、其他综合收益的税后净额		
（一）不能重分类进损益的其他综合收益		
1. 重新计量设定受益计划变动额		
2. 权益法下不能转损益的其他综合收益		
（二）将重分类进损益的其他综合收益		
1. 权益法下可转损益的其他综合收益		
2. 债权投资公允价值变动		
3. 金融资产重分类计入其他综合收益的金额		
六、综合收益总额	125 840	
七、每股收益		
（一）基本每股收益		
（二）稀释每股收益		

四、利润表的作用

利润表提供了有关企业经营成果方面的信息。通过利润表提供的不同时期的比较数字，可以了解企业生产经营的收益和成本耗费情况，经营成果的实现情况。评价企业的经营业绩，分析企业今后利润的发展趋势及获利能力。企业的管理当局可以通过分析利润表，发现企业在生产经营活动的各个环节中所存在的问题，找出差距，采取相应的改善措施，以做出合理的经营决策。投资者可以利用利润表了解投入资本的保值、增值情况。会计报表使用者还可以根据利润表调整计算现金流量，了解利润与现金流量间的关系。将利润表中的信息与资产负债表中的信息相结合，可以提供财务分析的一些数据，如应收账款周转率、存货周转率、资产收益率等，这便于报表使用者判断企业未来的发展趋势，做出经济决策。

第四节　现金流量表

一、现金流量表的内容和结构

（一）现金流量表的内容

现金流量表是反映企业在一定会计期间内现金和现金等价物流入及流出信息的会计报表。现金流量表属于动态会计报表。

编制现金流量表的目的是为会计报表使用者提供企业一定会计期间内有关现金净流量的信息。现金净流量是现金流量表所要反映的一个重要指标，它是指现金流入与流出的差额，它反映了企业各类活动形成的现金流量的最终结果。一般来说，净流量为正数，反映了企业现金流量的积极现象和趋势。因此，现金流量表中的内容应有助于深入地分析企业财务状况变动，预测企业现金流量前景。现金流量表通常按照企业经营业务发生的性质，将企业一定期间内产生的现金流量归为三类。

1. 经营活动产生的现金流量。经营活动是指企业从事的主营与兼营活动所涉及的所有交易和事项，包括销售商品或提供劳务、经营性租赁、购买货物、接受劳务、制造产品、广告宣传、推销产品、收到的税费返还、缴纳税款等。这些活动产生的现金流入量与流出量之差称为经营活动产生的现金流量。

2. 投资活动产生的现金流量。投资活动是指企业长期资产的购建和不包括在现金等价物范围内的投资及其处置活动。长期资产是指固定资产、无形资产、在建工程、其他资产等持有期限在一年或一个营业周期以上的资产。这些活动产生的现金流入量与流出量之差称为投资活动产生的现金流量。

3. 筹资活动产生的现金流量。筹资活动是指导致企业资本及债务规模和构成发生变化的活动，包括吸收投资、发行股票、分配利润等。这些活动产生的现金流入量与流出量之差称为筹资活动产生的现金流量。

对于企业日常活动之外不经常发生的特殊项目，如自然灾害损失、保险赔款、捐赠等，应当在现金流量表中归并到相关类别中，并单独反映。

（二）现金流量表的结构

现金流量表包括正表和补充资料两部分。正表主要列示了企业从事三大活动产生的现金流量，补充资料主要列示了净利润转化为经营活动现金流量的调整项目。现金流量表中存在的逻辑关系主要是：正表第一大项“经营活动产生的现金流量”，与补充资料第一项“经营活动产生的现金流量”应当核对相符；正表中的第五项“现金及现金等价物净增加额”，与补充资料中的第三项“现金及现金等价物净增加额”应当核对相符；另外，在一般情况下，正表中的第五项“现金及现金等价物净增加额”应当与资产负债表“货币资金”项目的期末数与期初数的差额核对相符。

现金流量表的格式如表 10 - 6 所示。

二、现金流量表的编制基础

现金流量表是以现金为基础编制的，这里的现金包括库存现金、可以随时用于支付的银行存款、其他货币资金以及现金等价物。具体内容如下。

（一）库存现金

库存现金是指企业持有的、可随时用于支付的现金限额，也就是“库存现金”账户核算的现金。

（二）银行存款

银行存款是指企业存在金融企业、随时可以用于支付的存款。它与“银行存款”账户核算的银行存款基本一致，主要的区别是编制现金流量表所指的银行存款是可以随时用于支付的银行存款，如结算户存款、通知存款等。

（三）其他货币资金

其他货币资金是指企业存在金融企业具有特定用途的资金，也就是“其他货币资金”账户核算的内容，如外埠存款、银行汇票存款、银行本票存款、信用证保证金存款、在途货币资金等。

（四）现金等价物

现金等价物是指企业持有的期限短、流动性强、易于转换为已知金额现金、价值变动风险很小的投资。一项投资被确认为现金等价物应具备四个条件，即：（1）期限短；（2）流动性强；（3）易于转换为已知金额的现金；（4）价值变动风险很小。其中，期限短一般是指从购买之日起，3 个月内到期。典型的现金等价物是自购买之日起 3 个月内到期的债券投资。企业作为短期投资而购买的、市场上可以流通的股票，虽然期限短、变现能力强，但是其变现的时间不确定，变现价值不稳定，所以不属于现金等价物。

三、现金流量表各项目的填列方法

（一）经营活动产生现金流量的填列方法

经营活动产生的现金流量是说明企业在不动用外部筹措资金的情况下，通过经营活动产生的现金流量能否满足偿还负债、支付股利和对外投资等的需要。经营活动产生的现金流量通常可以采用直接法和间接法两种方法反映。

直接法是按现金收入和现金支出的主要类别直接反映企业经营活动产生的现金流量，如销售商品、提供劳务收到的现金以及购买商品、接受劳务支付的现金等就是按现金收入和支出的来源直接反映的。在直接法下，一般是以利润表中的营业收入为起算点，调节与经营活动有关项目的增减变动，然后计算出经营活动产生的现金流量。采用直接法编报现金流量表，便于分析企业经营活动产生的现金流量的来源和用途，预测企业现金流量的未来前景。

间接法是以本年利润为起算点，调整不涉及现金的收入、费用、营业外收支等有关项目的增减变动，据此计算出经营活动产生的现金流量。采用间接法编制现金流量表，便于将净利润与经营活动产生的现金流量净额进行比较，了解净利润与经营活动产生的现金流量产生差异的原因，从现金流量的角度分析净利润的质量。

所以，在我国，现金流量表正表按直接法编制，在补充资料中，还要按间接法反映经营活动现金流量情况。

直接法下经营活动现金流量各项目的内容及填列方法如下。

1. 销售商品、提供劳务收到的现金。本项目反映企业销售商品、提供劳务实际收到的现金，包括本期销售价款和应向购买者收取的增值税销项税额，以及前期销售和前期提供劳务本期收到的现金和本期预收的账款，企业销售材料和代购代销业务收到的现金也在本项目反映。

本项目可根据“库存现金”“银行存款”“应收账款”“应收票据”“预收账款”“应交税费”“主营业务收入”“其他业务收入”等账户的记录分析填列。

2. 收到的税费返还。本项目反映企业收到返还的各种税费，如收到的增值税、所得税、消费税、关税和教育费附加返还款等。在会计处理上，收到的增值税返还记入“其他收益”账户，收到返还的其他各种税费应冲销原形成税金时的会计账户。

本项目可根据“库存现金”“银行存款”“税金及附加”“其他收益”“其他应收款”等账户的记录分析填列。

3. 收到的其他与经营活动有关的现金。本项目反映企业除上述各项目外，收到的其他与经营活动有关的现金，如罚款收入、流动资产损失中由个人赔偿的现金收入、经营租赁收到的租金等。其他与经营活动有关的现金如果价值较大的，应单列项目反映。

本项目可根据“库存现金”“银行存款”“营业外收入”等账户的记录分析填列。

4. 购买商品、接受劳务支付的现金。本项目反映企业购买材料、商品和接受劳务实际支付的现金，包括本期购入材料、商品和接受劳务支付的现金（包括增值税进项税额），以及本期支付前期购入商品、接受劳务的未付款项和本期预付款项。

本项目可根据“库存现金”“银行存款”“应付账款”“应付票据”“应交税费”“预付账款”“主营业务成本”“存货”等账户的记录分析填列。

5. 支付给职工以及为职工支付的现金。本项目反映企业实际支付给职工以及为职工支付的现金，包括本期实际支付给职工的工资、奖金、各种津贴和补贴等，以及为职工支付的其他费用，不包括支付给离退休人员的各项费用和支付给在建工程人员的工资等。

本项目可根据“应付职工薪酬”“管理费用”“销售费用”“生产成本”“制造费用”“库存现金”“银行存款”等账户的记录分析填列。

6. 支付的各项税费。本项目反映企业按规定支付的各种税费，包括本期发生并支付的税费，以及本期支付以前各期发生的税费和预交的税金。

本项目可根据“应交税费”“库存现金”“银行存款”等账户的记录分析填列。

7. 支付的其他与经营活动有关的现金。本项目反映企业除上述各项目外，支付的其他与经营活动有关的现金流出，如罚款支出、支付的差旅费、业务招待费支出、支付的保险费等，其他现金流出如价值较大的，应单列项目反映。

本项目可以根据有关账户的记录分析填列。

（二）投资活动产生现金流量的填列方法

投资活动的现金流量，反映了企业为获得未来收益和现金流量而导致资源转出的程度，以及以前资源转出带来的现金流入的信息。

投资活动现金流量各项目的内容及填列方法如下。

1. 收回投资所收到的现金。本项目反映企业出售、转让或到期收回除现金等价物以外金融资产、长期股权投资而收到的现金，以及收回债权投资和其他债权投资本金而收到的现金。

本项目可以根据“交易性金融资产”“债权投资”“长期股权投资”“其他债权投资”“库存现金”“银行存款”等账户的记录分析填列。

2. 取得投资收益所收到的现金。本项目反映企业因股权性投资而分得的现金股利，从子公司、联营企业或合营企业分回利润而收到的现金，以及因债权性投资而取得的现金利息收入。

本项目可根据“库存现金”“银行存款”“投资收益”等账户的记录分析填列。

3. 处置固定资产、无形资产和其他长期资产所收回的现金净额。本项目反映企业处置固定资产、无形资产和其他长期资产所取得的现金，减去为处置这些资产而支付的有关费用后的净额。由于自然灾害所造成的固定资产等长期资产损失而收到的保险赔偿收入也在本项目中反映。

本项目应根据“库存现金”“银行存款”“固定资产清理”等账户的记录分析填列。

4. 收到的其他与投资活动有关的现金。本项目反映企业除上述各项目外，收到的其他与投资活动有关的现金。其他与投资活动有关的现金，如果价值较大的，应单列项目反映。

本项目可根据有关账户的记录分析填列。

5. 购建固定资产、无形资产和其他长期资产所支付的现金。本项目反映企业购买、建造固定资产以及取得无形资产和其他长期资产所支付的现金，包括购买机器设备所支付的现金及增值税款、建造工程支付的现金、支付的在建工程人员工资等现金支出。

本项目可根据“库存现金”“银行存款”“固定资产”“无形资产”“在建工程”“工程物资”等账户的记录分析填列。

6. 投资支付的现金。本项目反映企业进行权益性投资和债权性投资所支付的现金，包括企业取得的除现金等价物以外的股票投资、债券投资支付的现金。

本项目可根据“库存现金”“银行存款”“长期股权投资”“债权投资”“其他债权投资”“交易性金融资产”等账户的记录分析填列。

7. 支付的其他与投资活动有关的现金。本项目反映企业除上述各项目外，支付的其他与投资活动有关的现金。其他与投资活动有关的现金，如果价值较大的，应单列项目反映。

本项目可根据有关账户的记录分析填列。

（三）筹资活动产生现金流量的填列方法

现金流量表单独列示筹资活动现金流量，是为了帮助投资者和债权人了解企业目前的筹资状态，预计企业对未来现金流量要求权的满足程度，以及企业为获得前期现金流入而付出的代价。

筹资活动现金流量各项目的内容及填列方法如下。

1. 吸收投资收到的现金。本项目反映企业收到的投资者投入的现金，包括以发行股票、债券等方式筹集资金实际收到的款项净额。

本项目可根据“库存现金”“银行存款”“实收资本”等账户的记录分析填列。

2. 取得借款收到的现金。本项目反映企业举借各种短期借款、长期借款而收到的现金。

本项目可根据“库存现金”“银行存款”“短期借款”“长期借款”等账户的记录分析填列。

3. 收到其他与筹资活动有关的现金。本项目反映企业除上述各项目外，收到的其他与筹资活动有关的现金流入，如接受现金捐赠等。其他与筹资活动有关的现金，如果价值较大的，应单列项目反映。

本项目可根据有关账户的记录分析填列。

4. 偿还债务支付的现金。本项目反映企业以现金偿还债务的本金，包括偿还金融企业的借款本金、偿还债券本金等。

本项目可根据“库存现金”“银行存款”“短期借款”“长期借款”等账户的记录分析填列。

5. 分配股利、利润或偿付利息支付的现金。本项目反映企业实际支付的现金股利、支付给其他投资单位的利润或用现金支付的借款利息、债券利息。

本项目可根据“库存现金”“银行存款”“应付股利”“财务费用”“长期借款”等账户的记录分析填列。

6. 支付其他与筹资活动有关的现金。本项目反映企业除上述各项目外，支付的其他与筹资活动有关的现金流出，如捐赠现金支出等。其他与筹资活动有关的现金，如果价值较大的，应单列项目反映。

本项目可根据有关账户的记录分析填列。

（四）汇率变动对现金的影响

本项目反映企业外币现金流量及境外子公司的现金流量折算为人民币时，所采用的现金流量发生日的汇率或平均汇率折算为人民币金额与“现金及现金等价物净增加额”中外币现金净增加额按期末汇率折算为人民币金额之间的差额。

（五）现金流量表补充资料的内容及调节方法

在现金流量表的补充资料中，为了向会计报表使用者展现权责发生制下实现利润与收付实现制下实现现金净流量的关系，还需要采用间接法将净利润调节为经营活动的现金流量。调整时，以净利润为出发点，考虑四大项目：一是实际没有支付现金的费用；二是实际没有收到现金的收益；三是不属于经营活动的损益；四是经营性应收应付项目的增减变动。

净利润调节为经营活动现金流量的具体项目内容如下。

1. 资产减值准备。本项目反映企业计提的各项资产减值准备，可根据“资产减值损失”账户的记录分析填列。

2. 固定资产折旧、油气资产折耗、生产性生物资产折旧。本项目反映企业本期提取的折旧、油气资产的折耗和生产性生物资产的折旧，可根据“累计折旧”“累计折耗”“生产性生物资产折旧”账户贷方的发生额分析填列。

3. 无形资产摊销和长期待摊费用摊销。这两个项目分别反映企业本期摊入成本费用的无形资产价值及长期待摊费用。这两个项目可根据“累计摊销”“长期待摊费用”账户的贷方发生额分析填列。

4. 处置固定资产、无形资产和其他长期资产的损失（减：收益）。本项目反映企业由于处置固定资产、无形资产和其他长期资产而发生的净损失。可根据

“资产处置损益”“其他业务收入”“其他业务成本”账户所属有关明细账户的记录分析填列；如为净收益，以“－”号填列。

5. 固定资产报废损失。本项目反映企业本期固定资产盘亏、报废后的净损失，可根据“营业外支出”“营业外收入”等账户所属明细账户中固定资产盘亏、报废损失减去固定资产处置收益后的差额填列。

6. 公允价值变动损失。本项目反映企业在初始确认时划分为以公允价值计量且其变动计入当期损益的交易性金融资产或金融负债等业务在持有期间因公允价值变动形成的应计入当期损益的利得或损失，其变动结果可根据“公允价值变动损益”账户的发生额分析填列。

7. 财务费用。本项目反映企业本期发生的应属于投资活动或筹资活动的财务费用，经营活动财务费用不含在内。本项目可根据“财务费用”账户的本期借方发生额分析填列；如为收益，以“－”号填列。

8. 投资损失（减：投资收益）。本项目反映企业本期投资活动所发生的损失减去收益后的净损失，可根据“投资收益”账户的借方数字分析填列；如为贷方数字，以“－”号填列。

9. 递延所得税资产减少（减：增加）。本项目反映企业本期递延所得税资产变化对当期损益的影响，可根据资产负债表“递延所得税资产”项目的期初、期末余额分析填列。

10. 递延所得税负债增加（减：减少）。本项目反映企业本期递延所得税负债变化对当期损益的影响，可根据资产负债表“递延所得税负债”项目的期初、期末余额分析填列。

11. 存货的减少。本项目反映企业本期存货的减少（减：增加），其作用是调整营业成本。本项目可根据资产负债表“存货”项目的期初、期末余额的差额分析填列；期末数大于期初数的差额，以“－”号填列。

12. 经营性应收项目的减少（减：增加）。本项目反映企业本期经营性应收项目（包括应收票据、应收账款、预付账款、长期应收款和其他应收款中与经营活动有关的部分以及应收增值税销项税额等）的增减变动情况。本项目的作用是为了调整主营业务收入，可根据资产负债表中上述项目的期初、期末数的差额分析填列。

13. 经营性应付项目的增加（减：减少）。本项目反映本期经营性应付项目（包括应付票据、应付账款、预收账款、应付职工薪酬、应交税费、应付利息、长期应付款、其他应付款中与经营活动有关的部分以及应付的增值税进项税等）的增减变动情况。本项目的作用是调整存货，可根据资产负债表中上述项目的期初、期末数的差额分析填列。

现金流量表补充资料中的“不涉及现金收支的重大投资和筹资活动”，反映企业一定期间内影响资产或负债但不形成该期现金收支的有关投资和筹资活动的信息。不涉及现金收支的投资和筹资活动各项目的填列方法如下。

1. “债务转为资本”项目，反映企业本期转为资本的债务金额。

2. “一年内到期的可转换公司债券”项目，反映企业一年内到期的可转换公司债券的本息。

3. “融资租入固定资产”项目，反映企业本期融资租入固定资产记入“长期应付款”账户的本金数额。

四、现金流量表的编制方法

现金流量表的具体编制方法有工作底稿法、T 型账户法和分析填列法。不论哪种方法，其基本道理都是相同的，在实际工作中可根据本单位的实际情况具体选择。

【例 10－3】 根据〖例 10－1〗中所提供的资料编制的现金流量表如表 10－6 所示。

表 10－6　　　　　　　　　　**现金流量表**

编制单位：甲公司　　　　　　　　2022 年度　　　　　　　　单位：元

项　　目	行次	金额
一、经营活动产生的现金流量		
销售商品、提供劳务收到现金	1	1 389 000
收到的税费返还	3	
收到的其他与经营活动有关的现金	8	
现金流入小计	9	1 405 000
购买商品、接受劳务支付的现金	10	482 500
支付给职工以及为职工支付的现金	12	400 000
支付的各项税费	13	155 000
支付的其他与经营活动有关的现金	18	25 000
现金流出小计	20	1 062 500
经营活动产生的现金流量净额	21	326 500
二、投资活动产生的现金流量		
收回投资所收到的现金	22	23 000
取得投资收益所收到的现金	23	40 000
处置固定资产、无形资产和其他长期资产所收回的现金净额	25	401 000
收到的其他与投资活动有关的现金	28	
现金流入小计	29	464 000
购建固定资产、无形资产和其他长期资产所支付的现金	30	560 300
投资所支付的现金	31	
支付的其他与投资活动有关的现金	35	
现金流出小计	36	560 300

续表

项　　目	行次	金额
投资活动产生的现金流量净额	37	-96 300
三、筹资活动产生的现金流量		
吸收投资收到的现金	38	
取得借款收到的现金	40	500 000
收到其他与筹资活动有关的现金	43	
现金流入小计	44	500 000
偿还债务支付的现金	45	1 400 000
分配股利、利润或偿付利息支付的现金	46	50 000
支付其他与筹资活动有关的现金	52	
现金流出小计	53	1 450 000
筹资活动产生的现金流量净额	54	-950 000
四、汇率变动对现金的影响	55	
五、现金及现金等价物净增加额	56	-719 800

补充资料：

补　充　资　料	行次	金额
1. 将净利润调节为经营活动现金流量		
净利润	57	125 840
加：资产减值准备	58	37 000
固定资产折旧、油气资产折耗、生产性生物资产折旧	59	150 000
无形资产摊销	60	80 000
长期待摊费用摊销	61	
处置固定资产、无形资产和其他长期资产的损失（减：收益）	66	-100 000
固定资产报废损失	67	99 000
财务费用	68	70 000
投资损失（减：投资收益）	69	-43 000
递延所得税资产减少	70	
递延所得税负债增加		
存货的减少（减：增加）	71	166 800
经营性应收项目的减少（减：增加）	72	-208 000
经营性应付项目的增加（减：减少）	73	-51 140
其他	74	

续表

补 充 资 料	行次	金额
经营活动产生的现金流量净额	75	326 500
2. 不涉及现金收支的投资和筹资活动		
债务转为资本	76	
一年内到期的可转换公司债券	77	
融资租入固定资产	78	
3. 现金及现金等价物净增加情况		
现金的期末余额	79	686 520
减：现金的期初余额	80	1 406 300
加：现金等价物的期末余额	81	
减：现金等价物的期初余额	82	
现金及现金等价物净增加额	83	-719 800

五、现金流量表的作用

现金流量表存在的必要性在于它能弥补资产负债表和利润表提供信息的不足。资产负债表虽然反映了一定日期企业的财务状况，但没有说明其财务状况变化的原因。利润表虽然反映了企业在一定会计期间取得的财务成果，但由于利润表是按照权责发生制确认、计量收入和费用的，它没有提供经营活动引起的现金流入和现金流出的信息，也没能反映对外投资的规模和投向以及筹集资金的规模和具体来源。为了全面反映一个企业经营活动和财务活动对财务状况变动的影响以及揭示财务状况变动的原因，就需要编制现金流量表，以反映经营活动、投资活动和筹资活动引起的现金流量的变化。

编制现金流量表的主要作用在于为会计报表使用者提供一定会计期间内现金及现金等价物流入和流出的信息，以便于会计报表使用者评价企业支付能力、偿债能力和周转能力，预测企业未来现金流量，分析企业收益质量及影响现金流量的因素，为会计报表使用者得出正确结论提供充分的依据。

第五节　所有者权益变动表

一、所有者权益变动表的基本内容

所有者权益变动表是指反映构成所有者权益各组成部分当期增减变动情况的

报表。所有者权益变动表应当全面反映一定时期所有者权益变动的情况，既要包括所有者权益总量的变动信息，也要包括所有者权益增减变动的重要结构性信息，特别是要反映直接计入所有者权益的利得和损失，让报表使用者准确理解所有者权益增减变动的根源。

所有者权益变动表至少应当单独列示反映下列项目的信息：

1. 净利润；

2. 其他综合收益；

3. 会计政策变更和差错更正的累积影响金额；

4. 所有者投入资本和向所有者分配利润等；

5. 按照规定提取的盈余公积；

6. 实收资本、资本公积、盈余公积、未分配利润的期初和期末余额及其调节情况。

所有者权益变动表的格式如表10－7所示。

表10－7　　所有者权益变动表

编制单位：甲公司　　2022年度　　单位：万元

项目	本年金额					上年金额				
	实收资本	资本公积	盈余公积	未分配利润	所有者权益合计	实收资本	资本公积	盈余公积	未分配利润	所有者权益合计
一、上年年末余额	500		10	5	515					
加：会计政策变更										
前期差错更正										
二、本年年初余额	500		10	5	515					
三、本年增减变动										
（一）净利润				12.584	12.584					
（二）其他综合收益										
上述（一）和（二）合计										
（三）所有者投入和减少资本										
1. 所有者投入资本										
2. 股份支付计入所有者权益										
3. 其他										
（四）利润分配										
1. 提取盈余公积			1.2584	－1.2584	0					
2. 对所有者的分配				－2.5168	－2.5168					
3. 其他										
（五）所有者权益内部结转										

续表

项目	本年金额					上年金额				
	实收资本	资本公积	盈余公积	未分配利润	所有者权益合计	实收资本	资本公积	盈余公积	未分配利润	所有者权益合计
1. 资本公积转增资本										
2. 盈余公积转增资本										
3. 盈余公积弥补亏损										
4. 其他										
四、本年年末余额	500		11. 2584	13. 8088	525. 0672					

二、所有者权益变动表的填制方法

为了反映所有者权益的变动情况，所有者权益变动表中列出两年期的比较数据。其中，“上年金额”栏的各项数字，应根据上年度本表的“本年金额”栏内所列数字填列。如果上年度所有者权益变动表规定的各项目名称和内容同本年度不相一致，应对上年度所有者权益变动表各项目的名称和数字按本年度的规定进行调整，填入所有者权益变动表的“上年金额”栏内。

所有者权益变动表“本年金额”栏内各项数字一般应根据“实收资本”“资本公积”“盈余公积”“未分配利润”“库存股”“以前年度损益调整”账户的发生额分析填列。

三、所有者权益变动表的作用

所有者权益变动表与资产负债表密切相关，其实质是对资产负债表中所有者权益的变动情况进行解释和说明。资产负债表中的所有者权益仅反映期初、期末的静态变化情况，无法说明其变化原因。而所有者权益变动表则将变化情况以动态形式揭示出来，表中不仅反映了所有者权益总量的增减变动，而且也反映了所有者权益增减变动的结构性信息，使得投资者对其权益变化情况能够有透彻的了解，便于其做出正确的投资决策。

第六节 附 注

一、附注概述

附注是对资产负债表、利润表、现金流量表和所有者权益变动表等报表中列示项目的文字描述和说明。附注揭露的内容，可以帮助财务报表使用者准确把握列示项目的含义，还能对在报表上未能列示的项目有所了解和掌握。

二、附注的主要内容

附注中应当包含的主要内容如下。

1. 企业的基本情况。

（1）企业注册地、组织形式和总部地址。

（2）企业的业务性质和主要经营活动。

（3）母公司以及集团最终母公司名称。

（4）财务报告的批准报出者和报出日。

2. 财务报表的编制基础。财务报表的编制基础是指财务报表是在持续经营基础上还是非持续经营基础上编制的。企业一般是在持续经营的基础上编制财务报表，清算、破产属于非持续经营基础。

3. 遵循企业会计准则的声明。企业应当声明编制的财务报表符合企业会计准则的要求，真实、完整地反映企业的财务状况、经营成果和现金流量等有关信息。

4. 重要会计政策和会计估计。企业应当披露采用的重要会计政策和会计估计，不重要的会计政策和会计估计可以不披露。披露时，企业应当说明会计政策的确定依据和财务报表项目的计量基础，以及会计估计中所采用的关键假设和不确定因素。

5. 会计政策和会计估计变更以及差错更正的说明。企业应当按照会计政策、会计估计变更和差错更正会计准则的规定，披露会计政策和会计估计变更以及差错更正的有关情况。

6. 报表重要项目的说明。企业应当按照四张会计报表及其项目的列示顺序，采用文字和数字描述相结合的方式进行披露。

7. 或有和承诺事项、资产负债表日后非调整事项、关联方关系及其交易等需要说明的事项。

8. 其他有必要披露的信息。

第七节　会计报表分析

一、会计报表分析的目的和内容

（一）会计报表分析的目的

会计报表分析就是将企业所编制的会计报表以及其他有关的会计记录和其他

与决策有关的各项资料（如统计资料、业务资料、经济调查资料等）作适当排列，剖析其内涵，披露各项资料之间的相互关系，并进一步分析与解释各项关系，评价该企业的财务状况、经营成果、偿债能力、获利能力等。会计报表分析是会计工作的一个重要组成部分，是会计活动不可缺少的一个环节。

会计报表分析的目的主要取决于使用对象的目的。企业债权人为了了解其债权的安全情况，势必侧重分析债务单位的偿债能力；而企业的所有者为了能使所投资本保值增值，就必然分析所投资企业的获利能力。归纳起来，企业会计报表分析的目的主要有以下三点。

1. 评价企业经营管理的绩效。了解企业的经营绩效，有助于正确判断企业未来的发展方向，也便于与同行业或与计划相比较，评价其成败得失。

2. 衡量企业的财务状况。了解企业目前的财务状况，有助于判断企业经营管理工作的业绩与水平，协助信息使用者评价企业未来的发展潜力。

3. 预测企业未来发展的趋势。报表使用者通过对企业经营业绩和财务状况的分析，结合企业目前经营的状况，就有可能预测企业未来发展的大趋势，从而满足使用者的信息需求。

（二）会计报表分析的内容

会计报表分析的主要内容包括财务结构分析、企业偿债能力分析、企业盈利能力分析、企业营运能力分析、企业发展趋势分析以及会计报表综合分析等。

1. 财务结构分析。财务结构分析是指对企业的资产、负债、所有者权益三者之间以及与各构成项目之间的比例关系所进行的分析。这种分析不仅对企业管理当局加强经营控制、实现财务结构良性循环有帮助，而且对与企业有关的其他信息使用者搞好预测分析、进行经营决策具有非常重要的意义。

2. 偿债能力分析。偿债能力分析是对企业偿还债务能力的分析，包括短期偿债能力分析和长期偿债能力分析两个方面。对于企业的经营者来说，通过偿债能力分析，能测定企业的偿债能力，有利于做出正确的筹资和投资决策；对债权人来说，偿债能力的强弱是他们做出贷款决策的主要依据。

3. 企业盈利能力分析。盈利能力是指企业在一定时期内赚取利润的能力。不论投资者、债权人还是企业管理当局，都非常关心企业的盈利能力。盈利能力分析是企业管理当局及各利害关系人进行会计报表分析的主要内容。

4. 企业营运能力分析。企业营运能力是指企业充分利用现有资源创造社会财富的能力，具体指企业各项营运资产的周转效率。企业营运能力的高低与企业的财务状况和财务成果有直接的联系，因此，营运能力分析也是会计报表分析的一项比较重要的内容。

5. 企业发展趋势分析。这是指通过对企业会计报表的综合分析来预测未来，以帮助企业管理当局规划未来，帮助投资人、债权人以及有关联的各方进行有效决策。

6. 成本费用分析。成本费用分析主要是就成本费用水平及其构成情况进行分析。由于有关成本、费用的报表属于企业内部使用报表，投资者、债权人一般无法取得，因而成本费用分析是企业经营者进行会计报表分析的重要内容。

7. 现金流量分析。通过对现金流量表各项目的研究和评价，了解企业当期现金的流入流出情况，现金期初期末变动情况及其原因，从而对企业的财务状况做出全面的评价，现金流量分析也是企业会计报表分析的主要内容。

二、会计报表分析的方法

会计报表分析的方法有很多，主要包括趋势分析法、结构分析法、比率分析法、对比分析法和因素替换法等。

（一）趋势分析法

趋势分析法是通过观察连续数期的会计报表，比较各期的有关项目金额，分析某些指标的增减变动情况，在此基础上判断其发展趋势，从而对未来可能出现的结果做出预测的一种分析方法。趋势分析法是财务报表分析的基本方法。运用趋势分析法，报表使用者可以了解有关项目变动的基本趋势，判断这种变动趋势是有利或者不利，并对企业的未来发展做出预测。

（二）结构分析法

所谓结构分析法是指将会计报表中某一关键项目数字作为基数（即为100%），再计算该项目各个组成部分占总体的百分比，以分析总体构成的变化，并可以使各个组成项目的相对重要性显现出来，从而揭示出会计报表中各项目的相对地位和总体结构关系。在会计报表分析中常见的结构分析有资产结构分析、资本结构分析、盈利结构分析等。

（三）比率分析法

比率分析法是在同一张会计报表的不同项目或不同类别之间，或在不同会计报表的有关项目之间，用比率来反映它们相互之间的关系，据以评价企业的财务状况和经营业绩，并找出经营中存在的问题和解决方法。

根据会计报表计算的比率主要有三类：（1）反映企业偿债能力的比率，如流动比率、速动比率、资产负债率等；（2）反映企业获利能力的比率，如资产报酬率、营业利润率、每股收益等；（3）反映企业营运能力的比率，如总资产周转率、应收账款周转率、存货周转率等。实际上，第三类指标既与评价企业偿债能力有关，也与评价企业获利能力有关。

（四）因素替换法

因素替换法又称连环替代法，它用来计算几个相关联的因素对综合财务指标或经济指标以及会计报表项目的影响程度，通过这种计算，可以衡量各项因素影响程度的大小。与前述分析方法不同，因素替换法是对某一综合指标或项目作进一步的内部结构分析，即对影响或决定综合指标或项目的各项因素及其对综合指标或项目影响的程度做出测定和评价。这是一种较高层次的分析方法。

（五）对比分析法

对比分析法也称比较分析法。它是通过实际数与基数的对比来揭示实际数与基数之间的差异，借以了解经济活动的成绩和问题的一种分析方法。

对比的基数由于分析的目的不同而有所不同，一般有计划数、定额数、前期实际数、以往年度同期实际数以及本企业的历史先进水平和国内外同行业的先进水平等。

三、会计报表的比率分析法

比率分析法是会计报表分析常用的方法之一，因其计算简便、内容清晰而得到普遍应用。用比率分析法对会计报表进行分析的主要内容是：偿债能力分析、获利能力分析、营运能力分析等。

（一）偿债能力分析

1. 短期偿债能力。短期偿债能力是指企业在短期债务到期时以现金偿付流动负债的能力，又称为支付能力。反映企业短期偿债能力的指标主要有流动比率、速动比率、现金比率等。

（1）流动比率，是指企业流动资产与流动负债的比率。它表示每元流动负债中有多少流动资产能作为还款的保证。计算公式为：

流动比率 = 流动资产/流动负债

流动比率越高，说明债权越有保障。一般认为流动比率要保持在2左右才能表示企业财务状况稳固。但也不能将此绝对化，因为流动比率的高低与企业的性质和营业周期的长短有很大的关系。

（2）速动比率，是指企业速动资产与流动负债的比率。它是衡量企业短期偿债能力的另一项重要指标。计算公式为：

速动比率 = 速动资产/流动负债

速动资产是流动资产减去存货后的余额。由于速动资产的变现速度比流动资产更为迅速，因而速动比率比流动比率更能准确地反映企业的短期偿债能力。在通常情况下，企业正常的速动比率为1比较合适，即速动资产刚好能抵付短期债务，如果速动比率小于1，则表明企业必须依赖变卖部分存货才能偿还短期债务。

（3）现金比率，是指企业现金类资产与流动负债的比率。它是衡量企业短期偿债能力的又一项重要指标。计算公式为：

现金比率 = 现金类资产/流动负债

货币资金和有价证券合称为现金类资产。计算现金比率具有十分重要的意义，它比流动比率和速动比率更真实、更准确，也更敏感地反映企业的短期偿债能力。特别是当企业的应收账款和存货的变现能力存在问题的情况下，该比率就更有实际意义。

2. 长期偿债能力。

（1）资产负债率，也称负债比率，是企业负债总额与资产总额的比率。计算公式为：

资产负债率 = 负债总额/资产总额

资产负债率反映企业全部资产中有多大比重是通过借贷获取的，可以衡量债权的保障程度。从长期偿债能力的角度看，资产负债比率越低越好。但从所有者和企业的角度看，如果企业有较好的盈利水平，较大的资产负债率也能给所有者和企业带来较多的利润，这就是财务杠杆效应。

（2）利息保障倍数，是指企业在一定期间所赚取的全部利润与全部利息费用的比率。企业实现的利润越多，债权人的利息收入就越有保障。计算公式为：

利息保障倍数 =（利润总额 + 全部利息费用）/全部利息费用

利息保障倍数反映了企业实现利润与支付利息的关系，通常情况下，利息保障倍数至少要大于1，否则，企业就不能举债经营。

（二）盈利能力分析

1. 总资产报酬率。总资产报酬率是指企业息税前利润与平均总资产的比率。它用来衡量企业运用全部资产获利的能力。计算公式为：

总资产报酬率 =（利润总额 + 利息支出）/平均资产总额 × 100%

总资产报酬率表示企业全部资产获取收益的水平，该指标越高，表明企业投入产出的效果越好，经济效益越佳。

2. 净资产收益率。净资产收益率是指企业一定时期内的净利润与平均净资产的比率。计算公式为：

净资产收益率 = 净利润/平均净资产 × 100%

净资产收益率是评价企业自有资产获取收益水平的指标，它反映企业资产运营的效益。净资产收益率越高，企业自有资本获取收益的能力越强，运营效益越好。

3. 资本金收益率。资本金收益率是指本期净利润与资本金的比率。计算公式为：

资本金收益率 = 净利润/平均实收资本 × 100%

资本金收益率能反映投资者原始投资的获利能力，反映出投资者的投资所产生的效益。这个指标值越大，表明投资者的投资回报越大，投资的安全程度也就越高。

4. 销售利润率。销售利润率是指企业一定时期主营业务利润与主营业务收入净额的比率。计算公式为：

销售利润率 = 主营业务利润/主营业务净收入 × 100%

销售利润率体现了经营活动最基本的获利能力，该指标越高，说明企业产品附加值高，营销策略得当，产品竞争力强，获利水平高。

5. 每股收益。每股收益是指净利润扣除应发放的优先股股利后的余额与发行在外的普通股的加权平均数之比。计算公式为：

每股收益 =（净利润 - 优先股股利）/发行在外的普通股加权平均数

每股收益是衡量上市公司盈利能力最重要的财务指标，它反映普通股的获利水平。对于普通股股东来说，每股收益总是越高越好。每股收益越高，该公司股票的投资价值也就越高。

（三）营运能力分析

1. 应收账款周转率。应收账款周转率，是指一定时期内销售收入净额与平均应收账款余额的比率。计算公式为：

应收账款周转率 = 销售收入净额/平均应收账款余额

也可以表示为：

应收账款周转天数 =360/应收账款周转率

应收账款周转率越高，平均收款期越短，说明企业资产流动性越强，坏账损失与收账费用越少，短期偿债能力强，资产运用效率高。

2. 存货周转率。存货周转率，是指企业一定时期内销货成本和平均存货余额的比率，计算公式为：

存货周转率 = 销货成本/平均存货

也可以表示为：

存货周转天数 =360/存货周转率

存货周转率越快越好。存货周转率越快，说明存货转变为现金的速度越快，存货的流动性就越好，相应地企业的短期偿债能力就越强。

本章内容综述

财务会计报告由会计报表及其他应当在财务会计报告中披露的相关信息和资料组成。会计报表是财务会计报告的主干部分，是对企业财务状况、经营成果和现金流量的结构性描述。会计报表附注是对在资产负债表、利润表、现金流量表和所有者权益变动表等报表列示项目的文字描述或明细资料，以及对未能在这些报表中列示项目的说明。

资产负债表是反映企业在某一特定日期财务状况的报表。资产项目和负债项目均按流动性排列。根据会计等式平衡原理，资产负债表中资产总计数与负债和所有者权益总计数相等。

利润表是反映企业在一定会计期间经营成果的报表，它采取多步式结构，计算出企业的综合收益。现金流量表是反映企业在一定会计期间内现金及现金等价物流入和流出信息的会计报表。它包括正表和补充资料两部分。现金流量表正表反映的现金流量包括经营活动的现金流量、投资活动的现金流量和筹资活动的现金流量。补充资料的主要内容是将净利润调节为经营活动的现金流量。

所有者权益变动表是反映构成所有者权益各组成部分当期增减变动情况的报表。当期损益、其他综合收益以及所有者的资本交易导致所有者权益的变动，应当分别列示。

会计报表分析的主要内容是偿债能力分析、盈利能力分析和营运能力分析等。

复习思考题

一、思考题

1. 财务会计报告的作用是什么？
2. 财务会计报告的编制要求是什么？
3. 举例说明资产负债表的编制方法。
4. 利润表的主要内容是什么？
5. 现金流量表中包含哪些内容？
6. 经营活动产生的现金流量包括哪些项目？
7. 会计报表分析的目的和内容是什么？
8. 现金流量表与资产负债表、利润表具有怎样的钩稽关系？
9. 如何将净利润调节为经营活动的现金流量？每个项目在调节中起什么作用？

二、练习题

1. 某企业2022年1月1日有关账户的期初余额如下表所示。

单位：元

账户名称	借方余额	贷方余额
库存现金	20 000	
银行存款	60 000	
应收账款	40 000	
应收票据	30 000	
原材料	70 000	
库存商品	150 000	
固定资产	100 000	
累计折旧		30 000
短期借款		10 000
应交税费		20 000
应付账款		60 000
长期借款		90 000
实收资本		150 000
盈余公积		110 000
合　计	470 000	470 000

该企业为增值税一般纳税人，本年度发生下列经济业务：

（1）销售商品一批，成本为40 000元，售价为50 000元，增值税税额为6 500元，货款收到。

（2）收回上年应收账款10 000元。

（3）销售商品60 000元，成本为45 000元，增值税税额为7 800元，收到一张商业承兑汇票。

（4）购买原材料一批，买价10 000元，增值税税额为1 300元，运杂费为400元，货款未付。

（5）偿还上年应付账款20 000元。

（6）从银行取得长期借款80 000元。

（7）以银行存款缴纳上年应交税费20 000元。

（8）购入一台设备，买价为20 000元，增值税税额为2 600元，货款未付。

（9）将一张商业承兑汇票贴现，该汇票的账面价值为30 000元，到期值为35 000元，贴现利息为2 000元。

（10）以银行存款偿还短期借款5 000元。

（11）企业一台机床出售，原值40 000元，已提折旧10 000元，售价33 000元，以现金支付清理费200元，清理完毕。

（12）购买办公用品支付现金300元。

（13）提取厂部使用固定资产折旧2 000元。

（14）用银行存款支付本年利息4 000元。

（15）用银行存款支付广告费5 000元。

（16）将一批原材料出售，成本为20 000元，售价为25 000元，增值税税率为13%，价款已收到。

（17）计算出本年应交的城市维护建设税3 000元尚未支付。

（18）将本年损益账户发生额结转至“本年利润”账户。

（19）计算所得税并进行结转。

（20）董事会确定的利润分配方案为：按本年实现净利润的10%提取法定盈余公积；按40%发放现金股利。

（21）将“本年利润”及“利润分配”各账户的余额进行年终结转。

要求：

（1）编制2022年末的资产负债表。

（2）编制2022年的利润表。

2. 根据上题资料，计算该企业2022年末的下列指标：

（1）流动比率；

（2）速动比率；

（3）资产负债率；

（4）净资产收益率；

（5）销售利润率；

（6）应收账款周转率。

参考文献

1. 中华人民共和国财政部：《企业会计准则》（2006），经济科学出版社2006年版。

2. 中国注册会计师协会编：《会计》，中国财政经济出版社2022年版。

3. ［美］查尔斯·T. 亨格瑞、瓦特·T. 哈里森、米切尔·A. 罗宾逊著，王化成等译：《会计学》，中国人民大学出版社1996年版。

4. 陈信元：《会计学》，上海财经大学出版社2000年版。

5. 汪伟、鞠红兵：《会计学》，中国财政经济出版社2007年版。

敬告读者

为了帮助广大师生和其他学习者更好地使用、理解和巩固教材的内容，本教材配课件和部分习题答案，读者可关注微信公众号“会计与财税”，浏览课件和习题答案。

如有任何疑问，请与我们联系。

邮箱：esp_bj@163.com

QQ：16678727

教师服务 QQ 群：606331294

读者交流 QQ 群：391238470

经济科学出版社

2023 年 2 月

会计与财税

教师服务 QQ 群

读者交流 QQ 群

经科在线学堂